PARERGA

Philosophie und andere Künste

Florian Uhl
Artur R. Boelderl
(Hrsg.)

Zwischen Verzückung und Verzweiflung

Dimensionen religiöser Erfahrung

Schriften der Österreichischen Gesellschaft für Religionsphilosophie

Band 2

PARERGA

Die Deutsche Bibliothek – CIP-Einheitsaufnahme

Zwischen Verzückung und Verzweiflung : Dimensionen religiöser Erfahrung / Florian Uhl ; Artur R. Boelderl (Hrsg.). - 1. Aufl. - Düsseldorf : Parerga, 2001
(Schriften der Österreichischen Gesellschaft für Religionsphilosophie ; Bd. 2)
ISBN 3-930450-64-X

Gedruckt mit Unterstützung des Bundesministeriums für Bildung, Wissenschaft und Kultur in Wien und des Bischöflichen Fonds zur Förderung der Kath.-Theol. Privatuniversität Linz

Erste Auflage 2001

Satz: Stefan Steiner, Köln
Umschlaggestaltung: Martin Schack, Dortmund
Herstellung: WB-Druck, Rieden am Forggensee
ISBN 3-930450-64-X

Inhalt

Ouvertüre

In zahlreichen theoretischen Kontexten kommt dem Begriff der Erfahrung heute eine gewichtige Rolle zu. Ein zentraler Begriff schon der traditionellen Philosophie, entwickelten in den letzten Jahren philosophische wie nicht-philosophische Disziplinen gleichermaßen – Ethik und Ästhetik, (Natürliche) Theologie und Hermeneutik, Phänomenologie und Existenzphilosophie, Analytische Philosophie, Kulturanthropologie und Psychoanalyse – ein je charakteristisches Verständnis davon, was „Erfahrung" sei.[1]

Religionsphilosophie, die die von so heterogenen Seiten neu eröffneten Dimensionen wachsam registriert, sucht diese verschiedenen Erfahrungsbegriffe in ein Gespräch zu bringen. Denn Erfahrung ist für das Phänomen „Religion" in mehrerlei Hinsicht grundlegend.

Der Erfahrung des religiösen Subjekts kommt eine konstitutive Rolle in der Herausbildung und Konturierung religiöser Überzeugungen zu. Dies wird offenkundig im Blick auf die monastischen Traditionen, wo ständige Selbstbeobachtung gefordert und Erfahrenheit hoch geschätzt wird. Im Rahmen der ostkirchlichen und abendländischen Mystik und Theologie – von Augustinus bis zu den franzikanischen Denkern des Mittelalters (um nur zwei Eckpunkte zu nennen) – spielt die Erfahrung sowohl im praktischen Kontext der Spiritualität als auch auf der Ebene der Reflexion eine wichtige Rolle. Aristoteles' Definition der Erfahrung als „Wissen des Besonderen" aufnehmend, haben die Scholastiker ihr eine Vielzahl so hochkomplexer wie umstrittener Interpretationen angedeihen lassen. Elemente aristotelischer Wissenschaftstheorie fortführend, formuliert Roger Bacon 1267 die Maxime „*Sine experientia nihil sufficienter sciri potest*"[2]: Ohne Erfahrung kann nichts hinreichend gewußt werden. Das gilt gleichermaßen für den Bereich der inneren, religiösen Erfahrung wie hinsichtlich der wissenschaftlichen Erkenntnis der später so genannten „Erfahrungswissenschaften."

---

[1] Zu diesem Befund vgl. die von J. Freudiger, A. Graeser und K. Petrus herausgegebene Anthologie *Der Begriff der Erfahrung in der Philosophie des 20. Jahrhunderts* (München 1996).

[2] Opus maius, p. VI (ed. Bridges II), 167.

Die damit im Hinblick auf ihren Verlauf weitgehend festgelegte Methodendiskussion von der frühen Neuzeit bis zur wirkungsgeschichtlich kaum zu überschätzenden Wiederholung dieser Maxime bei Rogers Namensvetter Francis Bacon in Form einer dezidiert geforderten und als unauflöslich postulierten Verquickung von Erfahrung und Theoriebildung kulminiert auf seiten der Naturwissenschaft selbst in den Entdeckungen Galileis und Newtons, während sie auf seiten der Theorie, also der Philosophie, in Kants Lehre von der Identität der Frage nach den Bedingungen der Möglichkeit von Erfahrung mit der Frage nach den Bedingungen der Möglichkeit von Erkenntnis überhaupt mündet und dadurch zugleich eine Entwicklung vollendet und ein neue Wendung nimmt. Ist die kantische Festlegung, nach dem Niedergang der idealistischen Spekulation des frühen 19. Jahrhunderts insbesondere tradiert über die positivistischen Strömungen, bis weit ins 20. Jahrhundert hinein maßgeblich geblieben, so haben seit dem Ersten Weltkrieg die angelsächsische Philosophie einerseits (vor allem in Gestalt des Pragmatismus) und die phänomenologische Bewegung andererseits, in Deutschland wie in Frankreich, den Gehalt des Begriffs vertieft und den Horizont seiner philosophischen Betrachtung erheblich ausgedehnt, nicht zuletzt im Hinblick auf seine konkrete Verwendung in der *ordinary language* und im alltäglichen Erleben. Die Spannweite des Begriffs reicht von Wahrnehmung, Empfindung, Gefühl, Erlebnis, Vorstellung bis hin zu empirischer Erkenntnis, die den theoretischen Hintergrund von Erfahrungsurteilen thematisiert.

Für die Religionsphilosophie selbst wie auch für die Theologie stellt natürlich die Reformation einen wichtigen Einschnitt dar: Für die Reformatoren ist die Beziehung zwischen Schrift und Erfahrung entscheidend, insbesondere für Luther, dessen Maxime „*Sola autem experientia facit theologum*“[3] für die spätere Verbindung pietistischer und reformatorischer Elemente richtungweisend wird. So etwa bei Schleiermacher, dessen Leitsatz „Christliche Glaubenssätze sind Auffassungen der christlich frommen Gemütszustände in der Rede dargestellt“[4] nicht unwidersprochen geblieben ist;

---

3 M. Luther, Tischrede Nr. 46, in: ders., Werke. Kritische Gesamtausgabe (Weimarer Ausgabe). Tischreden, Bd. 1, Weimar 1912, unveränd. Abdruck Graz 1967, 16.

4 F. D. E. Schleiermacher, Der christliche Glaube, Berlin [2]1830, § 15.

kein geringerer als Hegel hat auf diesen Rückgriff auf das fromme Gemüt mit der bekannten Polemik geantwortet: Wenn sich die Religion auf das „Gefühl der Abhängigkeit" gründe, so sei der Hund der beste Christ.[5]

In der Folge sucht einerseits die Religionskritik verschiedener Provenienz die religiöse Erfahrung als „produzierte" zu entlarven. Andererseits ergeht – in einer an den Erfahrungswissenschaften orientierten Denktradition – gerade auch an religiöse Überzeugungen die Forderung, am Prüfstein der Erfahrung gemessen zu werden, ja, darüber hinaus wird manchmal gar der Versuch unternommen, religiös-weltanschauliche Überzeugungen auf Erfahrung zu gründen. In all den angeführten Dimensionen, in denen von Erfahrung die Rede ist, stellt sich die Frage nach dem *Begriff* der Erfahrung ebenso wie nach deren *Bedeutung* und *Funktion* im Raum des Religiösen.

Mit der seitens der einladenden *Österreichischen Gesellschaft für Religionsphilosophie* getroffenen, thematisch pointierten Festlegung, das Spektrum der wissenschaftlichen Diskussion religiöser Erfahrung erstrecke sich „zwischen Verzückung und Verzweiflung", haben sich zwölf namhafte deutsche, Schweizer, italienische und österreichische Referenten sowie eine französische Referentin im Herbst 2000 nach Linz locken lassen, um sich drei Tage lang untereinander und mit den anwesenden Tagungsbesucherinnen und -besuchern auszutauschen. Einige ihrer Beiträge zur Diskussion der Thematik widmen sich dem Phänomen religiöser Erfahrung direkt, andere wiederum beleuchten das theoretische Umfeld, in dem sich die Frage nach der religiösen Erfahrung heute stellt.

Die Vorträge aller Referenten liegen nun – in teils überarbeiteter Form – gesammelt als Band 2 der Reihe *Schriften der Österreichischen Gesellschaft für Religionsphilosophie* vor. Daß dies möglich wurde, dafür danken wir neben den Beitragenden selbst den Förderern der Veranstaltung sowie den Förderern der Publikation, insbesondere dem *Bundesministerium für Bildung, Wissenschaft und Kultur* in Wien, namentlich Herrn MR Dr. Siegfried Haid, dem

---

[5] G. W. F. Hegel, Vorwort zu Hermann Friedrich Wilhelm Hinrichs, Die Religion im inneren Verhältnisse zur Wissenschaft [...], Heidelberg 1822, XVIII f. Zit. in: W. Jaeschke, Einleitung, in: G. W. F. Hegel, Vorlesungen über die Philosophie der Religion. Einleitung. Der Begriff der Religion, Hamburg 1993, XXVII.

Bischöflichen Fonds zur Förderung der Kath.-Theol. Privatuniversität Linz und der Unterstützung und dem Engagement des *Parerga Verlags*, namentlich Beate und Prof. Dr. Stefan Majetschak.

Linz, im Winter 2000/2001
Florian Uhl & Artur R. Boelderl

Exposition

Augustinus Karl Wucherer-Huldenfeld

Klassische Anfangsgründe der Gotteserkenntnis und ursprüngliche Erfahrung

Vorweg sei gesagt, worum es mir im folgenden geht: Die Möglichkeit einer Gotteserkenntnis bemißt sich an ihrer Erfahrungsnähe. Wie Karl Barth dargelegt hat, können wir von Gott nur wissen, wenn er sich selbst und von sich aus offenbart, d. h. zu erfahren gibt. Er offenbart sich nicht am Menschen und seiner Mit- und Umwelt vorbei, ohne ihn in den ursprünglichsten Möglichkeiten seiner Welt- und Selbsterfahrung in Anspruch zu nehmen. Dagegen schiebt erfahrungsfernes Sichvorstellen Gottes eine Idee, eine Vorstellung, ein Bild von Gott zwischen sich und die eigene Erfahrung. Solche Erfahrungsferne der Gotteserkenntnis impliziert Gottesferne und ist eine Weise des „Wegbleibens des Gottes.“[1] Erfahrungsferne besagt in diesem Zusammenhang: Übergehen des Naheliegendsten, nämlich unseres Anwesens mit- und füreinander in der einen Welt. Soll Gott sich zu erfahren geben, so bleiben wir auf dieses *Anwesen* verwiesen, das ich für den Grund ursprünglicher Erfahrung halte.

Im ersten Teil meiner Überlegung werde ich klassisch gewordene Anfangsgründe philosophischer Theologie im Hinblick auf ihre Erfahrungsnähe untersuchen. In einem zweiten Teil versuche ich, mich auf dem Weg einer „Phänomenologie ursprünglicher Erfahrung“ dem Anfangsgrund der sogenannten „religiösen Dimension“ und der ihr zuzuordnenden Gotteserkenntnis anzunähern , um auf diesem Wege erfahrungsnahe Gotteserkenntnis der Tradition klärend weiterzuführen. Im dritten Teil soll der in ursprünglicher Erfahrung liegende Ursprung dieser Erfahrung selbst thematisiert werden.

---

[1] Vgl. M. Heidegger, Wozu Dichter? In: Gesamtausgabe, I. Abt., Bd. 5: Holzwege, 269; vgl. ders., a. a. O., Bd. 6.2: Nietzsche, 1997, 357 f.

1. Prüfung klassisch gewordener Anfangsgründe der Gotteserkenntnis

Unter Anfangsgründen verstehe ich jene philosophischen Grundlagen für die »Annahme« des Daseins Gottes, die in den zahlreichen Gottesbeweisen ausdrücklich entfaltet oder impliziert sind. Indes ist das Wort „Annahme" und „Annehmen" zweideutig: Annehmen heißt einmal etwas hinnehmen, in Empfang nehmen (*acceptio*), aber auch etwas unterstellen, schlußfolgernd erschließen, für denknotwendig oder nur für wahrscheinlich halten. In diesem Sinne wird eine Hypothese, ein Postulat oder ein Erklärungsgrund »angenommen« („Annahme" scholastisch als *suppositio*).[2]

Drei Anfangsgründe (Prinzipien) der Gotteserkenntnis halte ich für die wichtigsten: den ontotheologischen Gedanken (1.1), den Kontingenzgedanken (1.2) und die Partizipation am Sein (1.3). Diesen Anfangsgründen entspricht jeweils ein unterschiedliches Sichverhalten des Erkennenden zur Erfahrung und damit ein bestimmtes Erfahrungsverständnis. Diese drei Prinzipien werde ich im Blick auf ihre Erfahrungsnähe kurz charakterisieren.

1.1 Das Seiende der Ontotheologie als Anfangsgrund der Gotteserkenntnis

Bekanntlich verstand Kant unter „Ontotheologie" jene von der christlichen Offenbarungstheologie (*theologia revelata*) unterschiedene Vernunfttheologie (*theologia rationalis*), die vorzüglich „ohne Beihülfe der mindesten Erfahrung" Gottes Vorhandensein apriori „durch bloße Begriffe" zu erkennen glaubt (KrV, B 659f.). Anfangsgrund der Ontotheologie ist ihr „on". Doch was ist dieses Seiende der Ontotheologie? Es ist das begrifflich und nominal erfaßte Seiende, welches das denkbar Mögliche, sofern es existieren kann, aufschließt. Das Seiende ist also nicht das, was ist, und zwar anwesend ist; es ist nicht das verbal-ereignishaft verstandene Seiende, sondern die vom faktisch Existierenden abstrahierte Seiendheit (*entitas entis*), und zwar als das widerspruchsfrei denkbare Mögli-

---

[2] Zu den verschiedenen Bedeutungen von „Annahme" vgl. auch Martin Heidegger, Zollikoner Seminare, hg. von M. Boss, Frankfurt/M. ^{2}1994, 5 ff., 37.

che. Dieses kann – im Gegensatz zu dem erfahrungsmäßig Zugänglichen, dem faktisch Vorhandenen – mühelos ohne jede Erfahrung als unendlich vorgestellt werden. Ontotheologisch ist ein Denken Gottes ohne „Umweg über die Realexistenz der Welt“ (wie Josef Seifert treffend formuliert).[3]

Das zentrale Argument der Ontotheologie ist, daß ein abstrakt gedachtes Etwas, das gerade nicht nichts ist, als Höchstdenkbares vorgestellt, existieren muß, denn, wollte man es noch für ein Nicht-Existierendes halten, kann noch Höheres konzipiert werden, nämlich ein Existierendes, das notwendig existiert. Dieses Denken nützt die Möglichkeit der Idealisierung und der Bildung eines transzendentalen Ideals in Abspaltung von der eigenen Erfahrungswelt, die zur bloß sinnlichen Welt herabgesetzt wird, und reklamiert mitunter für den noetischen Vollzug eine eigentümliche intelligible Erfahrung oft nur semantischer Art.

Problematisch an der Ontotheologie ist meines Erachtens weniger die modal-logische Berechtigung eines Schlusses vom bloß als realmöglich Gedachten auf dessen Wirklichsein als vielmehr die Anthropologie: Der Mensch distanziert sich bewußt von seinem leibhaftigen Anwesen; er schlüpft, sich im Kern für einen Geist haltend, aus dem Körper wie aus einem Futteral und verhält sich zur Lebenswelt extrem exzentrisch. Die Gotteserkenntnis geht an der Welt der Erfahrung vorbei.

Nach Kant sucht man bei Gottesbeweisen aus spekulativer Vernunft vergeblich „über die Sinneswelt [...] hinaus zu kommen“ (KrV, B 619), *entfernt* sich aber dabei nur von der objektiven Realität. Objektive Realität meint die von der (bloß denkbaren) Möglichkeit geschiedene Wirklichkeit: „diejenige Sachheit, die sich am erfahrenen Seienden als wirklichem, als daseiendem, ausweist.“[4] Mit der Entfernung von der objektiven Realität versetzt man sich in die übersinnliche Vorstellungswelt der Ideen, Ideale und auch Idole. Diese bilden die bzw. gehören zur intelligiblen Welt, die als reine Vernunftnatur des Menschen freigelegt wird.

Kant schränkt Erfahrung einerseits auf die aus der übersinnlichen Vernunftwelt her theoretisch zu begreifende naturwissenschaft-

---

[3] J. Seifert, Gott als Gottesbeweis. Eine phänomenologische Neubegründung des ontologischen Arguments (Philosophie und realistische Phänomenologie. Studien der Internationalen Akademie für Philosophie im Fürstentum Lichtenstein, Bd. 4), Heidelberg 1996, 426.

[4] M. Heidegger, Grundprobleme der Phänomenologie (Gesamtausgabe, Abt. 11, Bd. 24), Frankfurt/M. 1975, 49.

liche Empirie ein und erfaßt sie andererseits ursprünglicher als pragmatische Welt- und Menschenkenntnis, die sich durch absichtsvolle Einflußnahme auf andere motiviert.[5] Doch verbietet der dieses Erfahrungsverständnis insgesamt fundierende anthropologische Dualismus Kant, eine erfahrungsnahe Gotteserkenntnis anzunehmen. Er setzt die Tradition des platonistischen Idealismus fort, dem ein trittbrettartiges Erfahrungsverständnis eigen ist. Erfahrung dient dort als „Beihülfe" zum Absprung aus der Sinneswelt in die übersinnliche Denkwelt durch intellektuelle Verarbeitung, Formierung der Sinnesdaten. Anders zu denken fällt heute schwer, denn wir leben wie nie zuvor in einer an Eigenerfahrung armen Welt des Allgemeinwissens.

Das Vorhandensein Gottes fällt folgerichtig nicht in den Bereich der Feststellbarkeit sinnlich gegebener Gegenstände. Es erscheint weit „entfernt" von aller objektiven Realität, fern von allem, was uns im und als Dasein erfahrungsnah angeht. Das gilt auch vom Versuch, dem subjektiven Bedürfnis nach Gotteserkenntnis auf dem Weg moralisch-praktischer Gottesbeweise nachzukommen. Kant legitimiert sie durch Postulate, notwendige Hypothesen: Wohlverhalten verdient Wohlstand, den die Welt nicht geben kann, sondern nur Gott. Der postulatorisch-praktische Gottesbeweis teilt mit den theoretischen Gottesbeweisen die Erfahrungsferne, da auch hierzu die Gottesidee der reinen Vernunft (der Ontotheologie) vorausgesetzt ist. Die Frage muß hier offen bleiben, ob die postulatorischen „Annahmen" (als Suppositionen) nicht selbstversteckten Ostereiern gleichen, denn in den Postulaten findet man im Gedanken erfüllt, was dem subjektiven Bedürfnis entspringt, oder ob die leitende Idee der ausgleichenden Gerechtigkeit nicht doch einer ursprünglichen Erfahrung entspringt. Die Postulatenlehre überzeugt wohl nur dort, wo ein solches Bedürfnis nach Totalerklärung der Welt wach ist, wo man mit Gott rechnen und auf ihn zählen will. Der postulatorische Theismus dürfte heute sein vulgäres Gegenstück in der Forderung haben, es müsse etwas Höheres geben, denn sonst könnte Kontingenz nicht erfolgreich bewältigt werden.

---

[5] Zum Erfahrungsbegriff Kants vgl. Norbert Hinske, Lebenserfahrung und Philosophie, Stuttgart 1986, 19-48.

1.2 Zur Kontingenz als Anfangsgrund der Gotteserkenntnis

Gottesbeweise aus der Kontingenz haben ohne Zweifel eine besondere Erfahrungnähe. Sie bedienen sich nach Kant der „Beihülfe" der Erfahrung, stellen sich aber nur als verkappte ontotheologische Beweise heraus. Ich beziehe mich nun auf den Anfangsgrund der Kontingenzbeweise, ohne jedoch ihrer spezifisch kosmologischen Fassung durch Kant zu folgen.

Kontingent nennt man (sinnlich) wahrnehmbares und erfahrbares Seiendes, sofern es unter dem Ideal höchster Vollkommenheit als endlich, zeitlich hinfällig und vergänglich, räumlich begrenzt, modal zufällig, unvollkommen und brüchig erfahren wird. Man kann hier von *ontischer* Kontingenz sprechen. Ontologisch wird das *ens contingens* durch Wesen und Existenz different konstituiert gedacht. Der *nervus probandi* dieses Anfangsgrundes liegt in der Seinsschwäche und Ohnmacht der Wesen, die sich *nicht* selbst zur Existenz bringen können. Daher ist für ihr Existieren ein Schöpfer denknotwendig. Gesetzt das metaphysische Bedürfnis nach totaler Welterklärung wäre legitim, so ist hier mindestens zweierlei fraglich:

a) Der fraglose Ausgang von einer herabsetzenden, pejorativen Deutung der Endlichkeit des Seienden. Diese beachtet nicht, daß in unserer Lebenswelt Grenzen nicht primär Schranken oder Unvollkommenheiten sind,[6] sondern haltgebende Möglichkeiten kommunikativer Offenheit darstellen und auch daß streng genommen, was wirklich ist, nicht einfach vergeht, weil alles gegenwärtig Gewesene als Abwesendes mitanwesend ist und im Kommenden neue Möglichkeiten finden kann.[7]

b) Das ontologische Gegensatzpaar von Wesen und Existenz entstammt der regionalen Ontologie der Herstellungswelt und ist nicht verallgemeinerungsfähig.[8] Diese Art von technomorpher Kontingenzmetaphysik impliziert noch als weiteres Problem die Abhäng-

---

[6] A. K. Wucherer-Huldenfeld, Ursprüngliche Erfahrung und personales Sein. Ausgewählte philosophische Studien, Bd. 2, Wien 1997: Zur Erscheinung der Endlichkeit als Grenze. Ein Beitrag zur Atheismusforschung und zum Vorverständnis philosophischer Theologie, 105-138.

[7] Dazu vgl. A. K. Wucherer-Huldenfeld, Zum Verständnis der Zeitlichkeit in Psychoanalyse und Daseinsanalytik, in: *Daseinsanalyse* 12 (1995), 63-85, hier besonders 68-77.

[8] M. Heidegger, Grundprobleme der Phänomenologie, § 11: 140-158.

igkeit des Menschen von Gott, die als Fremdbestimmung, Heteronomie, erscheinen kann.

Diese negative Bewertung der durchschnittlichen Kontingenzmetaphysik übergeht jedoch einseitig ein Anliegen, dem wir näherkommen, wenn Kontingenz nicht nur transitiv als das in faktischer Berührung Stehen *(con-tingere)* von Wesen und Dasein verstanden wird, sondern intransitiv als *contingere,* d.h. zuteilwerden, glükken, sich ereignen *(accidere).* Dieser positive Gedanke einer anfänglichen Konstitution des konkreten Seienden (des *ens contingens)* dürfte auch das zentrale Sachmotiv jener Partizipationsontologie sein, die uns vor allem bei Thomas von Aquin begegnet.

1.3 Partizipation als Anfangsgrund der Gotteserkenntnis

Hier steht der Weltbezug im Vordergrund, unser jeweiliges Sichaufhalten in der Welt, unsere Teilnahme an ihr, diesem Ganzen zusammengehöriger Seiender. Der unüberschaubaren Mannigfaltigkeit der Seienden kommt es jeweils zu *zu sein.* Dem Seienden wird jeweils Sein zuteil gegeben, so daß es in der Würde eigenen Seins, ja eigenen Wirkenkönnens steht. Sein wird im Mittelalter selten begrifflich-nominal gefaßt (wie in der Avicenna-Rezeption und dann allgemein im Skotismus); es wird verbal als Fluß des Geschehens im Sinne des Ins-Sein-treten, zum Sein kommen, des Sichereignens erfahren: *evenire*, *fluxus*, *diffundere*, *emanare*, *processus*, *productio*, *accidere*.[9] Sein ist Akzidens, weil es durch sich und von sich her Seiendes begründet und ihm Sein ereignishaft zukommt (ac-cidit).[10] Seiendes ist, weil es zu sein empfängt, weil ihm ereignishaft zu sein zukommt. Auf diese Weise erfahren wir uns ja selbst. Im zeitlichen Geben des Seins verbirgt sich der abgründig-unergründliche Urgrund des Seins selbst. Das Sein als

---

[9] Vgl. „Metaphern des Seins" bei Rolf Schönberger, Die Transformation des klassischen Seinsverständnisses. Studien zur Vorgeschichte des neuzeitlichen Seinsbegriffs im Mittelalter (Quellen und Studien zur Philosophie, hrsg. von G. Patzig u.a., Bd. 21), Berlin/New York 1986, 61-73.

[10] Thomas von Aquin, Quodl. 11., q. 2, a. 1, ad 2; vgl. Jan A. Aertsen, Medieval Philosophy and the Transcendentals. The Case of Thomas Aquinas (Studien und Texte zur Geistesgeschichte des Mittelalters, Bd. 52), Leiden 1996, 141-146, 191 f. Die Erste Philosophie geht nachThomas nicht von einem ersten Gegenstandsentwurf *(obiectum)* des Intel-

das an das Seiende Hingegebene verdankt sich selbst einem Geben. Darum lautet die Kurzformel für die philosophisch gedachte Schöpfung bei Thomas *esse, dare*[11] Schöpfung ist ein Geben, Gewähren und Schenken von Sein, und bei Nikolaus von Kues auch ein *esse communicare,* ein Mitteilen des Seins.[12]

Nicht die pejorative Erfahrung des Kontingenten, des von Gott Abhängigen, nicht die Herstellungsbedürftigkeit der Kreatur steht hier im Vordergrund, sondern die Erfahrung, daß Seiendes zur Eigen- und Selbständigkeit, zu eigener Initiative freigegeben wird und etwas ist, dessen wir ständig inne sein können, wenn wir uns nur darauf zurückbesinnen. Nach Thomas ist das selbständige Seiende um seinetwillen da (es ist *sui causa)* und es ist als Ursache seiner selbst *(causa sui)* konstituiert,[13] weil es in der Würde der ihm zu eigen gegebenen Kausalität steht – als Selbstursprung eigener Tätigkeit und, im Falle des Menschen, durch freie Wahlentscheidung.

Partizipation (das Anteilgeben und Teilnehmen des Seienden am Sein) und auch der Ereignischarakter des Kontingenten werden m. E. nicht verständlich, ohne ein gesamtmenschliches Sicheinlassen auf das eigene Anwesendsein und das der Mit- und Umwelt, aus der heraus uns Seiende als die Anwesenden begegnen. Damit ist ein meist verkannter Erfahrungsbezug angesprochen, der heute nicht mehr selbstverständlich ist und es vielleicht auch niemals war. Um diesen zu erwecken, erscheint mir eine Verständigung über das Phänomen der ursprünglichen Erfahrung notwendig.

---

lekts aus, sie ist nicht Begriffsmetaphysik, sondern ihr vorgegebenes »Subjekt« ist das (konkret erfahrbare) Seiende als Seiendes, d.h. das Seiende in seinem Sein, und was es mitbegleitet, die Transzendentalien. Und diese Vollkommenheiten des Seins sind (insgesamt) *per se accidentia.* Das Akzidens ist hier transzendental gefaßt, d.h. konvertibel mit den Seinsbestimmungen, und darf nicht mit dem der Substanz zugehörigen Akzidenz oder dem logischen Akzidenz (dem Unwesentlichen) verwechselt werden. Die verbale Lesart von Sein *(esse commune)* ist bei Thomas für die gesamte Ontologie des im eigentlichen Sinne Seienden die angemessene.

11 Thomas v. A., Super Ev. S. Ioannis lect. V, n. 133: Creare autem est dare esse rei creatae.

12 Nikolaus von Kues, De visione Dei c. XII: Vocare enim ad esse, quae non sunt, est communicare esse nihilo. Si vocare est creare, communicare est creari.

13 Zu dieser Unterscheidung vgl. Emerich Coreth, Vom Sinn der Freiheit, Innsbruck 1985, 24f.

2. Die Dimension ursprünglicher Erfahrung[14]

Redet man von Erfahrung, so meint das gewöhnlich, mit etwas eine Erfahrung machen, das uns Angehende, das Erfahrene an sich selbst zu spüren bekommen, selber dabei sein, mitgehen und sich mitnehmen lassen. Eine Erfahrung kann eine ursprüngliche genannt werden, wenn sie echt, unverfälscht und angemessen ist, aber auch, und darum geht es hier, wenn sie als Letztinstanz in Frage kommt, der gegenüber es keine kritische Absicherung mehr gibt, die sich nicht selbst an Erfahrung ausweisen müßte, und wenn sie keine bewerkstelligte spezielle Erfahrung ist, die den lebensweltlichen Erfahrungsbezug voraussetzt.

Was Erfahrung ist (ihr Wesen), kennen wir einzig und allein dadurch, daß sie einem gewährt wird, daß jede und jeder sie selbst durchmachen, ja unausweichlich immer machen muß, da es keinen erfahrungsjenseitigen Weltaufenthalt gibt. Um die Ursprünglichkeit der Erfahrung als Letztinstanz kann nur aus ihr selbst gewußt werden.

Ein wichtiger Unterschied ist hierbei zu beachten: Wir können Erfahrungen machen mit etwas, mit einem Ding, zusammen mit einem Menschen, daher mit Geburt und Tod, Liebe und Leid, ja auch mit dem Sichentziehen von Erfahrbarem z.B. im Dunkel und sogar mit der Erfahrung selbst, kurz: erfahrbar ist alles (in einem distributiven Sinne), *was ist*. Aber das, was ist, das Seiende (Anwesende, Sichzeigende) in seiner Vielfalt, geht uns immer nur aus der bereits vertrauten Welt auf. Und diese als die offene Weite unseres Anwesens ist selbst kein begegnendes Etwas, mit dem wir auch unsere Erfahrungen machen könnten. Entzieht sich diese unsere Welt der Erfahrung im Gegenüber? Oder wird sie nicht vielmehr in allem Erfahrbaren als unsere Erfahrungswelt *miterfahren*, und zwar als das jedes Erfahrungmachen mit etwas erst Ermöglichende und so als der Ursprung der Erfahrung selbst? Ursprüngliche Erfahrung mit etwas wäre demnach von der Erfahrung des Ursprungs der Erfahrung zu unterscheiden. Darauf wird noch einzugehen sein.

Was heißt es nun, mit etwas eine Erfahrung zu machen? Ein öfters zitiertes Heidegger-Wort erscheint mir hier weiterführend: „Mit etwas [...] eine Erfahrung machen heißt, daß es uns widerfährt,

---

[14] Zur Sache, Problematik und Fragwürdigkeit einer Phänomenologie ursprünglicher Erfahrung vgl. Richard Kijowski, Ursprüngliche Erfahrung als Grund der Philosophie. Eine Auseinandersetzung mit Fridolin Wiplingers Philosophieren, Wien 1982.

daß es uns trifft, über uns kommt, uns umwirft und verwandelt. Die Rede vom ‚machen' meint in dieser Wendung gerade nicht, daß wir die Erfahrung durch uns bewerkstelligen; machen heißt hier: durchmachen, erleiden, das uns Treffende vernehmend empfangen, annehmen, insofern wir uns ihm fügen."[15] Im Anschluß an dieses Wort möchte ich auf sieben Grundzüge ursprünglicher Erfahrung hinweisen:

1. Ursprüngliche Erfahrung hat den Grundzug der *überwältigenden Widerfahrnis und der Betroffenheit.* Sie stellt unsere bisherigen Verständnis- und Verhaltensweisen als ungenügend in Frage. Sie führt zum Zusammenbruch des Sichaufspreizens in der Beobachterrolle. Sie ist nicht integrierbar in das Bisherige, sondern umgekehrt, das Bisherige ist in sie zu integrieren. Das nichtmitteilbare Anderssein der Anderen und auch alles Anderen ist die Erfahrung, und ist nicht auf einen Gegenstandsentwurf der Selbsterfahrung des subjektiven Bewußtseins abzuspannen.

2. Ein zweiter Grundzug: Das *in ursprünglicher Erfahrung Erfahrene trifft mich selbst ganz persönlich.* Ursprüngliche Erfahrung ist meine je eigene Erfahrung. Sie ist einmalig im Sinne der Einzigartigkeit, Unvergleichbarkeit, Unvertretbarkeit und in diesem Sinne nicht intersubjektiv objektivierbar oder wiederholbar. Niemand kann im Schlafen oder Träumen, im Gebären, im Lieben und Sterben vertreten werden. Nachträglich kann sie objektiviert werden. Sie kann wohl wiederholt werden im Sinne von „wieder heraufgeholt", aber indem man bloß mehrmals vereinzelte Beobachtungen macht und so kontrolliert wahrnimmt, wird sie verfehlt.

3. Ursprüngliche Erfahrung ist *durchzumachen, zu erleiden, indem wir selbst auf sie eingehen und sie zulassen, so daß das uns Widerfahrende uns zu sich verwandelt.* Fügen wir uns dem, was sich uns da zuschickt, so werden wir zum offenen Zeitspielraum des Advents je immer größerer Wahrheit (Offenbarkeit des verborgenen Seins).[16] Ursprüngliche Erfahrung ist nicht gedankenlos mit distanzloser, besinnungsloser Unmittelbarkeit zu verwechseln; meint also nicht mein unmittelbares Erleben hier und jetzt, meine mo-

---

15 M. Heidegger, Unterwegs zur Sprache (Gesamtausgabe, I Abt., Bd. 12), Frankfurt/M. 1985, 149.

16 Auf das Grundmotiv „veritas semper maior" der transzendentalen Erfahrungsphilosophie Richard Schaefflers sei hier ausdrücklich verwiesen: Erfahrung als Dialog mit der Wirklichkeit. Eine Untersuchung zur Logik der Erfahrung, München 1995, 212 ff., 223, 270 f., 296, 298, 325, 347 f., 466, 468, 492, 426, 507, 518, 522, 537, 587, 627, 675.

mentane Gestimmtheit; meint also kein isoliertes (oder isolierbares) Erlebnis im Gegensatz zu dem, was wir nur durch Erinnerung oder Erwartung vergegenwärtigen, denn wir machen die Erfahrung mit etwas nur durch und empfangen sie, wenn wir uns selbst als offenen Raum an sie hingeben und uns für sie Zeit nehmen.

Im Rückbezug auf die Ganzheit unserer Lebenszeit ist Gewesenes nie bloß vergangen, vielmehr hat es gegenwärtig Zukunft, wenn es in das Kommende hineingenommen wird. Und das ist wohl nur deswegen möglich, weil unser Mensch-sein miteinander immer schon durch die Zeit, das Gewesen-sein und Zukünftig-sein bestimmt ist. Im gegenwärtigen Sichentschließen und Beschließen setzen wir das, was wir waren und als unsere Welt entworfen haben,[17] der unheimlichen Möglichkeit aus, verwandelt zu werden; nun tritt alles in ein neues Licht – oder gar in entsetzliche Nacht. Gilt da nicht das Wort des Aischylos, durch Leiden lernen (πάθει μαθοζ)?[18] Aber Leiden, Empfangen, Annehmen muß keineswegs immer schmerzlich sein, denn nicht selten gilt, je offener und unbefangener, je freier und gelassener gegenüber dem Novum, dem Erstaunlichen, desto weniger Schmerz, desto mehr Freude.

4. Ursprüngliche Erfahrung ist *verstehende* und ist *verstandene Erfahrung. Zu* ihr gehört wesentlich Verstehen und Deutung, jedenfalls ein intuitiv-spontanes Erkennen, nicht notwendig ein methodisch-systematisches, d. h. wissenschaftliches; also ein Kennen- und Verstehenlernen, das impliziert, daß wir uns auf das Daseinsganze auch anders verstehen können.

Es ist in unserem Dasein dem, was sich in seiner Bedeutsamkeit und seinen Verweisungszusammenhängen im Bezug auf sich zeigt, verstehend Raum zu bieten. Erfahrung vollendet sich dabei letzt-

---

[17] Erfahrung ist immer durch unseren Selbstentwurf aus geschichtlicher Herkunft vermittelt, zugelassen oder abgewehrt. Was wir an Deutungen und Verstehensentwürfen immer schon in die Erfahrung einbringen, ist selbst geschichtlich mitkonstituiert durch das Uferlose der Erfahrung und des Verständnisses Anderer – man denke nur an die Sprache, in der wir sprechen, und unsere im Anonymen sich verlierende biologische Vorgeschichte.

[18] Vgl. dazu Hans Georg Gadamer, Hermeneutik I. Wahrheit und Methode (Gesammelte Werke, Bd. 1), Tübingen 1999, 362 f.; Otto Friedrich Bollnow, Philosophie der Erkenntnis. Das Vorverständnis und die Erfahrung des Neuen, Stuttgart 1970, 130 ff. Beispiellos ist hier Hegels Erfahrungsverständnis, das Negativität, Widerspruch und Schmerz als etwas unbedingt „Not-wendiges“ einschließt.

lich nicht im (absoluten) Wissen, sondern in je immer größerer Offenheit für den Anspruch der Anwesenheit des uns Angehenden und so in Offenheit für neue, praktisch-motivierende Erfahrung. Daß alle Erkenntnis mit Sinneserfahrung anfangen soll, heißt nicht, sie hebt damit an und wäre durch Erkenntnis aufhebbar und überholbar – wobei die Distanz zum Beginn chronologisch wächst –, sondern das Kennenlernen eröffnet erst recht die Welt der Erfahrung unter Beteiligung *aller* Sinne (auch der „inneren"). Erfahrung ist nicht bloß Beginn, sondern unüberholbarer Anfang des allmählichen Sichverstehens auf das Lebensganze.

5. Der *anfängliche Anspruch der Anwesenheit* von etwas gehört schon zur ursprünglichen Erfahrung. „Das Erfahrene kommt aber nicht zuerst zum Vorschein, und dann machen wir mit ihm unsere Erfahrung, sondern das Zum-Vorschein-kommen des Erfahrenen ist schon die Erfahrung, die wir machen. Erfahrung ist wesentlich *Aufgang und Entbergung dessen, was* ist."[19] Ursprüngliche Erfahrung ist daher nicht die subjektive Antwort auf eine objektive Wirkung, da eine solche Interpretation immer schon die Offenbarkeit und In-Anspruch-nahme durch das Anwesen des Erfahrenen sowie unser Anwesen mit und bei dem Erfahrenen voraussetzt. Es ist nicht so, daß man erst mit einem bereits zuhandenen Fahrrad oder Pferd seine Erfahrungen macht, denn alles Erscheinen von bereits Erschienenem ist etwas Nachträgliches zur Ersterscheinung, dem (im Bezug auf das Ganze) Ins-Anwesen-Kommen überhaupt, mit dem die Erfahrung anfängt.

6. Die ursprüngliche Erfahrung ist *nicht subjektiv,* nur je mein (je ihr/ je sein) Erleben, etwas Nicht-mitteilbares, Nicht-transferierbares, nicht Hinüberzubringendes, sondern sie ist *streng verbindlich,* insofern und insonah sich in ihr das uns immer schon Gemeinsame mit-teilt. Eine ursprüngliche Erfahrung mache ich nicht dort, wo ich sie zum Anlaßfall nehme, nur mich als Erfahrenden zu erfahren, d.h. mich als unbedingt und das zu Erfahrende als bedingt setze.[20] Gewiß kann man anläßlich eines Widerfahrnisses

---

[19] Günther Pöltner, Zu einer Phänomenologie des Fragens (Symposion. Philosophische Schriftenreihe, Bd. 37), München 1972, 20.

[20] Die Frage, wie erfahre ich mich (selbst), wenn ich etwas erfahre, kann durchaus berechtigt sein, aber auch sie steht unter dem Anspruch der ursprünglichen Erfahrung und führt uns weiter zurück auf die leitenden Interessen oder Grundeinstellungen, aus denen heraus ich für etwas offen bin, wenn ich etwas erfahre. Allein dieses Etwas, das mich in der Erfahrung *erstlich* angegangen hat, wird hierbei ausgeblendet.

zum Beispiel auf das Bewußtsein vom Widerfahrnis reflektieren oder neurobiologische Bedingungen des Erfahrungsprozesses ausmachen wollen. Methodisch kann das durchaus fruchtbar sein. Aber damit nehme ich in Kauf, daß sich das uns in seiner Anwesenheit Ansprechende und Mit-teilende nicht mehr uneingeschränkt von sich her zeigen kann. Es zeigt sich dafür von etwas anderem her und im Bezug auf anderes, aber nicht mehr ursprünglich.

Das mich in ursprünglicher Erfahrung Treffende ist also deshalb nicht bloß subjektiv, weil es sich jeder und jedem Anderen auf ebensolche je seine einmalig-personale Weise zusprechen kann, und zwar unausweichlich unter Miterfahrung des *Ursprungs der Erfahrung,* ja der Abgründigkeit des Welt-ganzen. Im Hören und Sprechen vom einen und selben Ursprung der Erfahrung herkommend, kann es Mitteilung (nicht mit „Vermittlung" zu verwechseln!) zwischen uns auf Grund der gemeinsamen Anteilnahme, Partizipation an der einen Welt und aus ihr geben. Weil jede ihre und jeder seine einmalige Weise der erfahrenden Teilnahme am Ganzen besitzt und so selbst das Ganze *(quodammodo omnia)* ist, haben wir uns etwas zu sagen. Dann sehen und sagen wir das Selbe, aber nie völlig das Gleiche.

7. Ursprüngliche Erfahrung ist *als weltoffene eine leibhaftige Erfahrung.* Zur Welt (Weltoffenheit) wurden und werden wir nur leibhaftig gebracht oder nicht. Wir halten uns im vornhinein im Umkreis des Offenen eines jeweiligen Weltbereiches leibhaftig anwesend und wahrnehmend auf, und zwar bei dem, wovon wir uns in seiner Anwesenheit ansprechen lassen. Wir vollziehen in leibhaftiger Anwesenheit („leibend") unsere Verhaltensmöglichkeiten in sinnenhafter Offenständigkeit, wo wir im Wachen und sogar im Traum unsere Erfahrungen mit etwas machen. Wir sind in sinnenhafter Leibhaftigkeit nicht nur für das Anwesen des Gegenwärtigen offen, sondern gleich ursprünglich für das Anwesen des Gewesenen und Kommenden (freilich nicht gleichmäßig). Der augenblicklich wahrzunehmende Weltaufenthalt des Erfahrenden schließt eben immer die bunte Welt des Gewesenen und zukünftig Möglichen ein.

Die ursprüngliche Möglichkeit der Erfahrung besteht in einem ganzheitlichen weltweiten Anwesenlassen des Anwesenden. Erfahrung ist daher nicht mit Sinneswahrnehmung oder Sensation zu verwechseln. Das Erfahrungs-Modell einer wiederholten Sinneswahrnehmung, die mit Hilfe des Gedächtnisses einer geistigen Verarbeitung (Verallgemeinerung) zugeführt wird, stellt einen unerlaubten Vorgriff dar.[21] Die Leibhaftigkeit der Weltoffenheit wird besonders deutlich in der personalen Gegenwart, im Gegenüber von Du und Du, wo wir das weltoffene Anwesen des jeweiligen Selbst erfahren und einander freigeben.[22]

3. Der Ursprung der Erfahrung

Jede Erfahrung, die wir ernsthaft und uneingeschränkt mit etwas machen, ist zugleich eine Erfahrung, in der wir dessen inne werden können, daß wir uns jederzeit aus dem Weltganzen als dem Offenen des Anwesens und zu ihm verhalten. In ursprünglicher Erfahrung wird der Ursprung der Erfahrung notwendig miterfahren. Diese Miterfahrung des Ursprungs der Erfahrung ist ein Gewahrwerden *(awareness) und Innesein* (nicht Wahrnehmen!) *unseres schlichten Anwesendseins mit Anderen in der Welt.* Dieses ist das unbestreitbare Fundament (der „Grund"), das unserem vernehmenden Sichverhalten stets vorgegeben ist und verschiedenste, ja widerstreitende Deutungen der Welt (die großen Daseinsdeutungen der Philosophie und die mythischen Erzählungen) erst möglich macht. Eine solche Erfahrung konnte daher zu Recht als Grunderfahrung oder transzendentale Seinserfahrung angesprochen werden.[23]

---

[21] Zur Problematik der Aufspaltung unserer Selbsterfahrung siehe A. K. Wucherer-Huldenfeld, Ursprüngliche Erfahrung und personales Sein. Ausgewählte philosophische Studien, Bd. 1, Wien 1994, 37-56.

[22] Eine ursprüngliche Erfahrung miteinander machen wir nicht dadurch, daß wir einander wahrnehmen und wahrnehmen, wie wir als Wahrnehmende wahrgenommen werden usw. Wir erfahren einander ursprünglich im *Gewahrwerden des* unscheinbaren Anwesens, *ihres* oder *seines* Anwesens, wenn wir einander zur ureigensten Selbst- und Seinserfahrung im Sichverhalten zur Welt freigeben. Der Weltbezug ist immer nur ein leibhaftiger und geht uns im leibhaftigen Anwesendsein miteinander auf. Immer sind wir es selbst in aller Leibhaftigkeit, in der wir zur Welt gebracht wurden und die Erfahrung machen, dort und damals Gebürtige zu sein. Insonah und insofern uns das Anderssein Anderer Quelle der persönlichen Vertrautheit und Nähe gewesen ist, vermag es uns zur Brücke für die Erfahrung und Annahme der Anwesenheit Fremder gerade in ihrem analogen Anderssein werden.

[23] So zum Beispiel versteht Johann B. Lotz unter Grunderfahrung die Erfahrung des Seins im Unterschied zur Erfahrung des Seienden, dessen Grund das Sein ist, vgl. Metaphysische und religiöse Erfahrung, in:

Daß wir uns immer schon aus diesem Anwesendsein zueinander in der Welt zur Welt unseres Anwesendseins miteinander verhalten, das ist nichts, das wir unterlassen könnten. Zu diesem Sichverhalten gibt es kein Gegenteil, das heißt, wir können uns niemals nicht zu den Mitmenschen, nicht zur Welt und nicht zum Sein verhalten, denn jede Abkehr vom Offenen der Welt nimmt schon in Anspruch, daß wir mit ihr vertraut sind, »in« sind, ihrer inne sind, im Offenen der Welt Innestehende sind und so an ihr teilnehmen. Mit der Welt machen wir also nicht eine Erfahrung wie mit etwas, das in der Welt ist. Aber mit allem innerweltlich Seienden machen wir eine Welterfahrung als einem Miterfahren des Ursprungs der Erfahrung. Wir erfahren somit diesen Ursprung mit, wenn wir unseres Anwesens in seiner Zugehörigkeit zur Mit- und Umwelt gewahrwerden.

Besinnen wir uns auf diese Anwesenheit, dann gewahren wir einige ihrer Grundzüge: sie geschieht, sie ereignet sich, sie ist uns unüberholbar vorgegeben und es ist uns aufgeben, daß wir uns zu ihr zu verhalten haben. Unser leibhaftiger Weltaufenthalt mit Anderen ist uns nur aus der ständig geschehenden „Vor-gabe", die etwas unausschöpfbar Abgründiges an sich hat, möglich: daraus kommt ein ständiges Sichgegebenwerden, Gewährt- und Gegönntwerden. Recht bedacht kann dies uns in jubelnden Augenblicken des Seindürfens aufgehen: Heute, nur dieser Tag, er war noch nie da und er kommt nie wieder. Es gibt ihn nun, nur ihn; er ist uns überlassen, sodaß wir gewürdigt sind, über ihn zu verfügen. So haben wir jeweils unsere Zeit zu sein, weil es die Zeit gibt, die uns gegeben ist, die Zeit, die wir auch einander schenken können. Mit unserer Zeit meine ich hier das offenständige *Anwesenkönnen,* das die Spannweite der Welt hat. Es ist uns auf die Weise der Partizipation zuteil gegeben. In den Erfahrungen, die wir mit etwas machen, kann so unser Anwesen und Dasein als Ursprung aller Erfahrung miterfahren und von da aus weiter in seinem wesenhaften Ereignis- und Gabecharakter freigelegt werden, sodaß der in allem miterfahrbare Ursprung der Erfahrung sich als Anfangsgrund der religiösen Dimension erweist, an dem vorbei es keine Gotteserkenntnis gibt.

Der Mensch im Sein, Freiburg/B. 1967, 404-466. Transzendentale Erfahrung meint dann die Erfahrung der Gründe, die andere Erfahrungsweisen ermöglichen, vgl. Transzendentale Erfahrung, Freiburg/B. 1978.

Richard Schaeffler

Grenzerfahrungen der Vernunft als Interpretamente religiöser Erfahrung

Vorbemerkungen zum Thema

Mein Thema faßt in Kurzform mehrere Thesen zusammen:
1. Es gibt religiöse Erfahrungen.
2. Religiöse Erfahrungen bedürfen der Interpretation.
3. Die Vernunft kann und muß Interpretamente (Mittel der Auslegung) für die religiöse Erfahrung bereitstellen.
4. Es gibt Grenzerfahrungen der Vernunft. Und diese sind es, die sie zur Bereitstellung solcher Interpretamente fähig machen.

Die erste These lautet also: Es gibt religiöse Erfahrungen. Ist das nicht eine Selbstverständlichkeit? Wie könnte man, wenn es nicht selbstverständlich wäre, eine ganze Tagung zu dem Thema veranstalten „Dimensionen der religiösen Erfahrung"? Der Anschein der Selbstverständlichkeit verschwindet jedoch, sobald man zwischen „Erfahrungen" und „Erlebnissen" unterscheidet. Das Unterscheidungsmerkmal der Erfahrung im Unterschied zum Erlebnis besteht darin, daß sie als Kriterium dienen kann, an dem wir unser theoretisches und praktisches Urteil überprüfen. Erfahrungen haben objektive Geltung.So verstanden antwortet die These auf eine ganz und gar nicht unstrittige Frage: Gibt es wirklich religiöse Erfahrungen, die von strukturell anderer Art sind als die wissenschaftliche Empirie und dennoch nicht weniger als diese objektive Geltung beanspruchen können?

Die zweite These lautet: Religiöse Erfahrungen bedürfen der Interpretation. Auch diese These scheint eine Selbstverständlichkeit auszusprechen. Wozu gäbe es sonst eine „Österreichische Gesellschaft für Religionsphilosophie"? Wiederum schwindet der Anschein der Selbstverständlichkeit, wenn man der These eine präzisere Gestalt gibt. Gemeint ist: Religiöse Erfahrungen bedürfen solcher Interpretation nicht nur im Interesse der Betrachter oder der Hörer und Leser von Zeugnissen der religiösen Erfahrung, damit diese lernen, zu verstehen, was sie sehen, hören oder lesen. Die religiöse Erfahrung bedarf um ihrer selbst willen der Interpretation. Denn der, der solche Erfahrungen macht, kann sie mißverstehen und wird dann für die Zukunft zu Fehlformen dieser Erfahrung verführt, durch die sie ihre objektive Geltung verlieren oder gar nicht erst gewinnen.

So verstanden wirft die These die offene Frage auf: Welcher Art sind die möglichen Selbst-Mißverständnisse der religiösen Erfahrung? Und welche Art von Interpretation ist geeignet, sie vor solchen Selbst-Mißverständnissen zu bewahren?

Die dritte These lautet: Die Vernunft kann und muß Interpretamente der religiösen Erfahrung bereitstellen. An dieser These scheiden sich die Geister – wenn auch vermutlich nicht hier in diesem Saale. Denn sie antwortet auf die Frage: Kann und darf die Vernunft dort, wo Menschen religiöse Erfahrungen machen oder wo Zeugnisse solcher Erfahrungen gehört und gelesen werden, überhaupt noch reden? Oder muß die Vernunft angesichts dessen, was man das „Übervernünftige" nennt, verstummen? Man mag in diesem Zusammenhang an den oft zitierten Zuruf aus der Vorlesung Luthers über den Brief an die Galater denken: „Schweige, Vernunft, und höre".

Die hier vorgetragene These enthält also die hart umstrittene Behauptung, die Vernunft sei fähig, Interpretamente der religiösen Erfahrung bereitzustellen, und dies sei überdies notwendig, und zwar aus zweierlei Gründen: um der religiösen Erfahrung willen, aber auch um ihrer selbst willen. Sie muß es um der religiösen Erfahrung willen tun. Denn wo die Vernunft verstummt, kann die Transformation religiöser Erlebnisse in religiöse Erfahrung nicht gelingen. Und die Vernunft muß dies um ihrer selbst willen tun. Denn sie ist nicht dazu bestimmt, durch vermeintlich apriorisches Wissen Erfahrung überflüssig zu machen, sondern dazu, die Bedingungen freizulegen, auf denen die Möglichkeit der Erfahrung beruht, auch die Möglichkeit der religiösen Erfahrung. Und sie ist dazu bestimmt, Fehlformen der Erfahrung kenntlich zu machen, die sich ergeben, wenn diese gegen ihre eigenen Bedingungen verstößt, auch Fehlformen der religiösen Erfahrung. Darum gewinnt die Vernunft ihr angemessenes Selbstverständnis erst, indem sie sich hermeneutisch-kritisch auf Erfahrung bezieht, also durch Bereitstellung der Interpretamente und Kriterien, die dieser Erfahrung angemessen sind.

Die vierte These aber lautet: Es gibt Grenzerfahrungen der Vernunft. Und diese sind es, die die Vernunft dazu fähig machen, Interpretamente der religiösen Erfahrung bereitzustellen.

Auch hier läßt sich einwenden: Ist das nicht eine allzu geläufige These? Geht es wieder einmal darum, mit Kant gesprochen, „das Wissen einzuschränken, um für den Glauben Platz zu bekommen"?

Und für was für einen Glauben würde dadurch Platz geschaffen? Vielleicht für einen Glauben, der, mit Schleiermacher gesagt, „feierlich Verzicht tut auf alle Ansprüche der Metaphysik und Moral“? Sind die Grenzerfahrungen der Vernunft, von denen hier die Rede sein soll, nichts anderes als die Ergebnisse einer schiedlich-friedlichen Einteilung der Aufgabenfelder von Vernunft und Religion?

Der besondere und keineswegs unstrittige Bedeutungsgehalt der These tritt wiederum erst hervor, wenn man eine Präzisierung hinzufügt, diesmal eine solche, die den Begriff der „Grenzerfahrung“ betrifft: Gemeint sind nicht nur Erfahrungen von der Beschränkung eines Themenfeldes, also von Grenzen, jenseits derer die Vernunft keine Zuständigkeit mehr in Anspruch nehmen kann. (Weil der Begriff „Grenzerfahrungen“ hier nicht in diesem Sinne gemeint ist, kann an dieser Stelle die Frage offenbleiben, ob es solche Grenzen der Vernunftkompetenz gibt oder nicht.) Gemeint sind Erfahrungen, die das Selbstverständnis der Vernunft im Ganzen verändern, weil sie deutlich machen: Die Vernunft kann innerhalb ihres eigenen Aufgabenfeldes an den Aufgaben, die sie sich notwendigerweise selber stellt, auch scheitern. Es sind diese Erfahrungen, in denen sich die „Wahrheit der Dinge“, d.h. ihr Anspruch an unser Anschauen und Denken, als „je größer“ erweist: größer nicht nur als das Individuum, das durch solche Erfahrungen seiner bisherigen Irrtümer überführt wird, sondern auch größer als die Vernunft, deren regulative Ideen, d.h. deren Zielvorstellungen von der Erfüllung ihrer Aufgaben, angesichts dieser Inhalte widersprüchlich werden. Dies geschieht freilich so, daß die notwendige Auflösung dieser „Dialektik der Vernunft“ eine Veränderung der Zielvorstellungen und damit auch unserer Verstandesbegriffe und Anschauungsformen nötig macht. Die Vernunft wird angesichts solcher Erfahrungen zur Platzhalterin der „Veritas semper maior“; und sie wird zugleich durch diese Erfahrungen in ihre Geschichte hineinverwiesen – in jene „Geschichte der reinen Vernunft“ für deren Beschreibung Kant, wie er im letzten Kapitel seiner „Kritik der reinen Vernunft“ ausdrücklich anmerkt, „eine Stelle im System“ offenhalten wollte.

Es wird sich zeigen, daß die Vernunft durch diese Grenzerfahrungen fähig wird, Interpretamente der religiösen Erfahrung bereitzustellen.

Erster Teil: Grenzerfahrungen der Vernunft

Sie bemerken: Das Problemfeld, das durch das Thema dieses Vortrages umrissen wird, soll hier von der vierten These her betreten werden, und zwar von deren erstem Teil. Dieser spricht allgemein transzendentalphilosophisch von „Grenzerfahrungen der Vernunft". Erst im folgenden Zweiten Teil soll speziell religionsphilosophisch davon die Rede sein, daß und wie diese Erfahrungen es möglich machen, Interpretamente der religiösen Erfahrung bereitzustellen.

1. Traditionelle Beschreibung dieser Grenzerfahrungen: Kants Lehre von der Dialektik der Vernunft

Die Vernunft gibt dem Verstande regulative Ideen vor, d.h. sie gibt ihm die Ziele an, die ihn beim Aufbau der Gegenstandswelt leiten: die Idee des „Ich denke" als der widerspruchsfreien Einheit des Denkaktes und die Idee der „Welt" als der geordneten Ganzheit aller Erkenntnisgegenstände.

Diese Ideen sind notwendig, wenn Erfahrung in ihrer objektiven Gültigkeit zustandekommen soll. Objektiv gültig ist, was in der widerspruchsfreien Einheit des Aktes „Ich denke" und in der geordneten universalen Ganzheit der Welt seine eindeutige Stelle findet.

Nun zeigt sich aber: Diese Ideen sind vieldeutig. Der „Natur" als dem Ganzen der Gegenstände unserer theoretischen Erkenntnis tritt die „Welt der Zwecke" gegenüber, also das geordnete Ganze der Handlungsziele, die uns sittlich geboten sind. Und Entsprechendes gilt auf der Subjektseite: Dem universal vertretbaren Forschersubjekt, dem die Natur als das Ganze aller Gegenstände unserer theoretischen Erkenntnis vor das Auge tritt, steht das Subjekt der sittlichen Entscheidung gegenüber, das ganz und gar unvertretbar ist. Aber diese Welten und Subjektivitätsweisen sind nicht nur untereinander strukturell verschieden, sondern durchdringen einander: Wir sollen die sittlich gebotenen Zwecke in der Welt realisieren, die wir theoretisch erkennen, und wir sollen uns als unvertretbare sittliche Subjekte so entscheiden, daß wir die Möglichkeiten solchen Handelns in der theoretisch erkannten Welt entdecken und die Folgen unserer Tat theoretisch abschätzen und verantworten. Aus dieser Interferenz strukturverschiedener Welten und Subjektivitätsweisen entstehen Widersprüche, an denen unsere Vernunftideen von der einen Welt und dem einen Akt „Ich denke“ zunächst zerbrechen.

Die so entstehende Dialektik der Vernunft kann, wie Kant im Einzelnen gezeigt hat, nur durch Postulate aufgelöst werden. Diese aber haben, was nicht von allen Kant-Interpreten deutlich genug gesehen wird, den Charakter von Hoffnungs-Aussagen. Die zentrale unter ihnen ist für Kant die, daß Gott, zugleich Gesetzgeber des Sittengesetzes und des Naturgesetzes, die sittlich gute Tat zugleich zu einem wirksamen Beitrag zur Verwirklichung seines Endzwecks (des „Reiches Gottes“) machen wird.

Nimmt man hinzu, daß sowohl das Sittengesetz als auch das Naturgesetz nach Kants Überzeugung aus der Selbstgesetzgebung der Vernunft hervorgehen, dann wird man hinzufügen dürfen: Die Postulate der Vernunft laufen darauf hinaus, die unterschiedlichen Weisen der Selbstgesetzgebung der Vernunft als Erscheinungsgestalten einer und derselben göttlichen Gesetzgebung zu verstehen. Die Vernunft gibt sich das Sittengesetz selbst. Die Vernunft selbst enthält die obersten Regeln aller Naturgesetze. Aber diese doppelte Weise ihrer Selbstgesetzgebung verweist auf die einheitliche Gesetzgebung dessen, der sowohl das Sittengesetz als auch das Naturgesetz erlassen hat. Die Selbstgesetzgebung der Vernunft wird ihrerseits zur Erscheinungsgestalt einer göttlichen Gesetzgebung. Das entscheidende Beispiel bei Kant lautet: „Die Erkenntnis unserer Pflichten“ (also der Taten, aber auch der Zwecke, die die Vernunft sich selber abverlangt) „als göttlicher Gebote“.

2. Eine dreifache Weiterführung

Die Einsicht Kants, die hier nur in aller Kürze und Skizzenhaftigkeit angedeutet werden konnte, muß unter den philosophiehistorischen Bedingungen von heute in mehrfacher Hinsicht weitergeführt werden.

a) Die „Natur“ und die „Welt der Zwecke“ sind nur zwei unter mehreren Welten. Das universal vertretbare Forschersubjekt und das unvertretbare Subjekt der sittlichen Entscheidung sind nur zwei unter mehreren Subjektivitätsweisen. Auch die Welt der ästhetischen Erfahrung und die Welt der religiösen Erfahrung sind eigene Gesamtgefüge gegebener oder möglicher Gegenstände; und die ihnen zugehörigen Formen des Anschauens und Denkens sind ebenfalls autonome, eigengesetzliche Weisen der Subjektivität. Deswegen tritt die Dialektik der Vernunft nicht nur an der einen Stelle auf, wo die Natur und die Welt der Zwecke sich durchdringen, sondern an vielen Stellen, nämlich an allen, an denen unterschiedliche Weisen der Welt und der Subjektivität untereinander interferieren.

Deswegen muß auch das Gottespostulat, das diese Dialektik auflöst, neu formuliert werden. Das habe ich in meinem Buch *Erfahrung als Dialog mit der Wirklichkeit* zu tun versucht. Aber dabei bleibt erhalten, was bei Kant gefunden worden ist: Jede dieser Neuformulierungen des Gottespostulates richtet sich auf die eine Wirklichkeit, deren Anspruch in den vielfältigen Ansprüchen der vielfältigen Erfahrungswirklichkeiten ihren Ausdruck findet. „Die Vielfalt der Weisen, wie das Wirkliche uns in Anspruch nimmt und zum Aufbau je unterschiedlicher Erfahrungswelten herausfordert, darf als eine Vielfalt von Abbild- und Gegenwartsgestalten der einen Weise verstanden werden, wie wir »in omnitudine realitatis«, d.h. in allem, was ist und geschieht, von einer göttlichen Wirklichkeit in Anspruch genommen und zur Antwort herausgefordert werden“ (*Erfahrung als Dialog* 658).

Und ebenso richtet sich jede Neuformulierung des Gottespostulats auf das Subjekt der einen Gesetzgebung, deren Erscheinungsgestalten die vielfältigen Weisen sind, wie die Vernunft sich selbst und den Individuen Gesetze gibt. Ich darf nicht nur meine Erkenntnis der Pflicht als Ausdruckgestalt der göttlichen Gebote verstehen. Ich darf auch die Weise, wie ich im eigengesetzlichen Denken und Anschauen die ästhetischen, ethischen oder religiösen Aspekte des Wirklichen entdecke, als Ausdruckgestalten derjenigen Weise anschauen, wie Gott Gesetze gibt, durch die er mich ermächtigt, in eigengesetzlicher Selbsttätigkeit Welten dieser Art aufzubauen. „Die Vielfalt der Subjektivitätsweisen, mit denen wir uns als Subjekte der ästhetischen, sittlichen oder religiösen Erfahrung verhalten und verstehen, darf als eine Vielfalt von Abbild- und Gegenwartsgestalten der einen Weise verstanden werden, wie Gott den Menschen weiß und unter seine Anrede stellt“ (ibid.).

b) Nicht nur an den Interferenzstellen unterschiedlicher „Welten“, sondern auch innerhalb jeder einzelnen Welt treten Inhalte der Erfahrung auf, die zwar durch die bisher bewährten Formen des Anschauens und Denkens möglich werden (nur wer schon anschaut und denkt, kann Inhalte erfassen), die sich aber diesen Formen nicht einfügen und deswegen „paradox“ erscheinen: parà tèn dóxan, über die Aufnahmemöglichkeit hinausweisen (die griechische Vokabel „Doxa“ kommt von „dechesthai“, „aufnehmen“). Gerade in solchen Erfahrungen des Paradoxen meldet das Wirkliche seinen je größeren Anspruch an. Deswegen hat Kierkegaard das Paradoxe, Camus das Absurde als die Weise zu beschreiben versucht, wie die Wirklichkeit ihren Protest gegen die Überformung durch unsere Anschauungs- und Denkformen anmeldet. Aber wenn wir angesichts solcher Paradoxien nicht einfach verstummen sollen, muß dieser Anspruch des Wirklichen, der unsere Denk- und Anschauungsformen aufsprengt, zugleich als ein solcher verstanden werden, der uns nötigt, neue Formen unseres Anschauens und Denkens auszubilden. Ein Beispiel dafür bieten jene zunächst paradoxen Erfahrungen, die zu Beginn der Neuzeit dazu geführt haben, das ptolemäische Weltbild preiszugeben und in diesem Zusammenhang den Begriffen der Kraft, der Bewegung und der Ruhe sowie den Anschauungsformen des Raumes und der Zeit eine neue Gestalt zu geben.

Damit aber hat auch das Gottesverständnis – zunächst kaum bemerkt – eine Veränderung erfahren. Nicht in erster Linie die Allmacht Gottes, an der sich die alten kosmologischen Gottesbeweise orientierten, sondern die Wahrhaftigkeit Gottes (bei Descartes: Veracitas Dei) trat jetzt in den Mittelpunkt der Aufmerksamkeit. Auf sie muß ich mich verlassen können, wenn ich fähig sein soll, in den Erschütterungen der Vernunft durch die Erfahrung des Paradoxen mich dem Anspruch anzuvertrauen, der in solchen Erschütterungen an mich ergeht. Schon bei Descartes wird die Veracitas Dei als Gegenstand eines zuversichtlichen Vertrauens in den Mittelpunkt aller Gottesprädikate gerückt, weil nur das Vertrauen in Gottes Wahrhaftigkeit das erschütterte Selbstvertrauen der Vernunft neu zu begründen vermag.

c) Zur Auflösung derjenigen Dialektik, die sich aus der Interferenz unterschiedlicher Erfahrungswelten und Erfahrungsweisen ergibt und von der an früherer Stelle die Rede war, ist eine Veränderung der Vernunftideen, der Verstandeskategorien und sogar der Anschauungsformen notwendig. Diese Veränderung geschieht in diesem Zusammenhang in einer einmaligen, dann aber dauerhaft orientierungskräftigen Weise: Die Vernunft lernt nun ein für allemal, die vielfältigen Weisen ihrer Selbstgesetzgebung als Erscheinungsgestalten der einen göttlichen Gesetzgebung zu verstehen. Jene andere Dialektik jedoch, von der soeben die Rede war, die Dialektik, die innerhalb der einzelnen Erfahrungswelten auftritt, führt zum Bewußtsein der Vernunft von einer zukunftsoffenen Geschichte. Krisen dieser Art können jederzeit neu aufbrechen; und niemand kann wissen, in welcher veränderten Gestalt unser Anschauen und Denken aus diesen Krisen hervorgehen wird.

Die so verstandene Geschichte aber ist, gerade weil sie zukunftsoffen und unvorhersehbar ist, der Inhalt einer eigenen Grenzerfahrung der Vernunft. Weil die Vernunft die Geschichte nicht außer sich hat als ein Objekt, das sie betrachtet, sondern sich selber als geschichtlich erfährt, ist sie zwar genötigt, die Idee der Welt zu bilden – jetzt als die Idee von „Welt-Geschichte", einer Geschichte der sich verändernden Form des Ganzen, das ihr als Inbegriff ihrer Objekte vor Augen steht. Aber zugleich erweist sie sich als unfähig, diese Geschichte auf den Begriff zu bringen.

Auch in diesem Zusammenhang verändert sich der Inhalt des Gottesgedankens. Das Gottespostulat, d.h. der Ausdruck der zuversichtlichen Hoffnung, die notwendig ist, wenn die Vernunft nicht in skeptische Verzweiflung verfallen soll, drückt dann nicht nur das Zutrauen in die Wahrhaftigkeit Gottes aus, welche garantiert, daß die Vorläufigkeit unseres Erkennens uns nicht in die Irre führt. Das Gottespostulat drückt nun vor allem die Zuversicht in eine Treue Gottes aus, die dieser Geschichte Kontinuität verschafft.

Wir sind zu einem ersten Zwischenergebnis gelangt:

Es gibt wirklich Grenzerfahrungen der Vernunft. Von ihnen her gewinnt sie erst ihre doppelte Fähigkeit, den Anspruch des Wirklichen als den „je größeren" zur Geltung zu bringen und den Dialog mit dieser Wirklichkeit für eine unvorhersehbare Zukunft offenzuhalten. Damit hat der erste Teil der oben formulierten Vierten These sich bewahrheitet: Es gibt Grenzerfahrungen der Vernunft.

Zweiter Teil: Interpretamente religiöser Erfahrung

1. Die Vernunft als inneres Moment der religiösen Erfahrung

a) Wenn die Vernunft die Fähigkeit ist, den Anspruch des Wirklichen als den „je größeren" zur Geltung zu bringen, dann bedarf die religiöse Erfahrung dieser Vernunft in eminentem Maße. Eine Vernunft, die gerade in den Erfahrungen von ihrer Grenze zur Platzhalterin der „je größeren Wahrheit" geworden ist, weiß rückschauend, daß sie nur durch jene hoffnungsvolle Zuversicht, die sich in Postulaten ausspricht, also durch das Vertrauen in Gottes Wahrhaftigkeit und Treue, zu solcher Platzhalterschaft fähig geworden ist. Im Vertrauen auf Gottes Wahrhaftigkeit wagt der Mensch dann, sein eigenes unvollkommenes Anschauen, Hören, Denken und

Handeln als die Erscheinungsgestalt der je größeren Wahrheit Gottes zu begreifen. Im Vertrauen auf die Treue Gottes wagt er, sich der Geschichte anzuvertrauen, in die er hineingerät, wenn er sich auf diesen Anspruch der je größeren Wahrheit Gottes einläßt.

Fehlt der religiösen Erfahrung diese Vernunft, und dies kommt vor, dann verkennt sie, daß auch das Erscheinen des Heiligen immer ein Moment seiner „Kenosis", seiner „Entleerung" einschließt. Wir haben das Wort des Heiligen immer nur in der Knechtsgestalt menschlicher Worte, die auf dieses Wort zu antworten versucht haben. Wir sehen die Erscheinung des Heiligen immer nur in der Entleerungsform der Weise, wie es für uns auf menschliche Weise sichtbar werden wollte. Und die kultische Handlung, diese ausgezeichnete Form religiösen Wirkens, ist immer Tat Gottes in der Knechtsgestalt menschlichen Tuns. Verkennt, um es noch einmal zu sagen, die religiöse Erfahrung diese Momente, dann gerät sie in den ständigen Wechsel von Idololatrie und Ikonoklasmus, von Bilder-Anbetung und Bilderstürmerei hinein. Nicht erst in der Aufrichtung von Schnitzbildern und Gußbildern, schon in der Ausbildung von Vorstellungen, Begriffen und Aussagen richtet die religiöse Theorie und Praxis Bilder vom Heiligen auf; und sofern sie diese mit dem Heiligen selbst verwechselt, verfällt sie in Bilder-Anbetung (Idololatrie). Wenn sie aber meint, wegen der Unangemessenheit dieser Bilder auf alle Vermittlungsgestalten verzichten und in eine Unmittelbarkeit zum Heiligen eintreten zu können, verfällt sie in Bilderstürmerei (Ikonoklasmus).

Die Grenzerfahrungen der Vernunft machen deswegen zugleich deutlich, wie diese spezifisch religiösen Gefahren zu vermeiden sind: durch eine Vernunft nämlich, die in solchen Erfahrungen gelernt hat, daß sie an ihren unabweislichen Aufgaben auch scheitern kann und daß sie dann nur durch eine postulatorische Hoffnung fähig bleibt, in der Bruchstückhaftigkeit dessen, was menschliches Erkennen und Handeln leistet, die Erscheinungsgestalten der göttlichen, heilswirksamen Zuwendung zum Menschen zu entziffern – freilich zugleich die Erscheinungsgestalten des ebenso heilswirksamen göttlichen Blicks auf die Welt.

b) Wenn, wie oben gesagt worden ist, die Vernunft die Fähigkeit ist, den Dialog mit dem Wirklichen für eine unvorhersehbare Zukunft offenzuhalten, dann bedarf die religiöse Erfahrung in eminentem Maße dieser Vernunft. Dies wird wiederum dadurch besonders deutlich, daß sie in spezifische Gefahren gerät, wenn diese Vernunft ausfällt.

Es gilt, um es mit dem Thema dieses Colloquiums zu sagen, den Weg „zwischen Verzückung und Verzweiflung" zu finden, den Weg, der „vom Berge herabführt", von den großen Augenblicken der Überwältigung durch das Heilige zurück ins alltägliche Leben unserer Erfahrungswelt. Aber es gilt, so vom Berge herabzufinden, daß dabei die Erfahrung von der Gegenwart des Heiligen weder vergessen wird noch verlorengeht. Andernfalls fiele der religiöse Mensch unvermittelt von der Verzückung in die Verzweiflung. Es gilt also, eine doppelte Gefahr zu vermeiden: die Gefahr, mit Berufung auf die religiöse Erfahrung den „Abstieg" zu verweigern und dadurch die Begegnung mit dem Heiligen für einen „Ausstieg aus der Erfahrungswelt" zu halten, und die komplementäre Gefahr, die erfahrene Begegnung mit dem Heiligen in der Profanität der Alltagswelt zu vergessen und so die Begegnung mit dem Heiligen für einen schönen Schein zu halten, der der Bedrängnis durch die alltägliche Erfahrung nicht standhält. Diese Doppelgefahr wird vermeidbar durch eine Vernunft, die in ihren Grenzerfahrungen gelernt hat, jede Begegnung mit dem Wirklichen überhaupt als eine zwar vorläufige, aber reale Antizipation eines Zieles zu begreifen, auf das hin wir in aller Vielfalt unserer Alltagserfahrung unterwegs sind. Religiös gesprochen: Die Vernunft hat in ihren Grenzerfahrungen gelernt, ihre „Scientia in via" als Antizipation der „Scientia beatorum" zu begreifen.

Von hier aus ist deutlich zu machen, was die in ihren Grenzerfahrungen hellsichtig gewordene Vernunft zur Interpretation der religiösen Erfahrung und der Zeugnisse von ihr beitragen kann.

2. Die Grenzerfahrungen als Interpretamente der religiösen Erfahrung

a) Die Dialektik der Vernunft innerhalb jeder einzelnen, auch der religiösen Erfahrung

Das Gesagte gilt zunächst für jene Dialektik der Vernunft, die innerhalb jeder einzelnen, auch der religiösen Erfahrung auftritt. Denn die Dialektik der Vernunft, von der soeben die Rede war, entspringt aus der Erfahrung jener Grenze, an der die Wahrheit der Dinge sich immer wieder als die „je größere" erweist. Diese Grenzerfahrung aber wird nur dann richtig verstanden, wenn sie die Vernunft dazu befähigt, den „Sensus allegoricus" jeder Erfahrung zu entdecken. Darunter verstehe ich jenes Bedeutungsmoment, durch das der Inhalt jeder Erfahrung den, der sie macht, in seine künftige Geschichte hineinverweist. Erst in einer unabsehbaren, zukunftsoffenen Geschichte wird der Bedeutungsgehalt der einmal gemachten Erfahrung stufenweise und auf immer neue, überraschende Art hervortreten. Darum will jede einmal gemachte Erfahrung im Lichte neuer Erfahrungen immer neu „gelesen" und verstanden sein und sagt dann jeweils etwas Neues (griechisch: Alla agoreuei). Hierin liegt übrigens die zumeist verborgene Quelle aller Versuche einer „allegorischen Schriftauslegung", die die Zeugnisse früherer religiöser Erfahrungen im Lichte späterer einer „relecture" unterzieht.

Geht der speziell religiösen Erfahrung dieses Bedeutungsmoment verloren, dann wird sie zum Aufbau von Idolen vor dem Auge des Menschen: Die jeweilige Gegenwartsgestalt, in der das Heilige sich dem Menschen zeigt, wird dann mit diesem selber fälschlich identifiziert.

Die Dialektik der Vernunft, so wurde gesagt, bedarf der Auflösung durch Postulate der Hoffnung. Diese Postulate sind die Quellen des Zutrauens in die antizipatorische Präsenz der erfahrenen Wirklichkeit. Die Wirklichkeit, zu der wir uns in unserer Erfahrung verhalten, ist nicht nur „unendlich fern", sodaß wir uns ihr asymptotisch annähern müßten; sie ist da; sie wird als ganze, wenn auch in vorläufiger Gestalt, in jeder gegenwärtigen Erfahrung erfaßt. Daraus ergibt sich die Kontinuität in der Geschichte der Vernunft. Nur so wird, um im Sprachgebrauch der Lehre von den „Vier Schriftsinnen" zu bleiben, der „Sensus anagogicus" jeder Erfahrung entdeckt. Darunter verstehe ich jenes Bedeutungsmoment, durch welches jede Erfahrung über sich selber hinausweist und als Stadium auf einem Wege verstehbar wird, der kontinuierlich voranschreitend „nach oben führt", „an-agei"; aber das ist nur möglich, weil das Ziel dieses Weges auf jedem seiner Stadien schon antizipatorisch erfaßt wird.

Geht der speziell religiösen Erfahrung dieses Bedeutungsmoment verloren, dann wird ihr jede einzelne dieser Erfahrungen zur Erscheinung eines je besonderen Gottes; sie mißversteht sich also selbst und wird auf solche Weise zum vermeintlichen Rechtfertigungsgrund der Vielgötterei. Religiös gesprochen: Ohne den „Sensus anagogicus" der religiösen Erfahrung geht die Möglichkeit verloren, den Monotheismus als Frucht einer Hoffnung zu begreifen, die sich auch und vor allem in der Bedrängnis bewährt hat. So hat der Prophet Secharja den Sinn des Monotheismus als Inhalt einer Hoffnung formuliert: „Am Ende der Tage wird der Herr ein einziger sein und sein Name ein einziger".

b) Die Dialektik der Vernunft in der Interferenz der Erfahrungsweisen und Erfahrungswelten

Die Dialektik der Vernunft tritt nicht nur innerhalb der einzelnen Erfahrungsweisen und Erfahrungswelten auf, sondern auch in ihren Interferenzbereichen. Diese Dialektik entsteht ebenfalls aus einer Grenzerfahrung der Vernunft: nämlich aus der Erfahrung jener Grenze, an welcher die Selbstgesetzgebung der Vernunft sich als zweideutig erweist. Die Selbstgesetzgebung der Vernunft – beispielsweise indem sie sich die Regeln der Logik gibt, aber vor allem indem sie sich die Ideen des widerspruchsfreien Aktes „Ich denke" und des geordneten Gesamtzusammenhangs einer Welt vorzeichnet – ist der Grund, auf dem die Möglichkeit der Erfahrung beruht. Aber die gleiche Selbstgesetzgebung der Vernunft ist zugleich der Grund für den Zerfall dieser Ideen. Die eine Welt zerfällt unversehens und ohne daß wir daran etwas ändern könnten, in die Vielfalt der Erfahrungswelten. Der eine Akt des „Ich denke" zerfällt in die Vielfalt der Subjektivitätsweisen. Wir sind immer zugleich Forschersubjekte, Subjekte sittlicher Entscheidungen, Subjekte ästhetischer Begeisterung, Subjekte religiöser Akte der Verehrung.

Diese Grenzerfahrung der Vernunft wird wiederum nur dann angemessen verstanden, wenn sie diese Vernunft dazu veranlaßt, die vielfältigen Formen ihrer Selbstgesetzgebung als eine Fülle von Erscheinungsgestalten zu verstehen, in denen die eine göttliche Gesetzgebung für uns erfahrbar wird. Nur so wird – ich behalte wiederum die Terminologie der Lehre vom „Vierfachen Schriftsinn" bei – der „Sensus tropologicus" jeder Erfahrung deutlich, d.h. jenes Bedeutungsmoment, das von uns, wie Platon sagt, eine „Umwendung der ganzen Seele" verlangt. (Die griechische Vokabel „Tropos" kommt von „trepein", „umwenden".) Dieser Sensus tropologicus jeder Erfahrung besteht zunächst in der Forderung, daß das Individuum sich der Vernunft unterwirft, um so zu objektiv gültiger Erfahrung fähig zu werden. Zugleich aber besteht der „Sensus tropologicus" jeder Erfahrung darin, daß diese die Forderung enthält, in der Selbstgesetzgebung der Vernunft zum „Bild", d.h. zur ebenso selbstlosen wie würdevollen Gegenwartsgestalt, einer göttlichen Gesetzgebung zu werden. Wir kennen das asketische Ethos des Forschers, das der Regel folgt „Sage nichts, was du nicht durch Argumente als allgemeingültig ausweisen kannst, und setze dich der öffentlichen Kritik der Fachgenossen aus, die dir nachweisen, wo du deine individuellen Meinungen fälschlich als allgemeingültige Erkenntnisse ausgegeben hast". In Analogie dazu steht auch das asketische Ethos der kantischen Moral, welche auf die Formel gebracht werden kann: „Wolle nichts, was du nicht im Namen aller wollen kannst und setze dich der öffentlichen Kritik aller Mitmenschen aus, die dir nachweisen, wo du deine individuellen Zwecksetzungen fälschlich als allgemeingültige Pflichten ausgegeben hast". Aber beide erweisen sich als Säkularisate des religiösen Ethos. Dieses aber ist das Ethos desjenigen Menschen, der nicht sich selber „in Szene setzt", sondern bereit ist, „in persona Dei", als durchscheinende Gegenwarts- und Erscheinungsgestalt Gottes, zu sprechen und zu handeln.

Geht der speziell religiösen Erfahrung das so verstandene „tropologische" Bedeutungsmoment verloren, dann wird sie, oft ganz unbemerkt, zur Selbst-Zelebration des frommen Gemütes, das sich seine Gottesvorstellungen „an den Himmel projiziert" und dabei, ohne es zu bemerken, sich nichts anderes verschafft als die sakral überhöhte Darstellung seines eigenen Selbstbewußtseins. Eine Vernunft, die in ihren Grenzerfahrungen der eigenen Dialektik bewußt geworden ist, kann die religiöse Erfahrung vor diesem Selbst-Mißverständnis und die religiöse Praxis vor entsprechenden Fehlbildungen bewahren.

Diese Dialektik der Vernunft, so wurde mehrfach gesagt, verlangt nach Auflösung durch Postulate der Hoffnung. Diese Hoffnung erweist sich im hier erörterten Zusammenhang als Quelle der Fähigkeit, in jeder Möglichkeit, dem Anspruch des Wirklichen zu entsprechen, vor allem in jeder Möglichkeit sittlichen Handelns, die Chance zu entdecken, nicht nur zum Bild Gottes zu werden, sondern ein „Bild" des göttlichen Heilswirkens zu setzen. Es gehört zu den Einsichten des späten Kant, daß die sittliche Tat dazu bestimmt ist, „signa rememorativa, demonstrativa et prognostica", also Erinnerungszeichen, Hinweiszeichen und Verheißungszeichen eines göttlichen Wirkens zu setzen, das der Mensch nicht durch eigene Leistung ersetzen, wohl aber wirksam bezeugen kann.

Auf solche Weise wird der „Sensus historicus" jeder Erfahrung entdeckt: Jede Begegnung mit dem Wirklichen ist von bleibender Denkwürdigkeit und wird zum Maßstab, an dem wir alle kommende Theorie und Praxis messen müssen. Gerade wenn und weil die Erfahrung dazu führt, derartige Signa für das immer schon geschehene, gegenwärtig geschehende und sich künftig vollendende Wirken Gottes aufzurichten, bildet jede dieser Erfahrungen ein „Ereignis, das sich nicht vergißt".

Geht der speziell religiösen Erfahrung dieses Bedeutungsmoment verloren, dann macht sie ihre vielfältigen Inhalte zu bloßen austauschbaren Beispielen für eine Regel: Sie sind gleichermaßen gültig und deswegen untereinander gleichgültig. Und eine der Geschichte entfremdete Gnosis meint diese Regel apriori zu kennen.

Auch angesichts dieser Gefahr kann gesagt werden: Eine Vernunft, die in ihren Grenzerfahrungen der eigenen Dialektik bewußt geworden ist, kann die religiöse Erfahrung vor diesem Selbst-Mißverständnis und die religiöse Praxis vor entsprechenden Fehlbildungen bewahren.

Ich fasse zusammen: Die vier Thesen, die in der Formulierung meines Themas impliziert sind, wurden – Sie werden sich erinnern – rückschreitend von der vierten zur ersten einer Überprüfung unterzogen. Schon am Ende des ersten Teils der hier vorgetragenen Überlegungen wurde ein Ergebnis erzielt, das den ersten Teil der Vierten These bestätigte: Es gibt wirklich Grenzerfahrungen der Vernunft. Im nun abgeschlossenen zweiten Teil aber ist Folgendes deutlich geworden:

In der Reflexion auf ihre Grenzerfahrungen kann die Vernunft Bedeutungsmomente jeder Erfahrung entdecken, die auch zur Interpretation der speziell religiösen Erfahrung hilfreich, ja sogar unentbehrlich sind. Sie kann also und muß Interpretamente für die religiöse Erfahrung bereitstellen. Dies war die dritte der eingangs formulierten Thesen.

Religiöse Erfahrungen aber bedürfen dieser Interpretation, wenn sie vor Selbstmißverständnissen und vor daraus resultierenden Formen der Deformation bewahrt bleiben sollen. Dies war der Inhalt der zweiten These.

Nur in dem Maße aber, in dem diese Selbst-Deformationen der religiösen Erfahrung vermieden werden, stellt diese Erfahrung die Wirklichkeit des Heiligen dem Erfahrenden auf solche Weise vor Augen, daß er daran (an dieser Weise, wie das Heilige ihm begegnet) seine theoretischen und praktischen Urteile überprüfen kann. Oder kurz: Nur in dem Maße, in dem die religiöse Erfahrung diese Selbstmißverständnisse und Selbst-Deformationen vermeidet, gewinnt sie objektive Gültigkeit und unterscheidet sich so vom bloß subjektiven religiösen Erleben. Das aber bedeutet: Nur durch jene Interpretationshilfen, die die Vernunft, in ihren Grenzerfahrungen hellsichtig geworden, der religiösen Erfahrung zur Verfügung stellt, können die Kriterien gewonnen werden, an denen

1. entschieden werden kann: daß es überhaupt religiöse Erfahrungen und nicht nur subjektiv religiöses Erleben gibt und an denen

2. geprüft werden kann, ob dies in concreto dort zutrifft, wo

jemand sich auf religiöse Erfahrung beruft. Dies wiederum war der Inhalt der ersten unter den eingangs vorgetragenen Thesen.

Ich hoffe, auf diese Weise erwiesen zu haben, was die Überschrift der hier vorgetragenen Überlegungen sagte: Grenzerfahrungen der Vernunft sind die möglichen und zugleich notwendigen Interpretamente der religiösen Erfahrung.

Otto Muck

Sinn und Grenzen einer Erklärung religiöser Erfahrung

Einleitung

Zu den Referaten, die sich mit religiöser Erfahrung im Mittelalter beschäftigen, möchte ich eines hinzufügen, das sich Beiträgen aus dem 20. Jahrhundert widmet. Diese Beiträge erscheinen mir wichtig, aber in der gegenwärtigen Religionsphilosophie nur ungenügend berücksichtigt. Ich meine damit Beiträge einerseits von J. Maréchal und ihm folgenden Denkern wie auch andererseits von J. Bochenski.

Beide setzen sich kritisch und weiterführend mit Ansätzen auseinander, die den Geltungsanspruch[1] religiöser Erfahrung als unmöglich erscheinen lassen. Gegenüber solchen Erklärungen wird das dabei vorausgesetzte Erkenntnismodell aus der Besinnung auf das Phänomen der Erfahrung kritisiert und erweitert. Dabei suchen sie solche Züge herauszuarbeiten, durch welche die grundsätzliche Berechtigung der auf Erfahrung gegründeten Geltungsansprüche verständlich gemacht wird. So tragen sie bei zu einer Klärung von Grenzen und Sinn von Erklärungen im Bereich religiöser Erfahrung, dazu also, wie weit Erklärungen und Modelle eine Hilfe oder ein Hindernis sein können zum Verständnis religiöser Erfahrung.

Denn soweit das zunächst verwendete Modell bestimmte Züge am Phänomen nicht erklärt, sondern als unmöglich darstellt, ist eine derartige Erklärung unbefriedigend. Wegen dieser Grenze von Erklärungen wird manchmal Erklärung rundweg abgelehnt, weil sie das Phänomen verfälscht.[2] Insofern aber ein solches Modell manche Züge am Phänomen erklärt und die Erweiterung des Mo-

---

1 Geltungsanspruch wird für religiöse Erfahrung insofern erhoben, als sich jemand auf sie stützt für seine Auffassung über seine Stellung zur Wirklichkeit.

2 W. Proudfoot, Explaining Religious Experience: Contemporary Perspectives on Religious Epistemology (hg. v. R. D. Geivett u. B. Sweetman), Oxford 1992, 336-352; D. Z. Phillips, Religion without Explanation, Oxford 1976.

dells auch die grundsätzliche Möglichkeit jener Züge erweist, die anfangs für unmöglich gehalten wurden, dient dieses erweiterte Modell einer angemesseneren Deutung und macht dadurch die Grenzen der Erklärungskraft des anfänglichen Modells verständlich. Anstelle dessen, daß man dieses Modell einfach ablehnt, kann nun angegeben werden, in welchem Rahmen es zutreffend ist und wo seine Grenzen liegen.

So habe ich vor zu erinnern an

1. Joseph Maréchals Deutung des *Gegebenheitsbewußtseins* in alltäglicher und mystischer Erfahrung;

2. Josef Bochenskis Auffassung von *„religiöser Erfahrung"* auf dem Hintergrund seiner „religiösen Hypothese".

Die Skizzierung dieser Auffassungen verbinde ich mit einem kritischen und weiterführenden Kommentar. Dabei beachte ich besonders

a) den Begriff von *„religiöser Erfahrung"*, den diese Denker verwenden,

b) die in diesen Auffassungen wirksame *Erklärung* wie auch

c) das *rationale Element* der Erfahrung, rational im Sinn einer Relevanz für Argumentation in einem Dialog.

Um Mißverständnissen vorzubauen: Es geht hier nicht um ein Anleitung, wie religiöse Erfahrung gemacht werden kann, auch nicht um eine Beschreibung gemachter religiöser Erfahrung mit ihren vielen konkreten Ausprägungen.

Es geht vielmehr darum, die Eigenart religiöser Erfahrung im Zusammenhang mit sonstiger Erfahrung und sonstigem Wissen zu deuten. Denn darum geht es bei den Versuchen einer Erklärung oder Deutung.

Dadurch sollen Bedenken gegenüber religiöser Erfahrung behoben werden – insbesondere solche, welche dadurch entstehen, daß die Eigenart religiöser Erfahrung und ihrer Bedingungen übersehen wird.

1. Maréchal

Der Belgier Joseph Maréchal SJ (1878-1944) ist wohl den meisten bekannt von seiner kritischen Weiterführung Kants. Problemgeschichtlich entfaltete er in den ersten vier Bänden seines seit 1922 erschienen fünfbändigen Werkes „Le point de départ de la métaphysique" die Notwendigkeit, alle drei Elemente im menschlichen Erkennen zu berücksichtigen, das empirische, das rationale und das intellektive. Kant habe in seiner Synthese der ersten beiden Elemente das dritte nicht entsprechend berücksichtigt. Daß dies nicht notwendig mit seinem transzendentalphilosophischen Ansatz verbunden ist, zeige die Weiterentwicklung der Transzendentalphilosophie im Deutschen Idealismus. Im fünften Band sucht er dann systematisch das intellektive Element aufzuweisen, und zwar als eine für jedes Gegenstandsbewußtsein und Urteilen konstitutive Ausrichtung des Menschen auf das, was er „das Absolute des Seins" nennt. Dadurch kommt menschlicher Erkenntnis grundsätzlich Geltung für die Wirklichkeit zu. Eine Begründung der Metaphysik ist dies für ihn, weil die grundlegenden Unterscheidungen, mittels derer wir die Wirklichkeit erfassen, sich erst auf dieser Grundlage ergeben. Auch wird diese Ausrichtung und der damit verbundene Geltungsanspruch von allen Versuchen einer Erklärung vorausgesetzt.[3]

Seine leitende Intuition brachte Maréchal schon 1908/1909 in einer Arbeit „A propos du sentiment de présence chez les profanes et les mystiques",[4] also „über das Bewußtsein von der Gegebenheit (Gegenwart) der Realität im profanen wie im mystischen Bereich" zum Ausdruck. Er setzte sich mit damals gängigen Versuchen der Erkenntnistheorie auseinander. Im Alltag nehmen wir eine unserem Erkennen vorgegebene Realität an. Erkenntnistheoretisch wurde gefragt, wie wir, ausgehend vom Bewußtsein, die Erkenntnis einer dem Bewußtsein vorgegebenen Wirklichkeit rechtfertigen können. Ist dies ein Schluß auf die Wirklichkeit dieser Gegenstände als Ursache der Bewußtseinsgehalte? Ist es psychologisches Resultat einer bestimmten Konstellation der Vorstellungen oder ist es ausschließlich Ergebnis des Dranges affektiver Tendenzen? Wie ist die sogenannte „Brücke" zwischen Bewußtsein und Realität zu überwinden?

Vom alltäglichen Bewußtsein her ist unsere Erfahrungserkenntnis nicht grundsätzlich falsch. Zwar erklären die Ergebnisse der empirischen Wahrnehmungs-Psychologie manche Fehlleistungen. Diese sollen auch nicht geleugnet werden. Aber es geht um die grundsätzliche Berechtigung des Geltungsanspruchs der lebensweltlichen

---

[3] Vgl. O. Muck, Die transzendentale Methode in der scholastischen Philosophie der Gegenwart, Innsbruck 1964.

[4] J. Maréchal, A propos du sentiment de présence chez les profanes et les mystiques, abgedruckt in *Études sur la Psychologie des Mystiques*, Paris 1924, ²1938, I, 118. Vgl P. Gilbert (Hg.), Au point de départ, Brüssel 2000.

Erfahrungserkenntnis.[5] Und diese scheint nach dem vorausgesetzten Modell wegen der unbefriedigenden Lösungsversuche nicht möglich.

Maréchal vertritt hier die Ansicht, daß alle diese Versuche nicht ihr Ziel erreichen, weil das Problem der „Brücke", nämlich der Brücke zwischen Bewußtsein und einer Realität außerhalb, falsch gestellt ist. Er kritisiert also das vorausgesetzte Modell eines Abgrundes zwischen Bewußtsein und Realität, das zur Frage nach der Überbrückung führt. In diesem Modell ist die grundsätzliche Berechtigung der in der Erfahrung spontan erfaßten Gegenwart realer Gegenstände nicht verständlich.

Bei einem solchen Gegensatz sind zwei Strategien möglich. Die eine sieht in diesem Gegensatz einen Hinweis darauf, daß eine derartige Erklärung nicht zielführend ist. Sie mag dabei durch den Aufweis gestützt werden, daß diese grundsätzliche Geltung selbst schon von einer solchen Erklärung vorausgesetzt[6] wird. Ein solches Vorgehen ergänzt Maréchal durch die andere Strategie. Diese kritisiert das in der Erklärung verwendete Modell und sucht es so zu verändern, daß der Gegensatz fortfällt.

So lehnt Maréchal das Bild der „Brücke" ab, über die wir vom Zweifelhaften zur zweifelsfreien Erkenntnis, vom subjektiven Erlebnis zur objektiven Erkenntnis der Realität gelangen. „Als ursprünglich (fait primitif) müssen wir das Reale, die Bejahung und das Objektive ansetzen und fragen, wie diese Tatsache sich aufgliedert zum Irrealen, zum Zweifel und zum Subjektiven."[7]

Maréchal gibt zu, daß zwischen dem Gehalt (contenu) einer Vorstellung, der auch bei einer Täuschung vorliegt, und dem Realitätscharakter (charactèr réel), der dem Vorgestellten durch die Behauptung zugesprochen wird, unterschieden werden muß. Aber das Erfassen des Realitätscharakters kann nicht allein aus den formalen Bestimmungen des Erkenntnisbildes abgeleitet werden. Es bedarf vielmehr der Berücksichtigung der dynamischen Ausrichtung der Vernunft.

Diese Ausrichtung der Vernunft nimmt das sinnlich Gegebene als Material der Bejahung auf und tendiert dazu, es gemäß dem

---

5 Diese lebensweltliche Erfahrungserkenntnis ist wohl gemeint, wenn Maréchal von „phänomenalem Objekt" spricht, dessen grundsätzliche Realgeltung er erweisen möchte.

6 Im Sinn von Maréchal nicht notwendig signate (thematisch), wohl aber exercite (opertiv, implizit im Vollzug) vorausgesetzt.

7 Maréchal, A propos du sentiment, I, 118.

Grundgesetz des Geistes, dem Widerspruchsprinzip, zu bejahen. Insofern die bejahten Inhalte gegen eine totale Einheit der Gesamtheit der Erkenntnis tendieren, werden sie als real behauptet, insofern sie davon divergieren, als unreal. So erst kommt es zur Unterscheidung von Wirklichkeit und Schein, Gewißheit und Täuschung – und zwar nicht nur genetisch, entwicklungspsychologisch, sondern auch bezüglich der Konstitution dieser unterscheidenden Begriffe.

Die dynamische Ausrichtung erklärt also, daß die Erkenntnis grundsätzlich realitätsbezogen ist. Diese dynamische Ausrichtung erklärt aber auch, daß die formalen Bestimmungen der Erkenntnisgehalte durch aktive Assimilierung der Gegebenheiten der Sinne konstituiert werden.

Religiöse Erfahrung

Die Erfahrung wird hier nicht beschrieben, sondern das Modell, nach dem sie erklärt wird, wird ergänzt durch den Dynamismus des Intellekts. Durch diese Ergänzung soll verständlich gemacht werden, daß die Erfahrungserkenntnis grundsätzlich realitätsbezogen ist und weitere Differenzierungen erst auf dieser Basis erfolgen. Anderes wird dadurch noch nicht erklärt!

Für Maréchal ergibt sich daraus auch eine Deutung religiöser Erfahrung: Wenn in der „höheren Kontemplation", wie er sagt, eine – wenn auch nur analoge – Gegenwart erfahren wird, so geschieht dies durch dieselbe grundlegende Aktivität des Geistes, das „Seinsstreben" („appétit de l'être"), die auch herangezogen worden war zur Erklärung der Bejahung der Realität von räumlich Gegenwärtigem. Der Geist bejaht in seiner auf Einheit ausgerichteten Bewegung die einzelnen vielfältigen Realitäten nach der Maßgabe ihrer Einfügung in diese Synthese. So nähert er sich dem einen und einzigen Sein, nach dem er strebt. So fragt Maréchal: „Sollte es da unvernünftig und „unwissenschaftlich" sein anzunehmen, daß im Laufe einer Ekstase der menschliche Geist einen Augenblick das Ziel berührt, welches alle seine Schritte hervorruft und ausrichtet? Wir halten diese Hypothese für psychologisch annehmbar."[8]

---

[8] „Sera-t-il donc déraisonnable et peu „scientifique" de supposer qu'au cours de l'extase l'esprit humain touche un instant le but qui provoque et oriente toutes ses démarches? Nous jugeons l'hypothèse psycholo-

Erklärung

Durch seine Deutung will Maréchal nur die grundsätzliche Möglichkeit von realitätsbezogener Erfahrung aufzeigen, nicht ihre Details beschreiben. So sind auch für die Deutung der konkreten Ausprägung religiöser Erfahrung viele andere Faktoren zu berücksichtigen, wie der Traditionszusammenhang,[9] die verfügbare Symbolik und die Bedingungen einer Artikulation,[10] aber auch manche psychologisch erklärbare Erscheinungsformen.[11] Auf diese Faktoren weist K. Rahner in „Visionen und Prophezeiungen"[12] hin, der den Zugang von Maréchal weiterführt. ·

Damit wird deutlich, daß eine solche Erklärung nur einige Züge an der Erfahrung deutet. Deshalb sind aus der Erklärung bzw. dem dabei verwendeten Modell nur Folgerungen zulässig, welche diesen Aspekt betreffen. Mit anderen Worten: es handelt sich nur um eine eingeschränkte Deutung des Phänomens.

---

giquement acceptable." A propos du sentiment de présence chez les profanes et chez les mystiques, abgedruckt in Joseph Maréchal, S.J., Etudes sur la Psychologie des Mystiques I (Museum Lessianum), Bruges 1924, 67-179, 179.

[9] Vgl. Gerd Oberhammer, Hermeneutics of Religious Experience: On Sharing Religious Experience (hg. v. J. D. Gort), Amsterdam 1992, 13-24.

[10] Matthias Jung, Erfahrung und Religion. Grundzüge einer hermeneutisch-pragmatischen Religionsphilosophie (Alber-Reihe Thesen 2) Freiburg i.Br. 1999, 14 f.

[11] Dazu z.B. Josef Sudbrack, Religiöse Erfahrung und menschliche Psyche: zu Grenzfragen von Religion und Psychologie ... Mainz 1998; Andreas Resch, Paranormologie und Religion (Imago mundi 15) Innsbruck 1997 – beide beziehen sich auf K. Rahner, Visionen und Prophezeiungen.

[12] Karl Rahner, Visionen und Prophezeiungen (Quaestiones disputatae 4), Freiburg i.Br. 31960, 57: „So wie die Exstase als Bindung der sinnlichen Tätigkeit nur en Begleitphänomen, eine Auswirkung des zentralen mystischen Vorgangs ist, die sogar bei einer vollendeten mystischen Entwicklung auf der höchsten Stufe wieder verschwindet, ja sogar in gewissem Sinn ein Anzeichen der ‚Schwäche' der Natur des Mystikers ist, der das Übermaß der mystischen Mitteilung Gottes nicht aushält, so ist die imaginative Vision, die eine solche eingegossene Beschauung als gegeben voraussetzt, nur deren Ausstrahlung und Reflex in der sinnlichen Sphäre des Menschen, die Verleiblichung des mystischen Vorgangs im Geist."

Dennoch wird damit aber ein Rahmen möglicher Geltung derartiger Akte entworfen und mit anderen Bereichen in Beziehung gesetzt, ohne noch damit die faktische Geltung jedes einzelnen Aktes zu präjudizieren. Weil sie für diese Beurteilung den Rahmen abgibt, ist die hier gegebene Erklärung und sind die mit ihr gemachten Unterscheidungen und Charakterisierungen von heuristischem Charakter.

Nutzen dieser Erklärung

a) Begriff von „Wirklichkeit"

Dieser heuristische Charakter zeigt sich vor allem auch in einem formalen Begriff[13] von „Wirklichkeit", der als Möglichkeitsbedingung für Bejahung mit praktischer Relevanz eingeführt ist. Damit hebt er sich ab gegenüber Tendenzen einer Beurteilung von „Wirklichkeit", die geleitet ist davon, ob eine Aussage mit einer faktischen Auffassung, die sich jemand von der Wirklichkeit gebildet hat, übereinstimmt. In diesem Fall bleibt dann oft unbeachtet, inwiefern diese faktische Auffassung den dem formalen Begriff bzw. Ideal von Wirklichkeit entsprechenden Kriterien genügt! Darauf aufmerksam gemacht zu haben scheint mir ein berechtigtes Anliegen nicht nur von Kant, sondern bis herauf zu Heidegger zu sein.

Gegenüber dieser Idee der umfassenden Wirklichkeit, die unser Leben und unsere Auseinandersetzung mit der Wirklichkeit bestimmt, bleibt die faktische Auffassung von Wirklichkeit zurück. Das gilt besonders für Ergebnisse einzelner methodisch spezialisierter Untersuchungen, insbesondere einzelner Wissenschaften. Der Berücksichtigung dieser umfassenden Wirklichkeit dienen die grundlegenden Unterscheidungen, verstanden als Produkt der Integration des Begegnenden unter dem Widerspruchsprinzip. Es sind dies teils notwendig anzunehmende Unterscheidungen, teils Unterscheidungen methodisch spezialisierter Fragenbereiche. Die Berücksichtigung der komplexen Wirklichkeit zeigt sich in den Unterscheidungen, die notwendig sind, um Gegensätze, Antinomien, in unserer Auffassung von der Wirklichkeit zu verarbeiten und zu einer integrativen Erklärung zu gelangen.

---

[13] „Formaler Begriff" in dem Sinn, daß er noch nicht angibt, was konkret zur Wirklichkeit gehört und sich auch nicht indirekt auf ein bestimmte konkrete Auffassung darüber bezieht. Er entspricht dem, was Lonergan als „heuristisch" bezeichnet.

b) Zweistufigkeit der Bejahung

Im Vergleich mit dem Begriffsrahmen einer bestimmten Erkenntnisweise oder Fragerichtung, die für einen bestimmten Bereich spezifisch ist, enthält unsere Auffassung von der Wirklichkeit, die unser Leben bestimmt, eine Stufung und Einschätzung der besonderen spezifischen Rahmen dieser besonderen Weisen der Meinungsbildung und stellt selbst den obersten Rahmen dar. So wird sie im einzelnen die besonderen Erkenntnisweisen und Tätigkeitsbereiche mit den von ihnen vorausgesetzten Begriffsrahmen unterscheiden und bewertend koordinieren. Das ist die Aufgabe der ihr eigenen Erklärung, die ich daher integrative Erklärung nenne. Antinomien sind dabei häufig der Anlaß, derartige Unterscheidungen von Bereichen ausdrücklich zu machen und ihre Zusammenordnung zu klären.

Dieser umfassende Rahmen kommt daher auch ins Spiel, wenn wir eine Auffassung für wahr halten und unserem Entscheiden zugrunde legen. Dieses Für-wahr-Halten ist in dem Sinn zweistufig, als es nicht nur die besonderen Kriterien einer besonderen Weise der Meinungsbildung erfüllt, sondern daß auch diese Weise der Meinungsbildung für die anstehende Frage für relevant gehalten wird. Diese Zweistufigkeit läßt sich verstehen in Parallele zu Maréchals Unterscheidung von kategorialer und affirmativer Synthese im Urteil. Wird jedoch diese Zweistufigkeit ignoriert, dann wird der spezielle Bereich einer Betrachtungsweise unkritisch für die umfassende Wirklichkeit gehalten. Um das zu vermeiden, braucht es nicht ein inhaltliches Wissen um die umfassende Wirklichkeit, sondern nur die Besinnung auf den im Erkennen wirksamen Bezug auf diese Wirklichkeit. Und von diesem Bezug her ist der formale Begriff der „Wirklichkeit“ operativ definiert und als solcher eine kritische Instanz gegenüber konkreten Auffassungen von Wirklichkeit.

Rationalität

Bei Maréchal erscheint also das rationale Element in der Erfahrung zunächst als Integration des Gegebenen unter dem Prinzip des ausgeschlossenen Widerspruchs. Grundlegende Kategorien zeigen sich dann als notwendige Bedingungen einer solchen Integration. In dieser Konvergenz erweist sich die Angemessenheit des Erkennens an die Wirklichkeit: zunächst die grundsätzliche Angemessenheit, fortschreitend aber auch die Angemessenheit verschiedener Erkenntnisweisen im einzelnen. Damit wird der Rahmen entfaltet, innerhalb dessen im einzelnen eine Prüfung der beanspruchten Geltung erfolgen kann. Diese Geltung wird nicht von vornherein für unmöglich angesehen.[14]

Was Maréchal bietet ist natürlich eine Rekonstruktion, nicht eine Beschreibung. Aber die Rekonstruktion stützt sich auf (teils durch Retorsion) aufweisbare Möglichkeitsbedingungen der aufgetretenen Fragen.

Dies wurde im Gefolge von Maréchal und Heidegger bei K.Rahner, J.B.Lotz und E.Coreth verwendet zur Entfaltung einer Metaphysik, welche – wie ich es sehe – die Erfahrung nicht ersetzt, sondern durch heuristische Begriffe strukturiert.[15]

2. Bochenski

Bochenski (1902-1995) hat einen ganz anderen Denkstil als Maréchal. Er hat sich in formaler Logik und Wissenschaftstheorie profiliert und mit zeitgenössischer Philosophie auseinandergesetzt. So unterscheidet er sich auch von Maréchal durch den Ansatzpunkt. Während sich Maréchal zunächst bei der Beurteilung unserer Erfahrungserkenntnis vom Modell der „Brücke“ absetzt, tut Bochenski dies in Hinblick auf ein empiristisches Modell der wissenschaftlichen Erfahrungserkenntnis. Ähnlich sind sie einander darin, daß sie das betreffende Modell der Erklärung kritisch weiterführen.

Bochenski steht dem Hinweis auf religiöse Erfahrung zunächst eher reserviert gegenüber. Nicht nur in seiner „Logik der Religion“ von 1965[16] sondern auch auf einem Symposion in Salzburg 1992 kann er mit der Idee einer direkten Begegnung mit Gott nichts anfangen. Er stützt sich darauf, daß wir Christen als viatores natürlicherweise auf Glauben angewiesen sind, nicht auf Schauen. Er versteht sich dabei in Gesellschaft einer Mehrheit von Glaubenden

---

[14] Ohne grundsätzliche Möglichkeit der Geltung käme nur eine genetische (psychologische, wissenssoziologische) Erklärung und subjektivistische Deutung der (religiösen) Erfahrung in Frage.

[15] O. Muck, Ein Beitrag transzendentalphilosophischer Reflexion zum Verständnis von Metaphysik, in: ders., Rationalität und Weltanschauung (hg. v. W. Löffler), Innsbruck 1999, 247-259. Hier abgekürzt mit RW.

[16] J. Bochenski, The Logic of Religion, New York 1965, deutsch von A. Menne, Logik der Religion, Köln 1968. Hier abgekürzt mit LR.

(RB 146 f.).[17] Dieser Position gegenüber drückt John Hick (RB 156) bei demselben Symposion seine Verwunderung aus, da ja die religiöse und spirituelle Literatur voll sei von Bezugnahme auf religiöse Erfahrung. Offensichtlich wird bei solchen Gegenüberstellungen unter „religiöser Erfahrung" jeweils etwas anderes verstanden. Das führt Bochenski zu einer Klärung dessen, in welchem Sinn er religiöse Erfahrung für möglich hält. Dies geschieht auf dem Hintergrund seiner Analyse der religiösen Glaubensgehalte hinsichtlich ihrer Rationalität.

Erklärung religiöser Gehalte

Vom Modell empiristischer Wissenschaftstheorie her scheint religiösen Sätzen kein kognitiver Gehalt zuzukommen. Dieses war Anlaß für eine Diskussion um die Eigenart der religiösen Sprache um die Mitte des 20. Jahrhunderts.[18] Bochenski suchte in seiner „Logik der Religion" zu zeigen: dieses Modell der Rationalität der Erkenntnis ist nicht notwendig, sondern es kann erweitert werden.[19] Erweitert entspricht es einem allgemeineren Begriff von Rationalität, der auf verschiedene Bereiche angewendet werden kann und dann deren spezifische Rationalität ausdrückt. Dies zeigt er besonders für religiöse Gehalte.

Das für uns interessante Ergebnis seiner Untersuchungen läßt sich vereinfacht so darstellen:

Ähnlich wie in der erfahrungswissenschaftlichen Erkenntnis wird etwas für rational annehmbar gehalten, wenn es die Gegebenheiten des betreffenden Bereichs erklärt. Bei religiösen Gehalten einer Offenbarungsreligion zeigt sich das rationale Element darin, daß bei Annahme der Glaubwürdigkeit des Gehaltes der Religion die Lebenserfahrung eine taugliche Erklärung findet.

Der Unterschied zu einer physikalischen Hypothese ergibt sich aus der Anwendung auf Religion und liegt in folgendem:

---

[17] J. Bochenski, Religious Hypothesis Revisited, in: P. Weingartner (Hg.), Scientific and religious belief (Philos. Stud. Ser. 59), Dordrecht 1994, 143-160. Hier abgekürzt mit RB.

[18] O. Muck, Zur Logik der Rede von Gott, in: RW 14-44.

[19] O. Muck, Der Beitrag der Wissenschaftstheorie zur Klärung der Rationalität von Glaube als lebenstragender Überzeugung, in: RW 101-105.

Die erklärende Annahme besteht in der Hypothese, daß die bezeugten Glaubensgehalte wahr sind.

Die zu erklärenden Gegebenheiten sind nicht auf einen Wissensbereich beschränkt, sondern umfassen alles im Leben Begegnende, einschließlich spontaner Wertungen.

Die Erklärung ist nicht eine funktionale, welche Prognosen gestattet, sondern eine integrative, welche die Stellung der einzelnen Lebensbereiche im Insgesamt unseres Lebens deutet.

Der Glaube selbst ist allerdings nicht nur eine Hypothese, sondern er macht die geglaubten Gehalte zur Grundlage der Lebensgestaltung. Wohl aber ist die Rationalität der Glaubwürdigkeit dieser Gehalte rekonstruiert als eine als zutreffend beurteilte integrative Erklärung. Dies nennt Bochenski seine Theorie der „religiösen Hypothese".

Ich habe verschiedentlich zu zeigen versucht, in welchem Sinn hier der religiöse Glaube betrachtet wird als lebenstragende Überzeugung, Lebens- und Daseinsorientierung, gelebte Weltanschauung – oder wie immer man dies nennen möchte.[20] Für diese ist es charakteristisch, daß sie jene theoretische und praktische Deutung des Begegnenden ist, aus der heraus ein Mensch jeweils lebt. Sie ist persönlich, aber entbehrt nicht rationaler Elemente. Diese werden sichtbar im Verstehen bzw. der Rekonstruktion eigener oder fremder Lebenshaltungen, ihrer Änderungen, aber auch in einem Dialog darüber. Dafür wurden als Mindestbedingungen Kriterien wie die der Widerspruchsfreiheit und Kohärenz und der grundsätzlich umfassenden Erfahrungsbezogenheit genannt. Der Bezug zur Erfahrung wird gesehen als eine integrative Erklärung. Ich sehe hierin übrigens eine interessante Parallele zu Maréchals Rekonstruktion der Erkenntnis als konsistente Aufarbeitung des Begegnenden unter der Ausrichtung auf das Absolute des Seins.

Damit wird das rationale Element der persönlichen Gewißheit des Glaubens im Sinn der Theorie der religiösen Hypothese rekonstruierbar als größere Wahrscheinlichkeit, welche die durch die Anname des Glaubens erfolgende Erklärung der Lebenserfahrung gibt, als dies durch andere Weltanschauungen geschieht – wenigstens so wie sie der Urteilende aufgefaßt hat.

Daher scheint es mir wichtig folgendes zu bedenken:

a) Für ein Verständnis religiöser Erfahrung ist der Hintergrund des betreffenden Menschen zu beachten, den ich persönliche, gelebte Weltanschauung nennen möchte.

---

[20] RW.

b) Die Beurteilung der religiösen Erfahrung – sei es der eigenen oder der Erfahrung anderer – hängt von dieser Weltanschauung des Beurteilenden ab.[21]

Wegen des zugleich persönlichen und rationalen Charakters derartiger Überzeugungen ist nicht eine interpersonale abschließende Rechtfertigung zu erwarten, wohl aber eine Reifung, zu der ein Dialog beitragen kann, der allerdings nicht nur interpersonale, sondern auch persönliche Argumente zuläßt. Zu diesen würde dann die Bezugnahme auf religiöse Erfahrung gehören. Eine andere Frage, von der hier abgesehen wird – und damit zeigt sich, daß es hier nicht um eine vollständige Deutung oder Erklärung eines Dialogs geht – betrifft emotionale Komponenten und allfällige psychische Faktoren, welche eine Berücksichtigung der immanenten Kriterien der Rationalität von Weltanschauung und damit einen fruchtbaren Dialog hindern.

Religiöse Erfahrung

So möchte ich zusammenfassen: Auf dem Hintergrund der Religiösen Hypothese ist religiöse Erfahrung nach Bochenski die Sicht des einzelnen im Zusammenhang des Glaubens und damit im Licht der diesem eigenen integrativen Erklärung.

Die Erklärung geschieht dadurch, daß das anfängliche Modell, unter Hinweis auf besondere Annahmen, die nicht notwendig sind, verallgemeinert wird. Dann wir diese verallgemeinerte Fassung unter Berücksichtigung der Eigenart von Religion auf diese angewendet. Dadurch wird entfaltet, was es heißt, etwas im Licht des Glaubens zu sehen.

Rationalität des Bezugs auf Erfahrung

Die Rationalität der religiösen Erfahrung hängt mit der Rationalität des weltanschaulichen Hintergrundes zusammen und wird rekonstruiert als Erfüllung der Funktion und der Kriterien von Weltanschauung.

Die Erfahrung kann Anlaß sein, diese zu erweitern, sie kann

---

[21] Vgl. O. Muck, Weltanschauliche Voraussetzungen religiöser Erfahrung, in: RW 352-372.

aber auch dazu dienen, sie zu konkretisieren. Dadurch wird die Lebensrelevanz religiöser Sätze deutlicher.

Folgerungen

Was haben wir bei beiden Denkern gefunden?

Unsere Autoren sind ausgegangen von Spannungen zwischen Geltungsansprüchen von Erfahrungserkenntnis und Modellen, welche die Erfahrung erklären sollen, nach denen aber die Geltungsansprüche als unmöglich erscheinen.

Grundsätzlich halten sie diese Geltungsansprüche für berechtigt, können sogar darauf verweisen, daß diese Berechtigung selbst schon von einer Erklärung mittels der erwähnten Modelle vorausgesetzt wird. Hier erweist sich ein Stehenbleiben bei solcher Erklärung als Verfälschung, wenn sie als adäquate und nicht als eine auf einen bestimmten Aspekt eingeschränkte Deutung aufgefaßt wird. Bei Erklärungen ist daher zu berücksichtigen, welche Züge am zu untersuchenden Phänomen sie deuten sollen.

Nun wird nicht einfach der Versuch verworfen, eine Erklärung zu bieten. Vielmehr wird das Modell, das zur Erklärung verwendet wird, so erweitert, daß eine dem Phänomen angemessene Erklärung geboten wird. Eine solche Ergänzung des Modells machte deutlich, daß das nicht ergänzte Modell nur als eingeschränkte Deutung der Erfahrungserkenntnis sinnvoll ist, d.h. eine Deutung der Erfahrung bietet, aber auf bestimmte Aspekte begrenzt ist, und innerhalb dieser Grenzen sich auch nicht mehr selbst aufhebt.

Der Sinn dieses Vorgehens besteht in folgendem: Es bietet den Vorteil, daß die nicht angemessene Erklärung nicht einfach abgelehnt wird, sondern daß durch die Ergänzung im einzelnen angegeben wird, in welchen Punkten das Modell unzureichend war. So können die begrenzten Erklärungsleistungen des Modells beibehalten und von den unberechtigten Folgerungen abgehoben werden. Die begrenzten Aspekte enthalten eine funktionale Erklärung. Durch die Erweiterung wird in dem Sinn eine integrative Erklärung geleistet, als die Grenze der Anwendung des Modells deutlich wird, damit Sinn und Grenze von Erklärung der Erfahrung.

Durchführung

Gerhard Leibold

Maxima scrutatio divinorum?

Zur mystischen Gotteserkenntnis bei Augustinus und Dionysius Areopagita vor dem Hintergrund des Neuplatonismus

1. Vorbemerkungen

Es gibt das Thema „Mystik" auch in der gegenwärtigen Philosophie, Theologie und Literatur.[1] Aber man kann nicht sagen, Mystik sei heute ein bevorzugtes Thema. Wir finden wohl auch heute Andeutungen und Spuren wirklicher Mystik. Wir finden aber, viel beunruhigender (am augenfälligsten vielleicht in der New-Age-Bewegung), obskurantistische Anschauungen, die als Folge einer antiszientistischen Mißstimmung aufgekommen sind. Wie auch immer die Ursächlichkeiten hier sein mögen, Tatsache ist, daß angesichts der tatsächlichen Erfahrungen, die wir innerhalb und außerhalb der Wissenschaften machen, überlieferte Rationalitätskonzeptionen vielfacht inadäquat erscheinen. Die Krise der wissenschaftlichen Vernunft ist nicht zu leugnen. Vernunftformen anderer Lebensweltbereiche, wie Alltag, Religion, Kunst etc., erheben konkurrierende Geltungsansprüche.

Vermehrt zu beobachten ist, wenn ich recht sehe, auch ein Unbehagen an gewissen intellektualistischen Formen von Theologie, denen vorgehalten wird, sich als Glaubenswissenschaft zu sehr aus dem existentiellen Zusammenhang von Glauben und Beten abgelöst zu haben. Dieser Vorwurf hat seine theologiegeschichtlichen Voraussetzungen. Sie bestehen, kurz gesagt darin, daß sich die Theologie seit dem hohen Mittelalter dem Rationalitätsmodell eines Denkens anzupassen suchte, das sich im Anschluß an die antike, vor allem aristotelische Philosophie als eine begrifflich-abstrakte, argumentierende Erkenntnisbemühung ohne Rekurs auf Bildhaftes und Erfahrbares etabliert hat. Die an den mittelalterlichen Uni-

---

[1] Aus der neueren Literatur nenne ich hier nur beispielsweise A.M. Haas, Mystik als Aussage: Erfahrungs-, Denk- und Redeformen christlicher Mystik, Frankfurt/M. 1996, und R. Margreiter, Erfahrung und Mystik: Grenzen der Symbolisierung, Berlin 1997.

versitäten sich anbahnende Verwissenschaftlichung auch der Theologie führte entscheidend die Veränderung des traditionellen sapientialen Charakters der Theologie herbei. Auf unser Thema bezogen: Intellektualität und Spiritualität traten auseinander. Die Einheit von Theologie und Mystik wurde aufgelöst.

Das war bis ins 13. Jahrhundert hinein anders. Maßgeblichen Anteil daran hatten – wenn auch auf unterschiedliche Weise – jene beiden Autoren, an die ich hier erinnern will: Augustinus und Dionysius Areopagita. Mit meinen Bemerkungen will ich natürlich nicht sagen, daß eine Rückkehr zur augustinischen und dionysischen Theologie der unter den Herausforderungen der säkularen Welt von heute stehenden Theologie gut tun würde. Wohl aber will ich damit zu einer Besinnung auf den Reichtum des spirituellen Erbes unserer christlichen Tradition beitragen.

Die Formulierung meines Themas entlastet mich davon, mit einer Definition oder auch nur mit der Angabe von Charakteristika von Mystik zu beginnen. Ich kann hier pragmatisch verfahren und darauf verweisen, daß sich im Verlauf der Forschungsgeschichte eine Art Kanon oder Corpus von mystischen Texten und Autoren herangebildet hat. Danach gilt Dionysius als der Vater der abendländischen Mystik. Bei Augustinus liegen die Dinge etwas anders. Es ist umstritten, ob er Mystiker war. Was wir aber auf jeden Fall bei Augustinus finden, ist jene Unmittelbarkeit des Verhältnisses von Gott und Mensch, die zu den entscheidenden Voraussetzungen der christlich-abendländischen Mystik gehört.

Abweichend von der Chronologie beginne ich mit Dionysius, weil er der wichtigste Ausgangspunkt für die abendländische Mystik ist.[2] Alles Biographische und bloß Historische – so interessant es gerade bei ihm ist – lasse ich hier beiseite. Tausend Jahre Glanz und Ruhm haben den in seiner persönlichen Identität bis heute nicht ermittelten Autor des 5. oder 6. Jahrhunderts umgeben. Noch

---

[2] Ich folge damit u.a. K. Ruh, Geschichte der abendländischen Mystik, Bd. I: Die Grundlegung durch die Kirchenväter und die Mönchstheologie des 12. Jahrhunderts, München 1990. Nicht verhehlen möchte ich, daß ich für die Auffassung Ruhs hinsichtlich des Autors und der dionysischen Frage große Sympathie habe. Außerdem erwähne ich B. McGinn, Die Mystik im Abendland, Bd. I: Ursprünge, Freiburg/B. u.a. 1994. Aus der Vielzahl der Werke zur Geschichte der Philosophie verweise ich auf W. L. Gombocz, Die Philosophie der ausgehenden Antike und des frühen Mittelalters (Geschichte der Philosophie, hg. von W. Röd, Bd. IV), München 1997.

im 15. Jahrhundert nennt Nikolaus Cusanus ihn bewundernd: „Maximus ille divinorum scrutator.“[3] Diese kategorische Behauptung habe ich in die Formulierung meines Themas eingehen lassen, allerdings unter Hinzufügung eines nicht unwichtigen Fragezeichens.

2. Gotteserkenntnis bei Dionysius

Die Begegnung des Menschen mit Gott vor dem Hintergrund der glanzvollen Entfaltung göttlicher Selbstbekundung im Kosmos: das ist das Grundthema der dionysischen Theologie.

Wie andere vor ihm ist Dionysius ein Übermittler reicher Traditionsströme, christlicher wie außerchristlicher.

2.1 Der Neuplatonismus des Dionysius

Einen Teil seines außerchristlichen Gedankenguts entnahm Dionysius bereits christlichen Quellen, nämlich von Origenes (gest. um 254), hauptsächlich aber von den kappadozischen Vätern des 4. Jahrhunderts (Basilius, Gregor von Nyssa und Gregor von Nazianz). Demgegenüber weist seine starke Abhängigkeit von Denken und Praxis des Schulplatonismus des 5. Jahrhunderts eine deutliche Nähe zu Proklos' Athener Akademie auf.

Augenfällig ist die Übernahme der Theurgie in seine Lehre vom irdischen Leben des Menschen. Mit dem Neologismus „Theurgie“ (aus THEOS und ERGON) soll zum Ausdruck gebracht werden, daß zu Gott nicht der Logos, sondern das göttliche Werk führt. In der vom Porphyrios-Schüler Jamblich ausgebildeten Form vermag die Theurgie die Seele zu reinigen und sogar zum Intelligiblen emporzuführen. Zugrunde liegt dieser Form die Auffassung, daß es nicht in der Macht des menschlichen Geistes steht, aus eigener Kraft die Einigung mit dem höchsten Prinzip herbeizuführen. In gewandelter Bedeutung fand die Theurgie durch Dionysius Eingang in das christliche Gedankengut, wobei das übernatürliche Wirken des Hl. Geistes und die Inkarnation des Gottessohnes an die Stelle theurgischer Reinigungsrituale traten.[4]

---

[3] De docta ignorantia I 16.

[4] Vgl. Art. „Theurgie“, in: Hist. Wörterb. der Philos., Bd. X, Sp.1180-1183.

Die typisch platonisch-proklischen Elemente überhaupt sind bei Dionysius freilich die triadisch und zugleich monadisch gedeuteten Strukturen in sämtlichen Bereichen, auf allen Ebenen und bei jeder Einzelheit des Universums. Die bekannte Konzeption des Dreischritts von Verbleiben (MONE), Hervorgang (PROODOS) und Rückwendung (EPISTROPHE) für den Zusammenhang der hierarchisch geordneten Seinsstufen untereinander, die Dionysius an zentralen Stellen in Anspruch nimmt, ist nur ein Beispiel unter mehreren. Das triadisch-monadische Strukturprinzip ist im gesamten Denken vorherrschend und baut das Systemganze unter Einschluß der darüber erhabenen Gottheit auf. Jeder Gegenstand zeigt sich (a) als das, was er an sich selbst ist und was er unveränderlich bleibt; (b) als Wirkursache derart, daß die aus ihm hervorgehenden Dinge an ihm teilhaben; (c) als Zielursache derart, daß die aus ihm hervorgegangenen Wirkungen zu ihm zurückkehren. Gott ist die Dreieinigkeit. Das himmlische Reich besteht aus drei Hierarchien. Die kirchliche Hierarchie hat drei Grade der Geistlichkeit, drei Laiengrade und drei sakramentale Riten. In der triadischen Form kommt eine triadische Bewegung zum Ausdruck, durch die die Geschöpfe geläutert, erleuchtet und schließlich vollendet, d.h. mit Gott vereint werden. In analoger Weise entsteht auch eine dreigeteilte Rede von Gott, welche sich nach Dionysius in der positiven (kataphatischen), negativen (apophatischen) und mystischen Theologie darstellt und den Menschen zu Gott aufsteigen läßt.

2.2 Positive Theologie

In *De divinis nominibus* geht Dionysius von dem aus, was Gott in den biblischen Büchern uns mitzuteilen geruht hat. Mit Namen und Bildern kam Gott der Schwachheit des menschlichen Erkenntnisvermögens zu Hilfe und vermittelte so mit meßbaren Dingen seine „Unmeßbarkeit."[5]

Diese affirmative Theologie ist, da sie der Bilder als Zeichen bedarf, zugleich eine symbolische. Mit seiner Überzeugung von der zeichenhaften Präsenz Gottes in der sichtbaren Welt gehört Dionysius in die von Röm 1, 20 ausgehende, von Augustinus grundgelegte und im Mittelalter eindrucksvoll vertretene Tradition der Lehre von den *vestigia* Gottes in der Schöpfung. Wesentliche Namen

---

[5] De divinis nominibus I 1, 588 A/B.

Gottes sind etwa: der Eine, der Gute, das Licht, das Sein, das Leben, die Weisheit. Alles in allem begegnen wir der ganzen Fülle biblischer Gottesnamen, die schon immer herangezogen wurden, wo Gottes Größe und Ehre in Hymnen und Gebeten verkündet werden sollten.

2.3 Negative Theologie

Trotz der erklärtermaßen positiven „Aussagen" über Gott betont Dionysius als erstes und immer wieder dessen Unerkennbarkeit. Er spricht von dem „Unaussprechbaren und Unbekannten."[6] Der *locus classicus* für die Nichterkennbarkeit Gottes stammt aus der Mystischen Theologie:

> Noch höher steigend sprechen wir jetzt aus, daß er (die Erstursache), nicht Seele und auch nicht Geist ist, daß ihm weder Einbildungskraft zueigen sein kann, noch Meinung, noch Vernunft, noch Erkenntnis, daß Gott weder ausgesprochen noch gedacht werden kann. (...) Es gibt kein Wort, keinen Namen, kein Wissen über ihn. Er ist nicht Dunkelheit und nicht Helligkeit, nicht Irrtum und Wahrheit, man kann ihm überhaupt weder etwas zusprechen noch absprechen, was nach ihm ist. (...) Er steht über jeder Zusprechung, er ist die absolute und alleinige Ursache aller Dinge. Er steht auch über jeder Verneinung, der die Fülle zukommt, er steht außerhalb und über allen Dingen.[7]

Obschon Dionysius in seinen Schriften beide Erkenntnisweisen Gottes lehrt, die positive und die negative, haben sie nicht denselben Rang. Die *via affirmationis* mit ihren Bildern und Symbolen ist „Handreichung"[8] für den Beginnenden. Der Königsweg ist die *via negationis*.

2.4 Mystische Theologie

Im Bewußtsein des Abendlands ist Dionysius nicht nur der Kronzeuge für die *via negativa* der Gotteserkenntnis, sondern auch er-

---

6 A. a. O., I 1, 585 B.

7 Mystische Theologie V, 1045 D-1048 B. Übersetzung bei K. Ruh (s. Anm. 2), S. 51f.

8 De divinis nominibus II 2, 640 A.

ste Berufungsinstanz für die *via triplex* zur Vollkommenheit und für die mystische Erfahrung der göttlichen Dunkelheit.

2.4.1 Der dreifache Aufstiegsweg

Die Hierarchie der Engel und der Kirche bilden zusammen die „Welt" schlechthin. Die „heilige Ordnung" ist indes kein in sich ruhendes System, sondern ein Wirkungsgefüge der intelligiblen Welt, dessen Bewirker Gott ist. Sie ist mithin eine Thearchie. Die wirkenden Kräfte sind Reinigung, Erleuchtung und Vollendung. Sie wirken in jedem himmlischen und menschlichen Geist. Der Prozeß der Vervollkommnung gilt aber primär dem Menschen, obwohl die genannten Kräfte auf der Ebene der himmlischen und kirchlichen Hierarchie beschrieben werden. Dadurch kommt es zu einer Eingliederung des Menschen in den hierarchischen, geistigen Kosmos. Das Ziel ist das Ähnlich- und Einswerden mit Gott.

Die Lehre von den drei Kräften Reinigung, Erleuchtung, Vollendung wird bei Dionysius selbst nicht der mystischen Erkenntnisweise zugeordnet, sondern gilt für jeden Christen, der sich dem sinnlichen Leben entrissen hat. Die Tradition hat das anders gesehen. Aber „mystisch" in spezifischer Wortbedeutung ist bei Dionysius nur die *mystica theologia*.

2.4.2 Das mystische Dunkel

Das Werk „Mystische Theologie" beginnt mit einem Gebet:

> Überwesentliche, übergöttliche und übergute Dreieinigkeit, Leiterin der Theosophie der Christen, führe uns auf den über alle Erkennbarkeit erhabenen, im Überlicht strahlenden höchsten Gipfel der mystischen Erkenntnisse, dorthin, wo die einfachen, unverhüllten und unwandelbaren Geheimnisse der Theologie im überhellen Dunkel des geheimnisumhüllten Schweigens enthüllt werden, Geheimnisse, die in ihrem Finstersten das Überhellste überstrahlen und im gänzlich Unfaßbaren und Unsichtbaren, mehr als der überschönste Glanz es vermag, die augenlosen Geistwesen erfüllen. Dies sei mein Gebet.[9]

9 Mystische Theologie I, Übersetzung wieder bei K. Ruh (s. Anm. 2), S. 59.

Timotheus, an den die Schrift gerichtet ist, wird aufgefordert, wenn er sich um mystische Schau bemühe, sich von aller sinnlichen Wahrnehmung und entsprechender Denktätigkeit zu befreien und „erkenntnislos“ zur Einigung mit dem, was über allem Sein und Erkennen liegt, emporzustreben. Befreit man die Kernstelle des Beginns der *Mystischen Theologie* von ihrem stilistischen Überschwall, kann man folgende Umschreibung der eigentlichen Bedeutung von „mystisch“ bei Dionysius festhalten:

- Der Autor will mit Hilfe der Trinität sich und seinen Schüler auf den höchsten Gipfel mystischer Erkenntnisse führen.
- Die erhabensten Geheimnisse der Theologie werden in einem unfaßbaren Bereich enthüllt.
- Diese Geheimnisse enthüllen sich in mystischer Schau, sofern sich der Schauende von aller sinnlichen Wahrnehmung und jeder Denktätigkeit befreit.
- Im Heraustreten des Geistes (EKSTASIS) gelangt der Schauende zur Einigung mit Gott.

Die wichtigste Ergänzung zu diesen Kernaussagen ist der Abschnitt I 3: das Beispiel des Mose, des alttestamentlichen Prototyps mystischer Gotteserkenntnis. Was in der Eröffnung des Traktats vom gotterfüllten Menschen erbeten wird, ist in der Person des Mose als bereits erfüllt dargestellt: Nach der Absonderung alles Unreinen erreicht Mose die „Höhe der göttlichen Stufen des Aufstiegs“, den Ort, an dem Gott ist.

Das Eindringen in Gottes „überhelle Dunkelheit“ geschieht in der negativen Theologie: „Daß uns diese überlichthafte Dunkelheit zuteil werde, begehren wir, und durch Nichtsehen und Nichterkennen erkennen und sehen wir das, was über allem Sehen und Erkennen ist.“[10] Die mystische Theologie steht in engstem Zusammenhang mit der negativen Theologie, nicht mit der positiven bzw. symbolischen. „Dunkelheit“ (GNOPHOS, caligo), formal natürlich eine Metapher, bedeutet hier nicht, wie uns Dionysius-Kenner belehren,[11] Finsternis des Unwissens und der Sünde, sondern bezeichnet, vor allem mit dem paradoxen Attribut „überlichthaft“, die absolute Transzendenz Gottes. Es ist wert zu bemerken, daß die Grundvorstellung von der Dunkelheit als göttlicher Erscheinungsweise keine Parallele im neuplatonischen Denken hat. Sie ist aus der Exegese von Moses Begegnung mit Gott auf dem Sinai (Ex

---

[10] Ebd., II 1025 A. Übersetzung bei K. Ruh (s. Anm. 2), S. 61.

[11] Belege bei K. Ruh (s. Anm. 2), S. 64.

19,9; 16-19; 20,18-21) gewonnen und verdeutlicht somit die biblische Komponente der mystischen Theologie des Dionysius.

3. Gesamtcharakteristik der dionysischen Mystik

Ich schließe meine Ausführungen zu Dionysius mit dem Versuch einer Gesamtcharakteristik seiner Mystik ab.

3.1 Mystik als religiöse Praxis

Die Mystik des Dionysius ist eine theologisch reflektierte und methodisch ausgearbeitete Anleitung für jeden Christen, auf einem ganz bestimmten Weg (Reinigung, Erleuchtung, Einigung) sein Heil in der Vereinigung mit Gott zu suchen. Sie hat damit praktischen, d.h. lebensorientierenden Charakter und verfolgt ein soteriologisches Anliegen. Sie ist nicht autobiographisch in persönlichen ekstatisch-visionären Erlebnissen der Gegenwart Gottes begründet. Wohl hat sich Dionysius auf entsprechende literarische Zeugnisse oder Bekundungen, besonders im Alten und Neuen Testament, bezogen.

3.2 Mystik als kirchliche Praxis

Mystik ist für Dionysius kirchlich situiert. Er glaubte nicht an „Mystik“, sondern an Jesus Christus, und praktizierte seinen christlichen Glauben innerhalb der institutionellen Kirche. Der Aufstiegsprozeß (ANAGOGE), der den Menschen aus der unheilvoll zerrissenen Welt zu Gott zurückführen soll, ist kein einsamer Weg eines Einzelnen. Er vollzieht sich vielmehr im Ineinandergreifen dreier wesentlicher Elemente kirchlichen Lebens: (a) im rechten Verständnis der Hl. Schrift („Heilige Überlieferung“), (b) der Sakramente einschließlich der Liturgie und (c) unter Berücksichtigung der Stellung des Einzelnen in der kirchlichen Hierarchie.

3.3 Mystik: Erfahrung oder Erlebnis?

Im Zusammenhang mit Mystik wird immer wieder von Erfahrung gesprochen, wenn etwa gesagt wird, Mystik sei wesentlich eine in der Lebenswelt vorfindliche „Erfahrung“. Wegen einiger Mißverständnisse scheint es mir vor allem dringlich, den Erfahrungsbegriff näher zu explizieren. Selbst wenn man von Mystik – wie es häufig geschieht – als einer „besonderen Weise von Erfahrung“[12] spricht, muß das Wort „Erfahrung“ hier das bedeuten, was es immer bedeutet. Ich rechne nicht mit viel Widerspruch, wenn ich sage, daß die aristotelische Fassung des Erfahrungsbegriffs eine gewisse Maßgeblichkeit für unseren Sprachgebrauch besitzt, weil wir in ihr bereits die meisten Bedeutungselemente angelegt finden, die in der neuzeitlichen Debatte ausgearbeitet worden sind.

Nach Aristoteles[13] hat das Wort „Erfahrung“ seinen Platz in einer Theorie der menschlichen Handlung und bezeichnet dabei den qualifizierenden Grund einer bestimmten Handlungsfähigkeit des Menschen, nämlich der TECHNE. Erfahrung begründet eine Handlungsfähigkeit, der „wahre Vernunft“ (LOGOS ALETHES) oder vernünftige Überlegung beiwohnt. Erfahrung qualifiziert die menschliche Handlung durch Begründung von Sachverstand, indem sie aus vielen Wahrnehmungen eine generelle Annahme über ähnliche Fälle aufbaut, ohne freilich strenge Allgemeinheit logisch erschließen zu wollen. Der Inhalt der Erfahrung sind einzelne Fälle des menschlichen Umgangs mit Dingen (PRAGMATA), die der Mensch wahrnimmt und in seinem Erinnerungsvermögen festhält. Erfahrung ist demnach erinnerte Praxis. Sie unterscheidet sich von Wissen (EPISTEME) vor allem durch die strikte Beschränkung auf Einzelfälle, wobei in diesen freilich das Allgemeine als eingeschlossen zu denken ist, so daß sie das ihr bekannte Einzelne mit anderem Einzelnen als gleichartig zusammenfassen kann. Erfahrung als Vertrautsein mit einzelnen Handlungs- und Sachzusammenhängen kann zwar nicht im gleichen Sinn gelehrt und gelernt werden wie etwa Wissen, wohl aber gemeinsam eingeübt werden und hat daher charakteristischerweise Merkmale des Objektiven an sich, so daß durch Erfahrung begründete Aussagen nach „wahr“ und „falsch“ beurteilt und weitergegeben werden können.

Es erscheint mir wichtig, „Erfahrung“ von „Erlebnis“ zu unterscheiden, was in der Literatur nicht immer genügend der Fall ist. Das Erlebnis hat den Charakter des Subjektiven. Erlebnisse widerfahren einem, man „hat“ sie, aber man „macht“ sie nicht, wie man

---

12 Vgl. nur z.B. aus der neuesten Literatur R. Margreiter (s. Anm.1), S.299 u.ö.

13 Grundlegende Ausführungen zum Begriff der Handlung sind vor allem im 6. Buch der Nikomachischen Ethik enthalten.

Erfahrungen „machen“ kann. Erlebnisse verursachen innere Zustände, in denen die „objektive Welt“ und das „subjektive Ich“ ungeschieden präsent sind: Der erlebte Inhalt fällt mit dem Akt des Erlebens zusammen. Es ist sinnvoll, bei Erlebnissen unterschiedliche Grade der Intensität zu unterscheiden, aber nicht, ob Erlebnisse wahr oder falsch sind. Erlebnisse sind wahrheitsindifferent. Sprachliche Wiedergaben eigener Erlebnisse (also Wiedergaben in der 1. Person Singular Präsens) sind daher keine Berichte über oder Beschreibungen von inneren Vorgängen oder Zuständen. Sie sind logisch betrachtet keine Behauptungen, sondern eher (ähnlich wie beim Sprechen über Empfindungen) Ausdrücke, Äußerungen, Bekundungen oder Bekenntnisse. Zweifel oder Irrtum bezüglich eigener Erlebnisse sind sinnlos.

Man wird also eine Verschiedenheit der Sprechakte bezüglich einer Erfahrung und eines Erlebnisses feststellen müssen. Der Erfahrung entspricht der deskriptive, dem Erlebnis der expressive Sprechakt. Das eigene Erlebnis kann – allein aus grammatischen Gründen – nicht in eine Erfahrung überführt werden.[14] Wohl aber kann man, wenn geeignete Bedingungen, z.B. glaubwürdige literarische Zeugnisse vorliegen, vom Erlebnis eines anderen Wissen erwerben, und dieses Wissen über das Erlebnis des anderen ist dann „Erfahrungswissen“.

Genau das scheint mir bei Dionysius der Fall zu sein. Von eigenen Erlebnissen im dargelegten Sinn spricht der Autor nicht. Seine Exegese von Ex 19,9; 16-20; 20,18-21 und Kor 12,2-4, wo von den Erlebnissen des Mose und des Paulus die Rede ist, führt zu einem erfahrungsgestützten Wissen über mystische Erlebnisse anderer. Dieses Erfahrungswissen hat Dionysius in seinen präskriptiven Anleitungen, wie man den Aufstieg zum eigenen mystischen Erleben zurücklegen soll (Reinigung, Erleuchtung, Einigung), berücksichtigt. Das mystische Erlebnis ist ein Spezial- oder Grenzfall religiöser Erlebnisse. Das religiöse Erlebnis erkennt man u.a. daran, daß es bei demjenigen, dem es widerfährt, eine lebensgeschichtliche Veränderung bewirkt. Für das mystische Erlebnis lassen sich folgende Charakteristika angeben: das Versinken der Welt, gesteiger-

---

[14] Hierin widerspreche ich (wenn auch ungern) R. Schaeffler, Erfahrung als Dialog mit der Wirklichkeit: Eine Untersuchung zur Logik der Erfahrung, Freiburg/München 1995, S. 424, 431 u.ö., der von „Erfahrung als selbstkritischer Verarbeitung von Erlebnissen“ spricht und einen „Übergang vom subjektiven Erleben zur objektiv gültigen Erfahrung“ für möglich hält.

te Emotionalität, Seligkeit, Gelassenheit, Augenblicklichkeit, die allenfalls durch Negation zu bekundende Einigung mit Gott, Verstummen u.a.

4. Augustinus

Bei Augustinus muß ich mich nun kurz fassen. Er gilt in der christlichen Tradition als der überragende Theologe und unvergleichliche Lehrer der affektiven Spiritualität. Ob er Mystiker im eigentlichen Sinn ist, wird immer wieder diskutiert. Diese Diskussion ist abhängig davon, was man unter Mystik versteht. Unstrittig ist hingegen, daß er entscheidende Voraussetzungen für die christlich-abendländische Mystik geschaffen hat. Diese bestehen vor allem in seiner Darstellung des Verhältnisses der menschlichen Seele zu Gott: Die von aller Begierde nach vergänglichen Gütern gereinigte Seele vermag zu Gott in ein unmittelbares Verhältnis zu treten, auch ohne Vermittlung kirchlicher Heilsgüter.

4.1 Der spirituelle Aufstieg in Stufen

„In Stufen will ich mich zu dem erheben, der mich erschaffen hat",[15] sagt Augustinus in den *Bekenntnissen*. Das Denken in Graden bzw. Stufen gehört natürlich zum neuplatonischen Erbe.

Anlaß, sich den Weg zu Gott in Stufen zu denken, war wohl auch der Titel der Psalmen 119-121 „Canticum graduum."[16] Die Seele auf ihrem Weg vom Vielen zum Einen, vom Reich der Sinne zur intelligiblen Welt erhebt sich von Stufe zu Stufe. Abgesehen von der „Vision" von Ostia spricht Augustinus vielleicht am eindrucksvollsten im 7. Buch der *Bekenntnisse* vom spirituellen Aufstieg, gemeint ist die Stelle, die man auch die Vision von Mailand nennt:

> So stieg ich in Stufen empor, von der Körperwelt zu der durch den Körper empfindenden Seele, weiter zu ihrem inneren Vermögen, ... und ich gelangte weiterhin zu der vernünftigen Kraft, bei der das Urteil über die sinnlichen Wahrnehmungen liegt. Indem auch sie sich in mir als wandelbar erwies, erhob sie sich zur Erkenntnis

---

15 Confessiones X c. 8 n.12.

16 Enarrationes in Psalmos, in Ps. 119, n. 1.

> ihrer selbst und lenkte das Denken aus der Bahn des Gewohnten. (...) Und so gelangte sie zu dem, was ist, im Schlag eines bebenden Anblicks (*in ictu trepidantis aspectus*). Wahrlich da erblickte ich „das Unsichtbare erhellt mittels der geschaffenen Dinge" (Röm 1, 20), aber die Sehkraft dort festzuhalten, das vermochte ich nicht.[17]

Die Darstellung des Aufstiegs bezieht sich hier auf das erkennende Subjekt, das aufwärts strebt. Die Kraft des Geistes (*potentia ratiocinans*) kommt mittels der geschaffenen Dinge zu dem, „was ist".

Außerhalb der *Bekenntnisse*, am ausholendsten im 33. Kapitel von *De quantitate animae*, preßt Augustinus den Aufstieg regelmäßig in ein Schema von meist sieben Stufen, an deren Ende die „Schau der Wahrheit" (*visio atque contemplatio veritatis*) steht. „Wie soll ich sagen, welche Freude hier ist, welch ein Genießen des höchsten und wahren Guten. Das haben, soweit sie es für sagbar hielten, einige große unvergleichliche Seelen gesagt, denen wir glauben, daß sie es auch gesehen haben und noch sehen." (n.76)

4.2 Die Gottesschau

Der Frage der Gottesschau des Menschen im diesseitigen Leben sind bei Augustinus zahlreiche Passagen gewidmet. Ausführlich behandelt er vor allem die *visio* des Mose (nach Ex 33,9ff) und den *raptus* des Apostels Paulus (nach 2 Kor 12,2-4). Hinsichtlich des eigenen *visio*-Erlebnisses steht natürlich die Ostia-Vision im Vordergrund. Von diesem Text aus den *Bekenntnissen* ist die Rede, wo immer nach den mystischen Erlebnissen des Augustinus gefragt wird. Die Szene ist bekannt wie kaum sonst etwas von seinem Werk. Mutter Monica, die kurz vor ihrem Tod steht, und ihr Sohn unterhalten sich an einem Fenster zum Garten gelehnt. Während dieses Gesprächs über die Wonnen des jenseitigen Lebens

> erhoben wir uns mit heißerer Inbrunst nach dem „Ebendemselbst" (*idipsum*, Ps 4,9; 121,3). Stufenweise durchwanderten wir die ganze Körperwelt, auch den Himmel. (...) Und höher stiegen wir auf im Betrachten, ... um die Gefilde unerschöpflicher Fruchtbarkeit zu erreichen. (...) Und während wir so von der ewigen Weisheit reden, ... da berührten wir sie leise mit einem vollen Schlag des

---

[17] Confessiones VII c. 17 n. 23. Übersetzung bei K. Ruh (s. Anm. 2), S. 92.

> Herzens. Da seufzten wir auf und ließen dort „die Erstlinge des Geistes" (Röm 8,23) festgebunden und wandten uns wieder den Lauten unserer Rede zu, bei der das Wort Anfang und Ende hat.[18]

Mit dem *idipsum* ist das Ziel des Erhebens vorweggenommen. Der Aufstieg dorthin, unverkennbar plotinisch geprägt, geht durch die sichtbare Welt zur intelligiblen, und über sie hinaus zum „Ort" der Weisheit. Dieser Gottesname ist eng verbunden mit dem „qui sum" nach Ex 3,14. Diese Weisheit also, die Ursache aller Dinge und das Sein schlechthin, berühren die beiden Seelen auf die Dauer eines Herzschlags. Sicherlich wesentlich für Augustinus ist das „attingimus modice", also keine Einigung, sondern eher das, was man im Mittelalter „Vorgeschmack der himmlischen Seligkeit" nannte. Bemerkenswert auch, daß Augustinus, der das Ganze des Aufstiegs als *visio* versteht, auf das Begriffsfeld des Sehens verzichtet, wenn es sich um die unmittelbare Gottesschau handelt. Er ersetzt das Sehen durch den Tastsinn. Berühren ist gewissermaßen das Sehen der Blinden. Die Andersartigkeit der Gottesschau wird damit deutlich.

Besondere Aufmerksamkeit verdient der Schluß des (auszugsweise) zitierten Abschnitts. Aus ihm geht hervor, daß Augustinus offensichtlich die ganze *visio* als sprachlichen Vorgang versteht, als Rede, die nun radikal abgehoben wird von der Rede des Mundes, dem abgegrenzten, der Dauer unterworfenen Wort (*verbum*). Ein solches Reden war das nicht, was sich im Aufstieg zum *idipsum* und in der Berührung ereignete. Es ist im Hinblick auf den Modus der *visio* hervorzuheben, daß das, was im Erlebnis der *visio* selbst als Rede ohne Laut und abgrenzbares Wort erschien, von Augustinus in nachträglicher Betrachtung (in dem Abschnitt, der der *visio*-Schilderung unmittelbar folgt) als mystisches Schweigen angesprochen wird. Dieses ist nicht schlichtweg die Negation von in Lauten und in der Zeit sich manifestierende Rede, sondern das Korrelat von Rede bezüglich der Transzendenz. Beachtlich ist auch, daß die Bestimmung transzendenter Rede Ähnlichkeit mit den exegetischen Ausführungen Augustins über das Schöpfungswort Gottes aufweist. Schöpfung und Ekstase sind außerhalb kategorialer Bedingtheiten, also auch außerhalb der Zeit.

---

[18] Confessiones IX c. 10.

4.3 Augustinus – ein Mystiker?

Die Frage, ob Augustinus ein Mystiker gewesen ist, hängt zuvorderst von der Beurteilung der beiden Visionsschilderungen von Mailand und Ostia in den *Bekenntnissen* ab. Im Sinn der Unterscheidung von Erfahrung und Erlebnis handelt es sich dem Wortlaut nach um die Bekundung von (zurückliegenden) Erlebnissen. Hinsichtlich der Historizität der Erlebnisse ist die Frage offen zu halten, ob die offensichtlich neuplatonische Stilisierung in der schriftlichen Gestalt das Erleben nicht entscheidend überformt hat. Indes ist es ein historisches Faktum, daß Augustinus, ob nun Mystiker oder nicht, zur unerschöpflichen Quelle der mittelalterlichen Mystik geworden ist. Das hängt damit zusammen, daß Augustinus, wie alle Väter, Theologie überhaupt als mystisch aufgefaßt hat. Mystisch in dem allgemeineren Sinn, daß Theologie die Gläubigen zum Erleben der verborgenen Gegenwart Gottes führen soll. Der Weg zu Gott beginnt auf Erden im gemeinschaftlichen Lebensvollzug der Kirche und vollendet sich in der Herrlichkeit des Himmels. Der individuellen Einigung mit Gott stand Augustinus schon aus schöpfungstheologischen Gründen zurückhaltend gegenüber.

Peter Dinzelbacher

Religiöse Auditionen im Mittelalter

Einleitung

Obwohl die fleischgewordene Gottheit im *Neuen Testament* nicht als der Blick, sondern als das Wort bezeichnet wird und das *Neue Testament* unbezweifelbar eine der zentralen Grundlagen der Kultur und Mentalität des Mittelalters war, hat es die dem Wort an sich eigene Manifestation, nämlich das Hörbarwerden im Ohr des Gläubigen, in fast schon verblüffender Weise verfehlt, das Interesse der Forschung zu erregen. Während es über die optischen Manifestationen der Gottheit, Visionen und Erscheinungen, inzwischen doch schon eine wenn auch bescheidene Bibliothek v. a. theologischer und literaturhistorischer Provenienz gibt[1] (wogegen sie in der Geschichtswissenschaft nach wie vor nicht als „zünftiges" Arbeitsfeld gelten), scheint es über die religiösen Auditionen jener Epoche nicht eine einzige Publikation zu geben.[2] Insofern können die folgenden Ausführungen auch nur eine Skizze eines tatsächlich noch unerforschten Themas bieten, zu dem ein unerschöpflicher Quellenbestand existiert.

Der Primat des Visuellen in der gegenwärtigen Kultur mag mit einer der Gründe für diese Abstinenz sein. Das Mittelalter war sich da nicht so sicher. Bei der Bewertung der fünf Sinne ging die Haupttendenz zwar wohl dahin, dem Gesichtssinn, dem Gott schließlich den obersten Platz am menschlichen Körper zugewiesen hatte,[3] den

---

1 Lit.: Lexikon des Mittelalters, München, s.v. Vision.

2 Die theologischen und erst recht mediävistischen Fachlexika entbehren eines historisch brauchbaren Lemmas „Audition" oder „Einsprache". Der (bescheidene) Artikel „Paroles intérieurs" von A. Dervill im DSMA 12, 252-257 beginnt erst mit Theresa von Avila! Im LThK 1, 1993, 1174 f. erwähnt P. Deselaers konkret nur die alttestamentlichen Propheten. Einzeluntersuchungen berücksichtigen freilich diesen Aspekt bisweilen; so z.B. für die süddeutschen Dominikanerinnen G.J. Lewis, By Women, for Women, about Women. The Sister-Books of Fourteenth-Century Germany, Toronto 1996, 76 ff. - Nicht zugänglich war mir K.-H. Göttert, Geschichte der Stimme, München 1999.

3 Z.B. Aldobrandino da Siena, zit. bei A. Giallongo, I sensi nei „regimina sanitatis", in: *Mediaevistik 10* (1997), 193-203, hier 199.

Vorrang über die anderen zuzugestehen, nicht nur im aristotelisch geprägten naturwissenschaftlich-medizinischen Schrifttum[4] oder in der Minnelyrik,[5] sondern auch im monastischen Denken[6] und Leben, worauf die Bedeutung des Silentium verweist, zu dessen Einhaltung man ja eine eigene visuell vermittelte Zeichensprache erfunden hat. Doch fehlt es auch nicht ganz an Stimmen, die eine Gleichwertigkeit der beiden Wahrnehmungsmöglichkeiten vertraten. So sind Sehen und Hören z.B. in illuminierten Manuskripten des *Bestiaire d'amour* des Richard von Fournival (1201-1260) als zwei Pforten im Turm der Seele verbildlicht, die in gleicher Höhe und Größe ein Auge bzw. ein Ohr tragen.[7] Auch im religiösen Bereich konnte der visuelle und der akustische Offenbarungsempfang durchaus als gleichrangig bewertet werden, wie etwa die Bezeichung „visio" für eine eindeutig als bloße Stimme geschilderte himmlische Prophezeiung in der *Vita Hugonis Marchianensis* (um 1160) illustriert.[8]

Ein anderer Traditionsstrang ging bibelgerechter von der Präferenz des Hörens bei der Gotteserkenntnis aus. Sagte nicht Jesus selbst zu Thomas: „Beati qui non viderunt, et crediderunt"? (Io 20, 29) Und Paulus: „Fides ex auditu" (Rom 10, 17)? So in der Spätantike Laktanz, so im Hochmittelalter Bernhard von Clairvaux, so im späten Mittelalter Meister Eckhart. Bernhard etwa schrieb: „Sane fides ex auditu, non ex visu ... in fide ergo, sicut in spe, deficit oculus, auris proficit sola."[9] Dementsprechend skeptisch war Bernhard ja auch bekanntlich gegenüber der bildenden Kunst als Verführerin des Auges, während er die Kunst der geistlichen Rhetorik auf das üppigste pflegte.[10] Der Dominikaner seinerseits lehrte, ausgehend von einer seit Empedokles und Plato üblichen optischen Theorie, nach der beim Sehen vom Auge aktiv ein Strahl

---

4 A. a. O., pass.; G. Schleusener-Eichholz, Das Auge im Mittelalter, München 1985, bes. 230 ff.; A. Giallongo, L'avventura dello sguardo. Educazione e communicazione visiva nel Medioevo, Bari 1995.

5 E. B. Scheer, „daz geschach mir durch eine schouwen". Wahrnehmung durch Sehen in ausgewählten Texten des deutschen Minnesangs, Frankfurt 1990.

6 Vgl. zuletzt D. Appleby, The Priority of Sight According to Peter the Venerable, in: *Medieval Studies* 60 (1998), 123-157.

7 Giallongo 1995, 69, fig. 7. Cf. Richard de Fournival, „Il bestiario d'amore", hg. v. F. Zambon, Parma 1991.

8 Vita 21, ed. cit. [Anm. 95] 356.

9 In ps. qui habitat 8, Opera, ed. Leclercq IV, 427 f.

10 P. Dinzelbacher, Bernhard von Clairvaux, Darmstadt 1998.

ausgesandt wird[11]: „Unt dar umbe sullen wir in dem êwigen lebenne vil sêliger sîn in der kraft des hoerennes denn in der kraft des sehennes. Wan daz werc des hoerennes des êwigen wortes daz ist in mir, unde daz werc des sehennes gêt von mir ... Aber unser sêlikeit lît niht an unsern werken, mêr: an dem daz wir got lîden."[12] Der passive Gnadenempfang ist es hier, der diese Bewertung bedingt.

Die Fülle der religiösen Auditionen, von denen wir aus dem Mittelalter hören, die Menschen zu Haltungen und Handlungen bewegten, verdient also auch vor diesem theoretischen Zeithintergrund Beachtung.

1. Das Phänomen

Auditionen, auch Einsprachen, lateinisch einfach „voces" genannt, sind akustische Wahrnehmungen von Stimmen, die nach mittelalterlicher Anschauung nicht aus der materiellen Welt kommen. Es sind Äußerungen von übernatürlichen Wesen oder Zwischenwesen, die mit dem Menschen zu unterschiedlichen Zwecken kommunizieren. Im engeren Sinne genommen, ist dieses Phänomen nicht von visuellen Manifestationen begleitet[13] und wird zumeist bei wachem Normalbewußtsein erlebt, kommt aber auch in Träumen und Trancezuständen vor.

Es handelt sich um eine in der ganzen europäischen Geschichte sowie in den außereuropäischen Kulturen bezeugte Erlebnisform,[14] die von der Psychologie als „Gehörhalluzination" bezeichnet und untersucht wird. Halluzinationen sind Sinneseindrücke ohne entsprechende äußere Sinnesreize; wie Erscheinungen können sie von einem Kollektiv wahrgenommen werden, oder – wesentlich häufiger – von einem einzelnen. Die Stimmen, Geräusche, Töne werden als von außen oder innen kommend beschrieben und sind von ei-

---

11 Schleusener-Eichholz, 51 ff.

12 Dt. Werke, hg. v. J. Quint, Stuttgart 1936 ff., 1, 15.

13 In der Literatur werden auch die Stimmen der in Visionen erscheinenden Gestalten als Auditionen bezeichnet. Ich möchte den Terminus jedoch den bildlosen Einsprachen vorbehalten. Visionen sind ja an sich „lebensecht" mit allen zu erwartenden Gehör-, Geruchs-, taktilen usw. Empfindungen.

14 Vgl. z.B. F. Heiler, Erscheinungsformen und Wesen der Religion, Stuttgart 1961, 552 f. (^{2}1979).

nem meist unabweisbaren Evidenzgefühl begleitet. Jede Anstrengung, ihnen zu widerstehen, schrieb Theresa von Avila, die erste Psychologin der Mystik, ist umsonst.[15] In der Mehrzahl handelt es sich um einseitige Äußerungen eines übernatürlichen Wesens, nicht ganz so häufig um einen Dialog dieses Wesens mit dem Charismatiker. Sehr selten ist die Stimme zunächst unverständlich und erst zu einem späteren Zeitpunkt begreifbar.

In der Psychopathologie sind solche Gehörhalluzinationen namentlich in Verbindung mit Schizophrenie bekannt. Ein besonders markantes Beispiel aus dem 20. Jahrhundert bietet etwa Katharina Vogl aus München, die seit ihrem 44. Lebensjahr 1915 bis zum Tode 1955 immer wieder Stimmen Jesu, Mariens und „von oben her" vernahm, so wie bei den mittelalterlichen Mystikerinnen genau dokumentiert von ihrem Beichtvater bzw. durch die von diesem veranlaßten autobiographischen Aufzeichnungen.[16] Es sei jedoch unterstrichen, daß auditive und visuelle Halluzinationen keineswegs hindern, daß der sonstige Psychismus „normal" sein kann. Obwohl es CharismatikerInnen gibt, bei denen sich Symptome psychischer Erkrankung häufen, wie z.B. Christine von Retters oder Margareta Ebner, gibt es ebenso nicht wenige, die, von diesem einen Punkt abgesehen, eine unbestreitbar intakte Persönlichkeitsstruktur aufweisen und die täglichen Lebensaufgaben bravourös meistern, wie z.B. Hildegard von Bingen oder Theresa von Avila.

Wir beschränken uns hier auf das westliche Hoch- und Spätmittelalter und Einzelpersonen betreffende Auditionen übernatürlicher Stimmen oder Klänge, erlauben uns jedoch ganz gelegentlich auch eine antike oder neuzeitliche Quelle zu zitieren, um die Kontinuität wenigstens anzudeuten. Dabei konzentrieren wir uns auf den Bereich der Erlebnismystik,[17] und darin wieder auf die göttlichen Einsprachen. Die zitierten Beispiele ließen sich i.d.R. ad infinitum vervielfachen. Daß die MystikerInnen oft auch die Stimmen der Armen Seelen oder die von Dämonen hörten, sei nur am Rande erwähnt. Auch die Glossolalie und das Sprechen der Besessenen ist hier nicht zu thematisieren.

---

15 Vida 25 ff.

16 Dieses und mehrere andere Beispiele bei G. Schallenberg, Visionäre Erlebnisse. Erscheinungen im 20. Jahrhundert, Aschaffenburg 1979.

17 Zu den genannten Persönlichkeiten vgl. P. Dinzelbacher, Christliche Mystik im Abendland. Ihre Geschichte von den Anfängen bis zum Ende des Mittelalters, Paderborn 1994; ders. (Hg.), Wörterbuch der Mystik, Stuttgart ²1998.

Es bedarf keiner Betonung, daß die theologische Akzeptanz der Möglichkeiten einer solchen Manifestation durch die allerdings i.d.R. mit visuellen Wahrnehmungen verbundenen Reden Jahwes an die Propheten gegeben war, zu denen er im Schlafe spricht (Num 12, 6), verbunden mit einer Vision (Iob 33, 15). Im *Neuen Testament* wird von der Stimme Gottes bei der Taufe und Verklärung Jesu erzählt. Doch während hier zugleich auch Erscheinungen zu sehen waren, Engel, Taube, Wolke, schildert das *Johannesevangelium* (12, 28) eine ganz eindeutige Audition, die die Verherrlichung Christi ankündigte: „Venit ergo vox de caelo"; aber ob es ein Donner oder eine Engelsstimme war, darüber blieben die Umstehenden uneins.

Um eine mittelalterliche Ausformung dieses Phänomens gleich konkret zu illustrieren, seien einige Passagen aus der *Vita et Revelationes* der Wiener Begine Agnes Blannbekin († 1315) zitiert. Sie wird neben zahlreichen Visionen und anderen paranormalen Phänomenen auch immer wieder mit einer nur ihr vernehmbaren Stimme konfrontiert, die vom Verfasser dieses Textes, ihrem Beichtvater, als „innere" oder „göttliche" bezeichnet wird, auch als „die Stimme, die in ihr sprach".

Das erste Auftreten dieser „vox" ist so geschildert:

> In der fünften Nacht nach der Geburt des Herrn würdigte sie der Herr, sie mit einer neuen Art von Heimsuchung heimzusuchen. Als sie nämlich alleine in ihrer Gebetszelle Gott die Stunden(gebete) der Mette mitten in der Nacht darbrachte, so wie sie es gewohnt war, spürte und hörte sie in sich in der Brust eine heitere Stimme, sanft und süß; als die Stimme begann, spürte sie eine bestimmte Süße in die Höhe schweben, und in jener Süße hörte sie eine Stimme sie mit Worten bei ihrem Namen rufen. Es begann aber diese Stimme die Fehler und Sünden einzelner Personen aufzuzählen, bald von Religiosen, bald von Weltlichen, bald von Fürsten, bald von Herren. Sie weigerte sich schaudernd, dies zu hören, und las mittlerweile selbst die Mette; und wiewohl es ihr ein Abscheu war, dies zu hören, spürte sie dennoch in der Seele eine nicht geringe Süße. Sie wunderte sich sehr, von wo diese Stimme käme und, wenn sie von Gott sei, warum er ihr solches offenbare. Sie sprach nichts, sondern dachte schweigend nach. Und danach wurde sie in einer anderen, unten beschriebenen Offenbarung belehrt, daß der Herr dies getan, damit sie mit dem Herrn mitleide über so großes Unrecht und Undankbarkeit, ihm von denen zugefügt, denen er selbst so große Wohltaten erwiesen hatte, und damit sie selbst, so erschüttert, verdiene, Tröstliches zu hören. Und es dauerte jene

> Offenbarung, durch die sie so geängstigt wurde, gut so lange, wie die Mette von den Brüdern gesungen wurde.[18]

Die Stimme, und das wird sich in einem fort wiederholen, ist also begleitet von einer angenehmen Empfindung, jener übernatürlichen Süße, die Blannbekin immer wieder zuteil wird. Zugleich ist aber zunächst das innere Evidenzgefühl, das sie bald begleiten wird, noch nicht so stark ausgebildet, daß die Mystikerin sich bzgl. der Discretio spirituum[19] sicher sein könnte: Ist es wirklich eine göttliche Offenbarung, oder kann es eine dämonische Einflüsterung sein?

Bald aber wird diese Stimme ihre stete und geliebte Begleiterin:

> Als ihr aber die Stimme sprach, erstarrte sie nicht mit Schrecken, sondern mit einer gewissen Freude. Denn sie sagte, daß, sooft ihr diese Stimme spräche, sie immer am Anfang der Rede eine plötzliche und unvermutete Freude in Erstarren reiße, so daß sie ein wenig von sich käme und sie eine Schwäche ergriffe, auf die Art, wie wenn jemand von einem Freund, den er sehr liebe und den zu sehen ihn heftig verlange, gemeldet würde: Dieser dein Freund ist hier.[20]
>
> Zu einer anderen Zeit, als sie sich der Betrachtung widmen wollte, spürte sie im Körper und in der Brust den wunderbaren Andachtsbrand, so daß sich jene Wärme körperlich durch den ganzen Körper hin ausbreitete. Und in sich hörte sie eine weiche und süße Stimme, so wie oben gesagt wurde.[21]

Die Stimme manifestiert sich sowohl in Worten als auch nonverbal:

> Bei(m Fest) der Beschneidung des Herrn, als sie kommuniziert hatte, spürte und hörte sie in sich eine Stimme, die nicht mit Worten oder Silben dennoch das Gotteslob ausdrückte. Sie erkannte

---

[18] P. Dinzelbacher, R. Vogeler (Hgg.), Leben und Offenbarungen der Wiener Begine Agnes Blannbekin († 1315), Edition und Übersetzung, Göppingen 1994, C. 30.

[19] P. Dinzelbacher, Heilige oder Hexen? Schicksale auffälliger Frauen in Mittelalter und Frühneuzeit, Zürich 1995, 2. Aufl. Reinbek 1997, 114 ff. u. pass.

[20] Dinzelbacher, Vogeler, Leben und Offenbarungen der Wiener Begine Agnes Blannbekin, C. 78.

[21] A. a. O., C. 67.

> auch, daß es die himmlische Stimme war, die sie in der Entraffung der ersten Vision dieses Buches gehört hatte ...[22]

Auch andere Stimmen, wie jene der Himmelsbewohner, können so averbal vernommen werden: „Sie hörte auch die sehr süßen und verschiedenen Stimmen der in der Heimat Lobenden mit einem Ton tönend wohl, aber nicht in Worten, und dennoch dem Verständnis der Hörenden bedeutungsvoll ...“[23]

Oft ergibt sich eine dialogische Kommunikation. Z.B. kommt ihr einmal hinsichtlich der Elevation des Sanctissimum

> ein Gedanke über den Herrenleib in ihr Herz, daß und wann er zugleich von mehreren erhoben wird. Zu diesem Gedanken sagte ihr die göttliche Stimme: „So wie der Sohn Gottes in der Fleischwerdung aus dem Herzen des Vaters in den Schoß der Jungfrau kam, indem er Fleisch annahm, so kommt er in der Opferstunde in die Hände eines jeden Priesters.“ Ebenso dachte sie, ob er gleich mächtig sei im Himmel und im Sakrament. Es antwortete die göttliche Stimme: „Seine Macht leuchtet mehr im Himmel, aber im Sakrament leuchtet seine Milde ...“ usf.[24]

Die „vox“ und Agnes sprechen also miteinander über Theologica, so wie es die Begine auch mit ihrem Beichtvater zu tun pflegte.

Nur daß die Stimme auch eine gewisse Intimität entwickelt: Einst „dachte sie schweigend bei sich: ‚O Gott, wenn mein Beichtiger nun frei sein könnte fürs Gebet!‘ ... ‚O du Dummerchen, nicht besser könnte er nun beten, als er es tut mit Beichthören und der Absolution der Sünder ...‘“[25] Wenn es freilich um Dinge wie die im Christentum höchst tabuisierte Sexualität geht, dann

> lehrte die Stimme in ihr in sehr zurückhaltender Höflichkeit der Worte und ehrsamer Umschreibung, sich vor jenem vorher zu hüten, indem sie sagte: „Doch, man kann sich hüten. Aber man muß sich vor jeder Berührung hüten, durch die man, wenn man sich nicht hütet, hingerissen wird.“ Und der Verstehenden war genug gesagt. Ebenso sagte jene Stimme von Frauen, die ihre Tage haben, nämlich daß sie sich vor zu viel Berührung hüten sollten.[26]

---

[22] A. a. O., C. 34.
[23] A. a. O., C. 63.
[24] A. a. O., C. 131.
[25] A. a. O., C. 74.
[26] A. a. O., C. 98.

Erst nach längerer Zeit mystischer Charismata identifiziert sich die Stimme einmal mit der Christi: Einst

> sah sie den Herrn in weißen Gewändern wie am Vortag, mit finsterem und schönem Antlitz, der in der Hand ein entblößtes Schwert trug ... Als jene dies sah und hörte, wurde sie traurig und bat den Herrn, daß er von ihr diese schrecklichen Visionen wegnähme ... Und sie hörte die Stimme sagen: „Ich werde das Verderben nicht machen." Und sie wunderte sich darüber, daß die Stimme, die gewöhnlich in ihr sprach, nun über sich in erster Person sprach, indem sie sagte: „Ich werde machen", oder „Ich werde nicht machen." Sie hatte vorher immer in dritter Person gesprochen, wie aus den obigen Offenbarungen hervorgeht ... Dann sagte die Stimme zu ihr: „Ein Engel hat nicht Platz in der Seele, daß er darin spricht, sondern Gott allein" ... Sie aber dachte dann, ob alles wahr wäre, was ihr geoffenbart wurde von diesen schrecklichen Dingen. Und die Stimme sagte zu ihr: „Alles ist wahr ..."[27]

Die Stimme ist also einerseits nicht unterscheidbar von der Christi, ist die Christi, der seinen Willen verkündet, und ist trotzdem auch eine explikative Instanz, die in dritter Person von Gott redet. Eine nähere Erklärung wird dazu nicht geboten; m.E. ein Hinweis auf die Authentizität der Wiedergabe, da nicht logische Konstruktion die visionären Zustände gliedert wie bei literarischen Texten, sondern auch durchaus widersprüchliche Konfabulation.

Die Intensität der Audition ist zwar oft nicht so groß wie die einer ekstatischen Vision, die mit der Suspendierung aller äußeren Wahrnehmungen einhergeht, aber ebenfalls unabweisbar:

> Einmal, als sie am vierten Sonntag nach Ostern kommuniziert hatte, sprach wiederum die Stimme, die gewohnt war, in ihr innen zu sprechen; sie aber weigerte sich, auf die sprechende aufzupassen, willens, sich anderem zu widmen, und versuchte mit großer Anstrengung, die Aufmerksamkeit von ihr abzuwenden. Und als sie lange so gerungen hatte und nicht Oberhand gewann, sagte die Stimme zu ihr schmeichelnd und freundlich: „Warum bist du mir feind? Nichts Böses habe ich dir geraten! Und wiewohl du im geweiteten Schoß des Sinnens viel sahest, ist dir dennoch unbekannt, was Gott mit dir beabsichtigt." Sie aber stimmte auch jetzt nicht der sie tröstenden Stimme zu, denn von der Osterzeit bis zur Himmelfahrt erfüllte Traurigkeit ihr Herz.[28]

---

[27] A. a. O., C. 86.
[28] A. a. O., C. 81 f.

Agnes Blannbekin ist ein Beispiel für jene CharismatikerInnen, die neben der visuellen eine starke auditive Begabung zeigen. Hier wäre etwa auch die etwas ältere Margareta Contracta zu nennen, die ihre Offenbarungen viel häufiger als Worte Gottes denn als Bilder empfängt.[29] Noch deutlicher erscheint die vorrangige Gewichtung der Wortoffenbarung bei der wesentlich berühmteren Birgitta von Schweden. Ihr religiöses Erleben ist primär auditiv, was nicht nur aus den Einleitungen zu circa fünf Siebtel[30] ihrer etwa 400 Offenbarungen hervorgeht, sondern auch von Bischof Alphons von Jaén, einem ihrer wichtigsten Vertrauten, ausdrücklich bestätigt wird.[31] Nur sehr gelegentlich wird eine Stimme in den Auditionen Birgittas als süß bezeichnet;[32] in der Regel handelt es sich um nüchtern informierende, aber auch um angsterregende Stimmen. Eigentümlich für sie ist dabei die meist quasi „objektive" Vermittlung von Inhalten durch reine Auditionen, also Erzählungen von Geschehnissen, wobei die Texte, so plastisch sie wirken, nichts von einer visuellen Komponente erwähnen. Das Leiden Christi, mit dem sich die Schwedin intensiv beschäftigte, wird ihr primär als Bericht zugänglich, den ihr die allerheiligste Jungfrau mitteilt,[33] nicht als Schau, wie bei so vielen ihrer Zeitgenossinnen, also in einer quasi objektiven, narrativen Form, die die Charismatikerin nicht unmittelbar in das Geschehnis einbezieht (wie z.B. Margery Kempe). Maria berichtet etwa, wie sie beim Anblick der Glieder ihres Kindes schon die künftigen Nägelmale sieht und darob in tiefe Trauer fällt, oder wie sie beim ersten Geißelschlag besinnungslos zu Boden stürzt.[34] Maria ist es, die Birgitta zahllose in den *Evangelien* nicht verbürgte Einzelheiten aus dem Leidensweg

---

29 B. Weiß, Margareta von Magdeburg, Paderborn 1995, 79.

30 Anna J. Rossing, Studier i den heliga Birgittas Spiritualitet, Stockholm 1986, 36.

31 Ep. 4, 35, hg. v. Arne Jönsson, Alfonso of Jaén. His Life and Works with Critical Editions of the Epistola Solitarii, the Informaciones and the Epistola Serui Christi, Lund 1989, 140.

32 Revelationes caelestes 4, 139. Die Offenbarungen Birgittas werden zitiert nach der sehr guten, wörtlichen Übersetzung von Ludwig Clarus, Regensburg 1856, überprüft am Originaltext nach der Ausgabe Rom 1628 und eventuell danach geändert; die Orthographie ist modernisiert. Die (textlich jedoch kaum abweichende) kritische Edition in der Reihe *Samlingar utgivna av Svenska fornskriftsällkapet*, Uppsala 1956 ff. stand mir nicht zur Verfügung.

33 1, 10 - 1, 27 - 2, 21 - 4, 70.

34 1, 10 - 4, 70.

des Herrn mitteilt: daß er sich seine Kleider selbst auszog,[35] daß bei der Geißelung sein Fleisch bis auf die Rippen weggerissen wurde,[36] daß die Peiniger seine Linke mit einem Strick auszerrten,[37] daß der linke Fuß über dem rechten gekreuzigt wurde[38] usf. Ihr Bericht evoziert jedoch beim Leser oder Hörer des Texts unweigerlich ein entsprechendes Bild:

> Als aber der Tod nahte und vor unerträglichem Schmerz das Herz brach, da erbebten sogleich alle seine Glieder, und sein Haupt, welches nach dem Rücken zu geneigt war, hob sich ein wenig. Die halbgeschlossenen Augen taten sich bis fast zur Mitte auf. In ähnlicher Weise öffnete sich sein Mund und die blutige Zunge kam zum Vorschein ...[39]

Dies ist eine ganz plastische Beschreibung, aber eben nicht die einer Vision Birgittas, sondern dessen, was Maria Birgitta erzählte. Gerade diese Berichte Mariens über das Leben und Leiden Christi haben zu ikonographischen Neuformulierungen in der bildenden Kunst geführt.[40]

Während es noch weitere deutlich auditiv begabte Charismatikerinnen gab, etwa Mechthild von Magdeburg, bleibt m.W. fast singulär die Form der mystischen Phänomene, von denen Friedrich Sunder (1254-1328),[41] Kaplan im Dominikanerinnenkloster Engelthal bei Nürnberg, in seiner deutschsprachigen Autobiographie berichtet (erhalten in der Form eines „Gnaden-Lebens"). Die Thematik, der liebende Verkehr seiner Seele mit Gott, die Gespräche und Freuden des Priesters im Zusammensein mit Christus und Maria, seine Ehrungen im Himmel usw. sind nicht ungewöhnlich. Wohl aber, daß der Geistliche solche visionären Szenen nicht in Ekstase sieht, sondern ihm nachträglich durch Auditionen geoffenbart wird, was seine Seele im Traum schaute. Das Traumerleben selbst hatte er offenbar vergessen, erst die Einsprache brachte es wieder zurück. Nach der Schilderung der im Himmel erfahrenen

---

[35] 1, 10 - 4, 70.

[36] 1, 10.

[37] 1, 10 - 4, 70.

[38] 1, 10.

[39] 1, 27 - vgl. 4, 70.

[40] Birgitta van Zweden 1303-1373. 600 jaar kunst en cultuur van haar kloosterorde, Uden 1986.

[41] Die wenigen Parallelen bei S. Ringler, Viten- u. Offenbarungsliteratur in Frauenklöstern des Mittelalters, München 1980, 224.

Krönung seiner Seele z.B. heißt es: „Als diese Dinge geschehen waren, da wußte der Bruder nichts davon, bis nach der Messe. Da tat ihm der hl. Dominikus alles kund, was ihm an diesem Tag an Gnaden widerfahren war ...“[42] Die Audition ist somit die alleinige Instanz seiner religiösen Erfahrung.

Die Einsprachen der MystikerInnen werden i.d.R. wie bei Blannbekin oder Birgitta als innerliche Wahrnehmungen erfahren. „Doen sprack den Heere in mij ende seijde ...“, berichtet etwa die der Devotio Moderna angehörende Klosterfrau Alijt Baake (1415-1455).[43] Mehrfach heißt es ausdrücklich, die Stimme habe ihren Sitz im Herzen: Die Benediktinerin Elisabeth von Schönau († 1164), chronologisch die erste in der langen Reihe der Erlebnismystikerinnen, spricht in ihren Briefen, ähnlich wie ihr Vorbild, Hildegard von Bingen, mehrfach von einer Donnerstimme („vox tonans“) in ihrem Herzen,[44] die nur sie zu vernehmen mag („venit vox de celo ipsa sola audiente“).[45] So heißt es auch von der Magdeburger Inkluse Margareta Contracta, daß Gott „ei in corde familiariter loquebatur“ (was sie aber exzeptioneller Weise als „nimis gravis et magna“ ablehnte und statt dieser Tröstung im Leben lieber die im Jenseits erbat).[46] Von dem Grafen Eleazar von Sabran, der ob auditiver und visionärer Revelationen stundenlang in Verzückungen lag, berichtet die Vita, daß die himmlische Inspiration für ihn im Geiste zu fühlen war, „als ob ihm eine Person im Herzen spräche.“[47]

Dabei ist die Abgrenzung zum Enthousiasmos, der Besessenheit durch die Gottheit, nicht immer leicht anzugeben. So beginnt etwa das Geständnis eines Begarden namens Johannes Becker aus dem Jahre 1458, den der Inquisitor Johannes Kalteisen OP in der Mainzer „Ketzergrube“ verbrennen ließ, folgendermaßen:

> Vor allem gründet er seine Haltung und Rede darauf, daß er 1442, am letzten Tag vor der Pfingstoktav, als er demütig in der Pauluskirche zu Mainz stand, hoch oben in der Kirche ein Geräusch hörte, das zu ihm herabkam. Und in diesem Geräusch empfing er den Heiligen Geist. Und dieser Heilige Geist drängte ihn so sehr, daß

---

[42] A. a. O., 403.

[43] Die autobiografie van Alijt Bake, hg. v. B. Spaapen, in: *Ons Geestelijk Erf* 41 (1967), 209-350, hier 224.

[44] P. Dinzelbacher, Mittelalterliche Frauenmystik, Paderborn 1993, 78 ff.

[45] Hg. v. F. W. E. Roth, Brünn ²1886, 349.

[46] Johannes v. Magdeburg, Vita, hg. v. P. G. Schmidt, Leipzig 1992, 93 u. ö.

[47] Vita 1, 10: AASS Sept. ⁷1867, 541 AB.

> er innerlich großen Schmerz empfand und daß er danach oft in seinem inneren Menschen entrafft wurde ... Auf dieser Grundlage sagte er weiters, daß er, ehe er jenen Geist so empfing, der Weisung der Heiligen Mutter Kirche in allem gehorchte. Seit damals aber handelte er nach menschlichem Willen und gehörte nur mehr sich selbst ... Dafür führte er einen doppelten Grund an: daß er nicht zweien gehorchen konnte, nämlich seinem Geist und der Kirche, und weiters daß er seit damals nicht sich selbst gehörte, sondern er wird in seinem inneren Menschen durch den Geist geleitet.[48]

Seit er wie einst die Apostel den Geist empfangen, hielt Becker sich für mit Gott vollkommen vereint gemäß Gal. 2, 20: „nicht mehr ich lebe, sondern Christus lebt in mir." Die von außen kommende Audition scheint in einen permanenten Besessenheitszustand übergegangen zu sein.

Vergleichen wir diese Erfahrung eines Häretikers mit der einer zu ihrer Zeit wie heute hochgefeierten katholischen Mystikerin, genannt „Lehrmeisterin der Theologen", nämlich der sel. Angela von Foligno TOF (1248-1309). Als Wallfahrerin auf dem Weg nach Assisi, wo sie den Ordensvater erbitten will, Christus fühlen zu können, erlebt sie, wie der Heilige Geist an einer Wegkreuzung in sie einfährt. Dieser freilich manifestiert sich primär in Form einer Stimme:

> „Und ich bin der Heilige Geist, der ich zu dir gekommen bin, dir Tröstung zu geben, wie du sie noch nie geschmeckt. Und ich will in deinem Innersten mit dir kommen ... Ich liebe dich mehr als irgendeine andere Frau im Tal von Spoleto. Und nachdem ich mich in dir niedergelassen und ausgeruht habe, lasse du dich in mir nieder und ruhe in mir ..." Und dann verließ er mich mit der Gewißheit und ohne Zweifel, daß er bestimmt Gott gewesen war.

Bestimmt? Angela hat jedenfalls zuzeiten ihre Jünger angefleht, sie mögen Gott bitten, daß die bösen Geister aus ihrer Seele ausfahren, und geklagt, daß der Herr ihre Seele und ihren Körper in die Hände der Teufel gelegt habe.[49] Aber die dämonische Besessen-

---

48 G. Ritter, Zur Geschichte des häretischen Pantheismus in Deutschland im 15. Jahrhundert. Mitteilungen aus einer vatikanischen Handschrift, in: *Zeitschrift für Kirchengeschichte* 43 (1924), 150-159, hier 153.

49 L. Thier, A. Calufetti (Hgg.), Il libro della B. Angela da Foligno, Grottaferrata 1985, 178 ff., 406, 360.

heit stellt ja nur die gleich strukturierte Kehrseite des Enthousiasmos dar.

Beide Berichte schildern das Phänomen des Einfahrens der Gottheit in den Gläubigen; jedesmal ist von einem Geist die Rede, den die beiden Enthousiasten mit dem Heiligen Geist der Trinitätsdogmatik identifizierten, wobei sich allerdings wenigstens Angela zeitweise dessen nicht so ganz sicher war. Es gibt aber keine deutliche Abgrenzung zur bloßen Manifestation einer außermenschlichen Stimme im Inneren, die sich ohne Inbesitzname des Erlebenden vernehmen läßt.

Auditionen können jedoch auch expressis verbis nur äußerlich mit dem leiblichen Gehör perzipiert werden, als ob sie von einer Person in der Umgebung kämen. Die italienische Mystikerin Stefana Quinzani OPTert († 1530) etwa hört so eine Stimme von fern aus dem Kirchenchor „Caritas, caritas, caritas" rufen.[50] Den Heiligen Geist wurde Margery Kempe 25 Jahre lang als das Dröhnen eines Blasebalgs gewahr und als Vogelgezwitscher, wobei sich diese Sensationen ausdrücklich in den Ohren abspielten, oder sogar nur im rechten.[51] Es scheint ungewöhnlich deutlich, daß hier eine pathologische Störung als religiöse Manifestation der Gottheit interpretiert wird. Doch ist eine solche genaue körperliche Lokalisierung eine seltene Variante.

Diese äußere Wahrnehmung kann sich in eine innere verwandeln und umgekehrt. Der englische Einsiedler Richard Rolle (um 1300-1349) vernimmt so (ähnlich wie Becker) in der Kapelle die himmlischen Töne zunächst über sich, dann erst in sich, in seinem Geiste.[52] Dagegen die Dominikanerin Benedikta von Egensheim im Kloster Unterlinden: Wenn sie das Sakrament empfing, hörte sie zuerst Christus aus dem Inneren ihrer Seele, „de interioribus anime sue", sprechen, und zwar so laut, daß die Worte dann „auch in ihren körperlichen Ohren tönten."[53]

Nur selten wiederholt sich die Stimme in einem fort. Der sel. Zisterzienserin Lukardis von Oberweimar († 1309), die neben Visionen zahlreiche „Antworten" Gottes und Mariens auf ihre Gedanken und Gebete erhielt, wurden von einem Marienbild, das einst im Besitz der Elisabeth von Thüringen gewesen war, aufmun-

---

50 M. J. Ribet, Les phénomènes mystiques II, Paris 1915, 305.

51 The Book of Margery Kempe, hg. v. S. B. Meech, London 1940, 91.

52 E. Benz, Die Vision, Stuttgart 1969, 426 f.

53 A. a. O., 352.

ternde Worte zugesprochen.[54] Und „diese tröstliche Stimme tönte oft und oft in den Ohren der Magd Christi."[55]

2. Quellenprobleme

Genausowenig wie alle Visionen und Erscheinungen, von denen mittelalterliche Texte berichten, authentisch sein können, sind es sämtliche Auditionen. Vorab seien hier alle jene vom Himmel kommenden Stimmen ausgeschlossen, die Zukünftiges andeuten oder mit denen in den Legenden der Zeit der Deus ex machina ein Problem löst. Schon antike Autoren wie Josephus Flavius erzählen von akustischen Prodigien, wie z.B. den Stimmen, die vor der Zerstörung des Tempels zu Jerusalem im inneren Vorhof hörbar wurden,[56] und noch Goethe bediente sich der „Stimme von oben" am Ende des ersten Teils seines Faustspiels, um Gretchens Schicksal vorherzusagen. Folgendes Muster findet sich oft: Die Bestimmung des hl. Nikolaus zum Bischof von Myra z.B. erfolgte so, daß eine Stimme von oben den Wahlleiter beauftragte, den zu weihen, den er morgens als ersten in die Kirche kommen sehen würde.[57] Ähnliches geschah z.B. im 12. Jahrhundert bei der Wahl des Zisterzienserabtes Petrus Monoculus usf.[58] Aber eine außerirdische Stimme, die eine Partei zur Flucht aufruft, kann auch schlachtenentscheidend werden, wie 1018 in der Auseinandersetzung zwischen Dietrich von Gent und den Friesen[59] usw.

Als legendär zu qualifizieren sind auch viele Inspirationserlebnisse, bei denen den Gläubigen vom Himmel Melodien oder Texte übermittelt werden. Schon zu Lebzeiten des Bernhard von Clairvaux – wie die vor 1153 (Bernhards Todesjahr) verfaßte Vita des Christian von L'Aumône erweist – kursierte im Orden die Geschichte, es habe der Abt im weihnachtlichen Speyer der Antiphon *Salve*

---

[54] Zu redenden usw. Bildwerken vgl. P. Dinzelbacher, Handbuch der Religionsgeschichte im deutschsprachigen Raum II. Hohes und Spätes Mittelalter, Paderborn 2000, 122f, 236.

[55] *Analecta Bollandiana* 18 (1899), 305-367, hier 336.

[56] Bellum Iudaicum 6, 5. Vgl. auch V. Rosenberger, Gezähmte Götter. Das Prodigienwesen der römischen Republik, Stuttgart 1998.

[57] H. Günther, Psychologie der Legende, Freiburg 1949, 83. Weitere Beispiele ebd., Reg. s. v. Stimme.

[58] Vita 1, 18; 20: AASS Oct. 13, 1883, 72.

[59] Reiner von St. Lorenz, Vita S. Wolbodonis 11: PL 204, 206.

Regina den Ausruf „O clemens, o pia, o dulcis Virgo Maria!" hinzugefügt. Der Text des liturgischen Gesanges ist jedoch nachweislich älter (11. Jahrhundert) und stammt wahrscheinlich von Aimar von Le Puy. Nach der *Vita Christiani* soll aber Bernhard Engel diesen Hymnus singen gehört haben; er sei auf einem Generalkapitel gezwungen worden, von dieser Audition zu berichten. Ob hier die Spur eines faktischen religiösen Erlebnisses Bernhards zu greifen ist, das sich etwa an seine frühe Christkindvision anschließen ließe, oder bloße Legendenbildung vorliegt, muß dahingestellt bleiben.[60] Ähnliches gilt wohl auch für den Passus der Vita des hl. Hermann Joseph von Steinfeld oPräm (1150-1229), der Text und Melodie eines Ursula-Hymnus durch eine ähnliche Eingebung übermittelt bekommen haben soll, wobei er genau angab, wie die Himmlischen ihn immer wieder korrigierten, wenn er eine falsche Note niederschrieb.[61]

Gut fassen läßt sich der Weg von der – sehr wahrscheinlich – authentischen Aufzeichnung zur Legende anhand der bekanntesten und folgenreichsten Audition der Kirchengeschichte, nämlich der des Aurelius Augustinus im Garten von Mailand, deretwegen er sich endlich zur lange aufgeschobenen Taufe entschloß: Es ist die berühmte Audition einer Stimme, die „Nimm und lies!" sang, worauf er (nach einer auch heidnischen Praxis der Wahrsagung) zu den *Paulusbriefen* griff, eine beliebige Seite aufschlug und im *Römerbrief* 13, 13 f. sein Orakel fand: „Ziehet den Herrn Jesum Christum an und pfleget das Fleisch nicht zur Erregung euerer Lüste!" Eine Handschriftengruppe hat hier „domus vicina", eine zweite „domus divina",[62] wonach die Stimme einmal als zufällig Erlauschtes erscheint und das andere Mal als kirchliche Botschaft.

Das Problem liegt aber weniger bei solchen mit den herkömmlichen Methoden der Quellenkritik als bedenklich einzustufenden Auditionsberichten, wie sie so oft in der Historiographie vorkommen. Im mystischen Schrifttum ist bei autobiographischer Aufzeichnung oder biographischer Mitteilung aufgrund von Äußerungen des Empfängers davon auszugehen, daß hier subjektiv faktisch erlebte Empfindungen überliefert werden. Diese Annahme hat aufgrund sehr gut dokumentierter mystischer Phänomene sowohl im Mittelalter als auch in der Neuzeit die größere Wahrscheinlichkeit für sich, solange keine innere oder äußere Evidenz für eine Fäl-

---

[60] Dinzelbacher, Bernhard von Clairvaux, 296.
[61] Benz, Vision, 421 ff.
[62] Confessiones 8, 12.

schung spricht als die von vielen Literaturwissenschaftlern behauptete Entstehung solcher Berichte als Schreibpult-Fiktionen.[63]

Während Visionen i.d.R. unmißverständlich als solche beschrieben werden, liegt das Problem bei den Auditionen vielmehr darin, daß hier oftmals die Textsignale fehlen, die eindeutig erkennen lassen, ob es sich um rein akustische Wahrnehmungen handelt oder doch nur um Begleiterscheinungen zu geschauten Bildern (Audiovisionen)[64]. Selten sind so klare Formulierungen wie z.B. bei Lukardis, die zur Erklärung ihrer mystischen Scheinschwangerschaft[65] einen himmlischen Kommentar empfängt: „ac vocem audivit de caelo lapsam et sibi dicentem ..."[66] Oder Marie Robine, eine Bäuerin aus einem Pyrenäendorf († 1399), die als Einsiedlerin auf einem Friedhof in Avignon lebte und die dortigen Päpste mit ihren Offenbarungen unterstützte. In ihrem Offenbarungsbuch heißt es z.B. a.a. 1398: „audivit quandam vocem, sed vociferantem non vidit, que ei sic ait ..."[67]

Doch oft und oft bleibt unklar, ob *nur* eine Stimme vernommen wird oder diese von einer erschienenen oder in Vision geschauten Person kommt. So etwa in der Autobiographie der Margery Kempe (1. H. 15. Jh.):

> Einmal sprach unser Herr zu der genannten Kreatur [d.i. Kempe], als es ihm gefiel, indem er zu ihrer geistigen Verstandeskraft sagte: ... Die genannte Kreatur lag ganz still in der Kirche, hörte und verstand dieses süße Gespräch (swet dalyawnce) in ihrer Seele so deutlich, als ob ein Freund mit einem anderen sprechen würde.[68]

Schaute sie Jesus am Beginn dieser Szene oder nicht? Ähnliche Kommunikationen finden sich noch und noch in den Offenbarungsbüchern des späten Mittelalters, es sei nur an das *Vliessende liht*

---

63 Vgl. Dinzelbacher, Mittelalterliche Frauenmystik, 304 ff.

64 Zahlreiche Beispiele dafür bei R. Hammerstein, Die Musik der Engel, Bern 1962.

65 Vgl. P. Dinzelbacher, Die Gottesgeburt in der Seele und im Körper. Von der somatischen Konsequenz einer theologischen Metapher, in: Th. Kornbichler, W. Maaz (Hgg.), Variationen der Liebe. Historische Psychologie der Geschlechterbeziehung, Tübingen 1995, 94-128.

66 Vita, ed. cit. 334.

67 M. Tobin, Le „livre des révélations" de Marie Robin: *Mélanges de l'École française de Rome*, in: Moyen Age 98 (1986), 229-264, hier 252.

68 Ed. cit. 209, 214.

der gotheit der Mechthild von Magdeburg erinnert.[69] Die autographisch erhaltenen Offenbarungen der Nürnberger Witwe Katharina Tucher (1418/21) haben sowohl Passagen, zu deren Beginn es klar heißt: „Der her spricht zv der sel“, als auch viele Reden, wo nur aus dem Inhalt erkenntlich wird, welche himmlische Person sich an die Mystikerin wendet.[70]

Dabei ist auch zu bedenken: Nicht ganz selten beginnen charismatische Biographien mit einer oder mehreren Auditionen als Einleitung, auf die erst später visuelle Phänomene folgen. Am bekanntesten sind hier wohl die Stimmen der Johanna von Orléans: Sie fing an, sie, nicht ohne zu erschrecken, im Alter von dreizehn Jahren zu hören, und zwar zunächst eindeutig als von außen kommend „im Garten ihres Vaters ... von rechts her, wo die Kirche lag.“[71] Nach und nach wurde, was sie hörte – und dies ist typisch für diese Manifestation –, ausführlicher und klarer. Zunächst konnte Johanna die Stimmen ihrer „Ratgeber“ nicht identifizieren; nur daß es drei verschiedene waren, schien ihr deutlich. Aber erst nachdem sie einen von ihnen mehrmals auch geschaut hatte, erkannte sie in ihm den hl. Michael. Erst dieser erklärte ihr dann die beiden anderen Stimmen als die der hl. Katharina und Margareta. Für Johanna stand dabei die Wortoffenbarung ganz im Vordergrund, denn in ihrem Prozeß spricht sie stets von den „voix“, auch wenn sie die Himmlischen dabei sieht. Eine ihrer Aussagen verweist darauf, daß solche Halluzinationen von realen akustischen Wahrnehmungen ausgelöst werden können: Johanna hörte ihre Stimmen „vor allem, wenn die Glocken [einer Kirche] tönten, zur Stunde des Abendgebets und der Frühmette.“[72]

Johanna ist freilich weit entfernt von jeder Mystik. Daher auch ein Beispiel aus diesem Bereich für die Sequenz Audition – Vision: Lutgard von Tongeren († 1246), eine in Flandern hochverehrte Zisterzienserin, wird eines Nachts von einer Stimme aufgefordert, schnell aufzustehen, um für die Sünder Buße zu leisten. Sie gehorcht und eilt zur Kirche. Dort erst erscheint ihr plötzlich „Christus, der ihr wie gekreuzigt entgegenkommt und seinen angenagelten Arm

---

69 Über Reste bildlicher Offenbarungen in Auditionen vgl. P. Dinzelbacher, Vision und Visionsliteratur im Mittelalter, Stuttgart 1981, 162.

70 Ulla Williams/Werner Williams-Krapp (Hgg.), Die „Offenbarungen“ der Katharina Tucher, Tübingen 1998.

71 J. Cordier, Jeanne d’Arc, Wiesbaden 1966, 73 ff.; E. Lucie-Smith, Johanna von Orleans, Düsseldorf 1977, 34 ff.

72 Lucie-Smith, 37.

ausstreckt, die Entgegenkommende umarmt und ihren Mund an die Wunde seiner rechten Seite drückt ..."[73]

Gelegentlich liegt auch eine größere Zeitspanne zwischen akustischem und optischem Erleben, was einmal an einem neuzeitlichen Beispiel illustriert sei: Die Karmelitentertiarin Anna Maria Lindmayer schrieb 1704: „Mehr als fünf Jahre schon höre ich bei nächtlicher Zeit so erschreckliche Rutenstreiche, daß ich oft glaube, den Ton nicht mehr aushalten zu können ... Niemals habe ich eine Rute gesehen, bis auf den heutigen Tag, wo ich die Muttergottes mit der Rute im Nebenzimmer sah."[74] Dieses Phänomen kündigte den Spanischen Erbfolgekrieg an, in dem die Mystikerin vor Gott als „Bürge" für die Stadt München fungierte, der diese daraufhin wunderbarerweise von der österreichischen Besetzung verschonte. Die Dreifaltigkeitskirche in der Stadt geht auf ihr damals abgelegtes Gelöbnis zurück.

3. Funktionen religiöser Auditionen

Betrachtet man die Funktionen, die der Empfang von Stimmen für die CharismatikerInnen besitzt, so sind vier hauptsächliche Gruppen zu erkennen, die ich *imperativ*, *explikativ*, *prophetisch* und *erbaulich* nennen möchte.

Imperativ

Daß die Audition schlichtweg als Medium einer Befehlsübermittlung fungiert, dürfte wohl der am häufigsten zu belegende Fall sein. Einige beliebige Beispiele: Lutgard von Tongeren etwa hat Einsprachen relativ oft erfahren; es handelt sich hierbei in der Regel um den Empfang von Befehlen Gottes, die rein akustisch, ohne Bildeindruck, erlebt werden.[75] Oder die Vallombrosaneräbtissin Margareta von Faenza († ca. 1330): Sie hatte sich in ihren Medita-

---

73 (Im original Perfekt) Thomas von Cantimpré, Vita 1, 1, 13, hg. v. G. Hendrix, Primitive Versions of Thomas of Cantimpré's Vita Lutgardis, in: *Cîteaux* 29 (1978), 153-206.

74 R. Graber, Anna Maria Lindmayer – „Der rettende Engel Münchens", Ensdorf o.J. [um 1995], o.S.

75 Vita (ed. cit.) 1, 1, 12; 11, 1, 3; 11, 1, 5; 11, 1, 13; 11, 1 10.- 11., 2, 17, 11, 2, 20; 111, 1, 1; 111, 1, 10; 111, 1, 15.

tionen (die im Spätmittelalter generell immer wieder den Visionen und Erscheinungen vorausgehen)[76] lange Zeit nur mit der Betrachtung der Kindheit Jesu begnügt. Da wurde sie in einer Audition aufgefordert, sie solle nicht nur vom Honig, sondern auch von der Galle kosten, „non est aequum, velle solum de melle gustare, et non de felle",[77] worauf sie sich ganz auf die Vergegenwärtigung der Martern des Herrn konzentrierte. Auch der Befehl Gottes an Birgitta von Schweden, die Heimat zu verlassen, die sie nicht wiedersehen sollte, und nach Rom zu ziehen, kam ihr in einer Audition.[78] Und schließlich Savonarola: In der Frühzeit seiner prophetischen Karriere versuchte er kurze Zeit, sich dem Amt des Bußpredigers, zu dem Gott ihn seinem Empfinden nach berufen hatte, zu entziehen. Nach zwei schlaflosen Nächten hörte er eine Stimme sagen: „‚Narr, der du bist, siehst du nicht, daß es Gottes Wille ist, daß du auf diesem Weg bleibst?' Die Folge war, daß ich an diesem Tag eine erschreckende Predigt vortrug."[79]

Anscheinend ist es bisweilen schlichtweg das Wort des Gewissens, das in der devoten Atmosphäre eines Klosters als innerer Befehl vernommen wird. Einmal fühlte sich die „cantrix" des Klosters Diessenhofen zu erschöpft, um zur Prim in die Kirche zu gehen. Da vernahm sie plötzlich eine Stimme wie eine Kriegstrompete: „Steh auf, steh auf!" Und sogleich erhob sie sich, ging in die Kirche und begann zu singen.[80]

Explikativ

Erläuterung und Belehrung ist v.a. die Funktion jener Einsprachen, die sich auf frühere Visionen beziehen, wie folgende Offenbarung der Agnes Blannbekin illustriert:

> Vor dem Palmsonntag in den Geist genommen, sah sie fünf Arten von Beichtigern, welche die Beichten der Menschen hörten. Einige hatten Schweinsköpfe und schmutzige Rüssel, andere hatten Hundsköpfe, andere hatten gänzlich eine erschreckende, teufli-

---

[76] Vgl. Dinzelbacher, Vision, 188 ff.

[77] Vita 2, 8, xii: AASS Aug. V, 1868, 849B.

[78] Extrav. 8.

[79] Compendium Revelationum, zit. nach H. Luca, Fra Girolamo Savonarola, Edinburgh [2]1906, 50.

[80] G. J. Lewis, Music and Dancing in the Fourteenth-Century Sister-Books, in: A. C. Bartlett (Hg.), Vox mystica, Cambridge 1995, 159-169, hier 161.

sche Gestalt und verlarvte Gesichter, andere hatten menschliche Gesichter, aber mit Blut besprengt, andere hatten leuchtende menschliche Gesichter, die von einem gewissen göttlichen Licht erhellt waren. Erstaunt also, als sie das sah, und verwundert, was es bezeichne, hörte sie die Stimme in sich, so wie oben, die sagte: „jene, die schmutzige Schweinsköpfe und Schweinsrüssel haben, sind Beichtiger, die wegen zeitlichen Verdienstes und Gewinns Beichte hören. Die Hundsköpfe haben, sind Beichtiger, die wegen des Lobes und leeren Ruhms und der Gunst Beichte hören. Die Wunden anderer mit ihrer Zunge leckend und heilend reinigen sie, in sich selbst schmutzig. Die eine satanische Form haben, sind Abgefallene und noch einige andere Verbrecherische, von denen Gott, dich verschonend, nicht will, daß du sie kennst. Die menschliche, von Blut bespritzte Gesichter haben, sind Beichtiger, die mit Gewalt Menschen zwingen, sogar das zu bekennen, wozu sie nicht gehalten sind, und über das Fleischliche zu ihrer eigenen Ergötzung fragen; und diese werden in sich befleckt. Die leuchtende menschliche Gesichter haben, sind Beichtiger, die rein Gottes und des Seelenheils wegen Beichte hören.“[81]

Die Symbolik der Vision ist hier nicht selbstevident, sie bedarf der Auslegung, der Allegorese, durch eine zweite, ergänzende und hier eben akustische Revelation.

Oder ihre Zeitgenossin Christina, gen. von Retters (1269-1292), die in Stift Hane in der Pfalz lebte.[82] Gegen Ende ihrer Vita sind zahlreiche ermüdend ähnliche Auditionen belehrenden und sie selbst verherrlichenden Charakters zusammengestellt. „Du bist mir die Allerliebste, und meine lieblichste Wohnung …“[83]. „Du erkennst mich vollkommen …“[84]. Die Hauptaussage ist: „Got ist yn dyner selen vnd dyne sele ist yn gode.“[85] Dies alles sind Informationen über den Gnadenstand der Mystikerin.

Zahllos sind die Beispiele für Auditionen, die als Antwort auf ein fragendes Gebet erfahren werden.[86] Lukardis von Oberweimar

---

81 Vita et revelationes (ed. cit.) c. 71.

82 F. Mittermaier (Hg.), Lebensbeschreibung der sel. Christina, gen. v. Retters, in: *Archiv f. Mittelrheinische Kirchengeschichte* 17 (1965), 209-252 [1]; 18 (1966), 203-238 [2]; K. Köster, Leben und Gesichte der Christina von Retters, in: *Archiv f. Mittelrheinische Kirchengeschichte* 8 (1956), 241-269

83 [2], 213.

84 [2], 221.

85 [2], 207, 218f.

86 Z.B. Vita b. Petri Monoculi 2, 28: AASS Oct. 13, 1883, 74 DE.

begann, beunruhigt durch die Skepsis ihrer Vertrauten gegenüber ihren Offenbarungen, selbst zu fürchten, daß man in den ihr von Gott geschenkten Visionen „illusiones et phantasias" sehen müsse und sie unvorsichtig getäuscht würde. Die Zusprache eines Dominikanertheologen beschwichtigte sie noch nicht richtig, erst eine Audition. Denn nach vielen demütigen Gebeten „facta est vox ad ipsam dicens: Ne timeas ..." usf.[87]

Manchmal werden Einsprachen den Charismatikern auch zuteil, um dann an die anderen Gläubigen weitervermittelt zu werden. Unmittelbar funktioniert dies, wenn die Audition sogleich mit der Glossolalie als ein einziger Vorgang zusammenfällt, dem inspirierten, automatischen Zungenreden, das nicht der Kontrolle durch das Bewußtsein unterliegt. Bei Elisabeth von Schönau gibt es in diesem Sinne Wortoffenbarungen,[88] die mit „posuit dominus verbum in ore meo" („der Herr legte sein Wort in meinen Mund") o.ä. eingeleitet werden. Sie drückt das etwa so aus: „... subito hec verba ori meo inciderunt: ..."[89] oder: „[Salvator] suscitavit linguam meam in hec verba: ..."[90] und ähnlich. Dabei bedient Elisabeth sich auch der ihr angeblich unbekannten lateinischen Sprache: „Wenn sie nach langer Entraffung nach und nach wieder zu sich kam, brach sie plötzlich in höchst göttliche Worte in lateinischer Sprache aus, die sie weder je von einem anderen gelernt hatte, noch selbst erfinden konnte, war sie doch ungebildet und ganz oder fast ganz ohne Kenntnis der Latinität."[91] Auch Margareta Ebner erfährt die Glossolalie als Stimme, die sich in ihr zum Wort formt, „ain niwiu wise zu reden mit beschlossem munde und mit innern worten, die nieman verstuonde noch markt denn ich."[92] Bei Richard Rolle geht die musikalische Audition über in Gesang, den er „als eine Art von süßer geistlicher Speise empfunden hat, die in seinem Munde zergeht. Diese süße Melodie ist so überwältigend, daß man ... einen halben Tag dazu verwenden soll, um etwas zu singen, was ein gewöhnlicher Liturg in einer Stunde heruntersingt."[93]

Damit haben wir schon das letzte der hier zu berührenden The-

---

87 Vita, ed. cit. 330 f.

88 Z.B. Vis. I,23,69; III,10,28.

89 Vis. I,21.

90 Viar. 14.

91 Ed. cit. 155; vgl. Vis. I,1.

92 Margaretha Ebner und Heinrich von Nördlingen, hg. v. Ph. Strauch, Freiburg 1882, 130.

93 Benz, Vision, 429.

men anklingen lassen, die Wahrnehmungen nicht himmlischer Stimmen, sondern Klänge (s. unten S. 97ff.).

Prophetisch

Wie von Visionen häufig bezeugt,[94] können auch Auditionen unmittelbar einer Heilung vorangehen bzw. diese ankündigen. Die von einem Vertrauten des Abtes Hugo von Marchienne (1102–1158) verfaßte Vita berichtet, wie dieser nach einem schweren Sturz vom Pferd und brutaler medizinischer Behandlung kaum mehr gehen konnte. „Quadam ergo nocte audivit vocem dicentem sibi se sanatum esse a Domino, ut possit ire quo vellet ...“ Tatsächlich erhebt sich der Kranke nach dem Erwachen ohne Hilfe, wirft die Krücke weg und geht: „in nomine Domini it solus et rectus exultans.“[95] Ähnlich geht es dem Straßburger Mystiker Rulman Merswin (1307-1382) aus der Gruppe der „Gottesfreunde“:

> Vnd do ich also in dire grosen kranckeit alsus in dem bette lag vnd och nvt vnwoste wo ich was, in den selben dingen do beschach es, do was mir, wie in diesen selben dingen eine gar svse stimme zv mir sprechende were, vnd sprach die svse stimme alsus: Rvleman, stand vf mit freden van dem bette zv stvnt.

Und sogleich fühlt er sich wohl, der Leib schwillt ab und er erhebt sich.[96]

Nach außen gerichtete Prophezeiungen spielen im mystischen Bereich eine wesentlich geringere Rolle, als man aufgrund ihrer Rezeptionsgeschichte meinen könnte (Hildegard von Bingen als „prophetissa Teutonica“). Gewiß, Birgitta von Schweden etwa prophezeite aufgrund von Auditionen. Als sie nach dem Tod ihres Mannes bereits ein Jahr zurückgezogen in Alvastra verbracht hatte, erhielt sie plötzlich vom Herrn den Befehl, sich an den königlichen Hof zu begeben. Was sie dort zu tun habe, sagte ihr die Stimme jedoch nicht, sondern vielmehr: „Sei nicht bekümmert, Birgitta,

---

94 Benz, Vision, 15 ff.

95 Vita Hugonis Marchianensis 21, hg. v. H. Platelle u. R. Godding, in: *Analecta Bollandiana* 111 (1993), 301-384, hier 356.

96 Merswins Vier anfangende Jahre, Des Gottesfreundes Fünfmannenbuch, hg. v. Ph. Strauch, Halle 1927, 13 (diakritische Zeichen eliminiert).

was du in Stockholm tun und reden sollst, denn wenn du vor dem König stehst, werde ich meine Worte auf deine Lippen legen und dir eingeben, was du sagen sollst." In Begleitung ihrer Söhne betrat sie das Schloß, betrat sie die Räume des Königs, immer noch ohne zu wissen, was sie dort sollte. Dann brach aber die Prophezeiung des göttlichen Strafgerichts über die Schweden aus ihr heraus, „mit Schwert und Lanze in seinem Zorn" werde Christus dieses Volk heimsuchen, wenn es sich nicht in Bescheidenheit üben wolle.[97] Schon 1350 wurde der Inhalt ihrer Offenbarungen über die bevorstehenden Heimsuchungen der unbußfertigen Schweden in vielen Kirchen von der Kanzel verkündet, „predicabatur coram populo in multis parrochialibus ecclesijs .... quod beata Brigida prophetauerat et predixerat magnas tribulaciones ..."[98]

Doch waren nur wenige der MystikerInnen so intensiv in die weltliche und kirchliche Politik ihrer Zeit integriert wie Birgitta oder Katharina von Siena,[99] vielmehr betreffen sonstige prophetische Auditionen oft die Seherin selbst. In den Nonnenviten des Dominikanerinnenklosters Oetenbach bei Zürich lesen wir von Schwester Ida von Hohenfels (2. Hälfte des 13. Jahrhunderts), daß sie sich als Askeseübung Fleischstücke von den Beinen zu schneiden und herabhängen zu lassen pflegte, so daß sie blutige Spuren durch die Räumlichkeiten des Klosters zog. Als ihr dies untersagt wird, zersticht sie sich mit selbstgefeilten Eisennadeln, bleibt aber weiter unter dem Leistungsdruck, mehr Leiden auf sich nehmen zu sollen.[100] „In dieser not rüft si got an zu einer zeit mit großem ernst und in der stund hört si ein stim von got, die sprach zu ir: der lebend geist ist in dir und wiß got dich! Und mit dem wort do ward si verzuket und ward gefüret auf ein schöne heid ..." Die Audition war also nur die Vorankündigung der ekstatischen Jenseitsvision, die die Nonne durch Fegefeuer und Himmel führt. Zu beiden scheint es hier als Reaktion auf besonders intensive Askesetechniken zu kommen, ein Zusammenhang, der sich in Mystik und Visionenwesen des Mittelalters und der Frühneuzeit unzählige Male belegen läßt. Derselben Dominikanerin verkündete eine Stimme auch das nahende Lebensende: „Vor irem tod hört si ze dreien malen,

---

97 Extrav. 73 f. - Acta, hg. v. I. Collijn, Uppsala 1924/31, 485 f.

98 A. a. O., 460, 466.

99 Dinzelbacher, Frauenmystik, 251 ff.

100 Zur Praxis der mittelalterlichen Askese vgl. P. Dinzelbacher, Über die Körperlichkeit in der mittelalterlichen Frömmigkeit,in: E. Vavra (Hg.), Bild und Abbild vom Menschen im Mittelalter, Klagenfurt 1999, 49-87.

daß ir ein stimm ruft in dem luft und ladet si zu dem tod."[101] Johanna von Orléans erfuhr von ihren Stimmen im voraus, wann sie in Gefangenschaft geraten würde.[102]

Erbaulich

Selbstredend können die überirdischen Stimmen so wie irdische auch noch andere Funktionen erfüllen, etwa der Tröstung und Erbauung: Ein Beispiel bietet die Vita des Abtes Petrus Monoculus von Clairvaux († 1186), die Thomas von Reuil, ein Benediktiner, 1204 aufgrund persönlicher Bekanntschaft verfaßte. Petrus hatte eine Zeit lang derartig unter Kopfschmerzen zu leiden, daß er während des nächtlichen Psalmgesanges den Chor verlassen mußte. Da hörte er eine Stimme, die aus dem 17. Psalm zitierte: „Im Lob rufe ich den Herrn an und werde von meinen Krankheiten geheilt sein." So gestärkt, blieb er im Chor. Aber die Schmerzen wurden wieder heftiger – da kam wieder jene Stimme. Das ganze wiederholte sich eine Nacht und einen Tag, bis er durch die Kommunion geheilt wurde.[103]

Als Seuse seine fürchterliche Durstaskese immer weitertreibt, bricht er nach dem ohne Trunk verzehrten Essen fast zusammen. „do waz im in siner inwendekeit, wie neiswas [ich weiß nicht was] in sin sele sprechi also: ‚hab guoten muot, got der wil dich schier froewen und troesten; nüt enwein, frume riter!' ... Dü wort erhügten neiswi sin herz ..."[104]

Gertrud von Sachsen, eine der Unterlindener Dominikanerinnen, sitzt schwach und einsam in ihrem Krankenbett. „Plötzlich begann sie sinnlich eine sanfte göttliche Stimme zu hören, die sie mit ihrem Namen anrief und zu ihr sagte: ‚verlassene, verlassene Gertrud ohne Trost!'" Auf ihre Frage: „Was ist denn das?" erklärte ihr die Stimme, wie heilsam es für den Menschen sei, im Erdenleben verlassen zu sein. „Durch diese Himmelsstimme ermahnt",

---

101 Die Stiftung des Klosters Oetenbach und das Leben der seligen Schwestern daselbst, hg. v. H. Zeller-Wermüller u. J. Bächtold, in: *Züricher Taschenbuch* NF 12 (1889), 240, 247.

102 Cordier, 89.

103 Vita 1, 10: AASIS Oct. 13, 1883, 71A.

104 Heinrich Seuse, Deutsche Schriften, hg. v. K. Bihlmeyer, Stuttgart 1907, 48.

wurde es ihr möglich, auf menschliche Tröstung weitgehend zu verzichten.[105]

4. Musikalische Auditionen

Abschließend sei noch kurz auf die Wahrnehmungen von Musik eingegangen, die – unabhängig von Visionen[106] – von nur vergleichsweise wenigen Texten von MystikerInnen überliefert werden, welche aller Wahrscheinlichkeit nach als authentisch gelten dürfen[107] (so wie auch die Musikausübung eine besondere Begabung voraussetzt). Die heute i.d.R. scherzhaft bis abschätzig gebrauchte Redewendung „die Engel singen hören", die nach der Aufklärung nur als nicht mehr geglaubte Metapher für Verwirrtheit oder Todesnähe gebraucht wird, geht fraglos auf entsprechende mystische Erlebnisse zurück.[108] Daß die Engel die irdische Liturgie mitfeierten und mit entsprechender Vokal- (und später auch Instrumental)musik begleiteten, war jedoch eine allgemeine Überzeugung der mittelalterlichen Gläubigen.[109]

Der nicht unkritische Walter Hilton († 1396) scheint die einzige theoretische Abhandlung des Mittelalters zu diesem Thema verfaßt zu haben; er schrieb in *Of Angels' Song*: die Seele, die „es so pouied in the fyre of luf, that al erthly sauour es brent oute of it", „if oure lord uouchesafe, the saule may here & fele heuenly sowne, made be the presence of aungels ..." Sie selbst kann dann „synge a new sang, & sothly may he here a blisful heuenly sound & aungels sang ..."[110]

Der produktivste und zu seiner Zeit bekannteste der englischen Mystiker des Mittelalters war jedoch Richard Rolle, auf dessen

---

[105] Les „Vitae Sororum" d'Unterlinden, hg. v. J. Ancelet-Hustache, in: *Archives d'histoire doctrinale et littéraire du moyen-âge* 5 (1930), 317-509, hier 489.

[106] Bisher beste Darstellung der musikalischen Audiovision durch E. Benz, Die Vision, Stuttgart 1969, 418-440.

[107] Die musikalischen Auditionen in den süddeutschen Dominikanerinnenklöstern sind gesammelt bei Lewis, Women, 77 ff.

[108] L. Röhrich, Das große Lexikon der sprichwörtlichen Redensarten, Freiburg 1991/92 s.v.

[109] Hammerstein; K. Bartels, Musik in deutschen Texten des Mittelalters, Frankfurt 1997, 27 ff.; Dinzelbacher, Handbuch.

[110] 97 ff., in: F. Kuriyagawa, T. Takamiya (Hgg.), Two Minor Works of Walter Hilton, Tokyo 1980.

Erfahrungen Hilton hier reagiert. Etwa neunzehnjährig brach er sein Studium in Oxford ab, um Eremit zu werden. Nach einer geschlechtlichen Krise, die ihn wenigstens zeitweise zum Misogynen machte, und nach einer Phase religiöser Unsicherheit erlebte Rolle eine Reifung, die er als Frucht seiner Devotion zum Namen Jesu sowie seines Einsiedlerlebens sah. Zunächst spürte er eine immer heftiger werdende ganz reale Glut, „wie wenn dein Finger ins Feuer gesteckt wird",[111] dann himmlische, geisterfüllte Klänge. „mens in mellifluum melos immoratur",[112] der Geist verweilt in honigsüßem Lied, wie er alliterierend sagt und singt. Wie zu erwarten, rekurriert er dabei mehrfach auf den Gesang der Engel, unter die aufgenommen zu werden das Einsiedlerleben verspricht. Es war „ein Zusammenfließen der Melodien und eine überaus wonnevolle Harmonie, die dauernd in meinem Geiste weiterschwang. Denn mein Denken verwandelte sich fortwährend in Lieder, mein Meditieren war wie ein Gesang, und so sang ich, was ich früher gesprochen hatte."[113] Rolle ist sicher einer der musikalisch sensibelsten Mystiker: Bei Hunderten von ihnen lesen wir, daß Gott honigsüß ins Herz kommt, aber Rolle fügt hinzu: „und mit einem Freudengesang",[114] und der Kontemplative „wird umgeformt in die Ähnlichkeit zu Ihm, in dem alles Melodie und Gesang ist ..."[115] Leider hat Rolle die himmlische Musik nicht in Neumen aufgezeichnet. Aber er hat sich ihr auch während der Messe so hingegeben, daß er die in der Kirche gesungene Liturgie nicht mehr mitvollziehen mochte, was ihm mehrfach die Kritik anderer Kirchenbesucher eingetragen hat.[116]

Eine der mystischen Hauptschriften Rolles heißt nicht zufällig *Melos Contemplativum* (Lied der Betrachtung). Er bedient sich darin der traditionellen Terminologie der Kirchenväter, meint aber seine individuellen thermischen und musikalischen Erlebnisse. Das *Melos* zeigt, wie sich Gebet in himmlischen Gesang wandelt. Den Gipfel

---

[111] Incend., Prol., zit. F. M. M. Comper, The Life of Richard Rolle, ND New York 1969, 103.

[112] Incend. 14, zit. M. Sargent, Richard Rolle: Dictionnaire de spiritualité 13, 572-590, hier 583.

[113] Incend. 15, übersetzt von D. Knowles, Englische Mystik, Düsseldorf 1967, 64, gekürzt.

[114] Incend. 27, Rolle, The Fire of Love, übers. v. C. Wolters, Harmondsworth 1972, 128.

[115] Incend. 11, a. a. O., 77.

[116] Comper, 137 f.

der Kontemplation umschreibt der Eremit mit „Vergiftung“, „Zerschmelzen“, „Auflösung“, „unendliche Süße.“[117] Neben „dulcor“, der bei fast allen MystikerInnen anzutreffenden Süßigkeitsempfindung, und „calor“, einem sonst selten beschriebenen thermischen Eindruck, steht dieser „canor“, eine dem Jubilus vergleichbare musikalische Sensation, als Besonderheit des Reklusen von Hampole. Er hat sich damit auch mehr theoretisch und im Rekurs auf Augustinus und Bonaventura in bezug auf Sphärenharmonie und Engelschöre auseinandergesetzt.[118] Der Tod, schrieb er einmal, sei für ihn himmlische Musik. Warum? „Surely because it is for him the entrance to the city of music“,[119] wie Comper im Wortspiel mit City of God die Frage beantwortet.

Am nächsten vergleichbar scheint hier Rolles Zeitgenosse Heinrich Seuse mit seinen musikalischen Auditionen zu sein.[120] Bei ihm sind die von den Engeln erzeugten Töne aber i.d.R. Elemente eines auch geschauten, also audiovisuellen Erlebens. Doch kommt es gelegentlich auch zu einer bloßen musikalischen Audition, gefolgt von einer Einsprache: Nach der Mette einstmals in seiner Kapelle meditierend,

> do hort er neiswaz in siner innewendekeit als herzklich erklingen, daz alles sin herz bewegt wart, und dú stimme sang mit einer luter süsser hellung [Hallen] ... Stella Maria maris ... Dis gesang ... sang mit ime froelich. Do sú es mit einander hüglich [fröhlich] us gesungen, do ward im ein unsailicher umbvang, und in dem war zuo ime gesprochen also ...[121]

Auf dieses und ähnliche Erlebnisse reagiert der Dominikaner nach seiner Art mit einem Tränenstrom der Ergriffenheit. Doch auch er hat die zahlreichen beglückenden Melodien, die ihm so zuteil werden, nicht notiert.

Bei Margareta Ebner scheint die musikalische Audition – sie identifiziert sie mit dem Engelsgesang – dagegen durch eigenes Singen ausgelöst zu werden. Als sie an einem Pfingstmorgen mit den Schwestern den Hymnus *Veni Creator* sang, hörte sie „die aller süessosten

---

117 Rolle, übers. v. Wolters, 23.

118 W. F. Pollard, The „Tone of Heaven“, in: *Tennessee Studies in Literature* 28 (1985), 252-276; R. Boenig, St Augustine‘s jubilus and Richard Rolle‘s canor, in: Bartlett, Vox mystica, 75-86; Comper, 139 ff.

119 Comper, 139.

120 Vgl. Benz, Vision, 431 ff.

121 c. 5, ed. cit. 17 f.

stimme in dem selben done ... und wart ich do mit der selben gegenwertikait der genade gocz durchgossen ....“[122]

Auch die römische Adelige Franziska († 1440), die die ganze Palette von Braut-, Passions- und Jenseitsvisionen erlebte, war musikalisch sensibel: Oft hört sie im Himmel „Gesänge der seligen Geister mit unerdenklicher Melodie voller Freude.“[123] In ihren Entraffungen, in die sie namentlich beim Kommunionempfang fast regelmäßig fällt, bricht sie auch häufig in Gebete aus oder beginnt im süßesten Jubel unbekannte Lieder anzustimmen.[124]

Für das ausgehende Mittelalter sei schließlich der Kartäuser Richard Methley zitiert. In seinem Tagebuch notierte er 1487 am Fest des hl. Hugo: „Als ich mich im Kloster Gnadenberg erhob, die Prim zu sprechen, kam plötzlich ein Engelsgetön mit heiligem Lied in mich, worob ich kaum im Köper zu verbleiben vermochte ...“[125] (d.h. sich kaum von einer Ekstase zurückzuhalten vermochte).

Freilich kommt diese Musik auch ohne Spezifikation der Musizierenden; hier ist offenbar die reine Sphärenmusik gemeint: Die schwerkranke Schwester Heilrad von Horburg im Dominikanerinnenkloster Unterlinden „verdiente mit körperlichen Ohren die Himmelsharmonie zu hören, die auf das süßeste im Äther widerhallte (armoniam celestem in ethere suauissmie resonantem) und jede Art von Gesangeskunst durch ihre Süße unvergleichlich übertraf.“[126]

Ein gutes Beispiel für die neben solchen authentischen Berichten natürlich ebenfalls existierende Legendenbildung in diesem Zusammenhang ist den Viten des Franz von Assisi zu entnehmen: Schreibt Thomas von Celano, sein ältester Biograph, noch, er habe eines Nachts bei seinen Meditationen die süßesten Zithertöne vernommen, ohne daß ein Mensch ein solches Instrument gespielt hätte,[127] erklärt der Ordensgeneral Bonaventura, der alle älteren Biographien verbrennen ließ, in seiner *Legenda maior*[128] dies als von den Engeln für den Heiligen aufgeführte Musik.

---

122 Ed. cit. 69.

123 Ed. cit. 48.

124 Vita, hg. v. M. Armellini, Rom 1882, 50.

125 A Mystical Diary. The Refectorium salutis of Richard Methley of Mount Grace Charterhouse, hg. v. J. Hogg, in: *Analecta Cartusiana* 55/1 (1981), 208-238, hier 215.

126 Ed. cit. 458.

127 Vita 11, 89, 126, hg. v. E. Menestò u.a., Fontes Franciscani, Porziuncola 1995, 558.

128 5, 11, ed. cit. 821.

Auch eine Reihe neuzeitlicher Charismatiker empfing intensive musikalische Auditionen, so Joseph von Copertino, den ein ungemein süßer Geigenton beim Messelesen unterbrach und in eine Ekstase fallen ließ. Eine Mystikerin der Gegenwart, Joa Bolendas, die gleicherweise malerisch wie musikalisch begabt erscheint, beschreibt, wie ihr Text und Melodie geoffenbart werden:

An Pfingsten
geschah es,
daß ich während der Fürbitte
das kleine Lied hörte:

„Jesus Christus, wir bitten Dich,
durch die Kraft
des Heiligen Geistes
um: Licht!"

Ich sang, wie üblich, mit,
um es zu lernen,
und staunte, wie dabei
Lichtstrahlen zu
kranken Menschen gingen ...[129]

Der Übergang von der Audition als wenigen vorbehaltenes psychisches Phänomen zu dem, was man künstlerische Begabung nennt, ist offenbar fließend. Schließlich soll auch Giovanni da Palestrina einige Stücke seiner *Missa Papae Marcelli* ‚komponiert' haben, indem er vorsingenden Engeln nachschrieb, und Händel den Schlußchor des *Messias* unmittelbar nach einer Trauminspiration zu Papier gebracht haben.[130]

---

[129] Mit den Händen loben wir ... Geschaut von J. Bolendas, Filzbach 1985, 60.

[130] Benz, Vision, 423 ff.

Hans Julius Schneider

Wissenschaftliche Erfahrung, lebensweltliche Erfahrung, religiöse Erfahrung

Eine erkenntnistheoretische Landschaftsskizze

1.

Ich beginne mit einer persönlichen Bemerkung, um offenzulegen, aus welcher Perspektive ich argumentieren werde, und um die Zielrichtung anzuzeigen, in die ich mich bewege. Mein Hauptarbeitsgebiet ist die theoretische Philosophie, speziell die Erkenntnistheorie, deren zeitgemäße Form für mich nach wie vor die Sprachphilosophie darstellt. Die Entwicklung meiner Auffassungen auf diesem Gebiet hat eine nicht zufällige Parallele in der bekannten Entwicklung Ludwig Wittgensteins: Am Beginn meines Studiums, nach der Lektüre von Platons *Symposion*, von Karl Jaspers' Ausführungen zu den Geheimnissen der existentiellen Kommunikation und von Wittgensteins *Tractatus*, war ich der Meinung, daß derjenige, der das selbstgefällige Schwafeln in all seinen Erscheinungsformen verabscheut und dem es zugleich fern liegt, sich als Poet zu versuchen, über die wichtigsten Fragen des Lebens nur schweigen könne. Auf die Frage, wie man denn leben könne und solle, so glaubte ich, ließe sich sprachlich nicht angemessen antworten.

Danach aber bin ich, unter dem Einfluß der *Spätphilosophie* Wittgensteins und des Erlanger Konstruktivismus, zu der Überzeugung gekommen, daß dieser Sicht ein viel zu einfaches Bild von der Bedeutungsseite der Sprache zugrunde liegt. Seitdem versuche ich, zur Ausarbeitung eines komplexeren und angemesseneren Bildes beizutragen, wobei ich mich besonders für das Zusammenspiel der formalen Seite der Sprache, die Wittgenstein im *Tractatus* ins Zentrum gestellt hatte und die es ja durchaus gibt, mit ihrer ungeregelten, offenen, metaphorischen Seite interessiert habe.[1] Mein Interesse am Begriff der Erfahrung und den vielfältigen Artikulationsformen, die mit Erfahrungen verbunden sein können (von denen der „Bericht" nur eine von vielen Möglichkeiten darstellt), ist *eine*

[1] Hans J. Schneider, Phantasie und Kalkül, Frankfurt (Suhrkamp) 1992.

Weise, in der sich dieser Erweiterungsimpuls äußert.[2] Es würde mir gefallen, wenn sich der vom Empirismus stark verengte Begriff der Erfahrung so erweitern ließe, daß er die Rede von religiösen Erfahrungen in einer erkenntnistheoretisch verantwortbaren und dem Vorwurf der Schwafelei nicht ausgesetzten Weise einschlösse.

Als eine erste Auskunft dazu, was darunter zu verstehen sei, muß hier ein Hinweis auf den Klassiker von William James, *Die Vielfalt religiöser Erfahrung* genügen.[3] Ähnlich wie James hege ich die Vermutung, daß auf dem Weg eines weit verstandenen Erfahrungsbegriffs ein zentrales Gebiet der menschlichen Lebenswirklichkeit auch für diejenigen zugänglich gehalten oder wieder zugänglich gemacht werden könnte, die darauf bestehen, sich ihres eigenen Verstandes zu bedienen.[4]

Eine solche Erweiterung würde mir auch deshalb gefallen, weil es in meinem Bildungsgang einen Strang von praktischen Tätigkeiten und Erfahrungen gibt, die mit dem, was bei Autoren wie James als „religiöse Erfahrung" bezeichnet wird, zusammenzuhängen scheinen. Ich habe in meinen ersten Semestern aus Neugier und aus reinen Nützlichkeitserwägungen die von dem Arzt J. H. Schulz entwickelte Entspannungstechnik des „Autogenen Trainings" erlernt, um während der langen Tage an der Universität aufnahmefähig zu bleiben.[5] Ich kann heute rückblickend sagen, daß diese Erfahrung „am eigenen Leib", die Erfahrung nämlich, daß es mög-

---

[2] Vgl. H. J. Schneider, „Erfahrung" in Wissenschaft und Alltag. *Universitas* 42 (1987), 44-55; ders., Der Begriff der Erfahrung und die Wissenschaften vom Menschen. In: H. J. Schneider, R. Inhetveen (Hgg.), Enteignen uns die Wissenschaften? Über das Verhältnis zwischen Erfahrung und Empirie, München (Fink) 1993, 7-27.

[3] William James, Die Vielfalt religiöser Erfahrung, Olten (Walter) 1979.

[4] Für ähnliche und dabei entschieden christlich orientierte philosophische Versuche, die auch anregend auf die hier angestellten Überlegungen gewirkt haben, vgl. Friedrich Kambartel, Theo-logisches. Definitorische Vorschläge zu einigen Grundtermini im Zusammenhang christlicher Rede von Gott; *Zeitschrift für evangelische Ethik* 15 (1971), 30-32. Vgl. ferner: Kambartel, Bemerkungen zu Verständnis und Wahrheit religiöser Rede und Praxis, in: ders., Philosophie der humanen Welt, Frankfurt (Suhrkamp) 1989, sowie die kritischen Bemerkungen dazu in: Henning Tegtmeyer, Glaube als Hoffnung und Vertrauen. Zu einigen religionsphilosophischen Thesen Friedrich Kambartels, *Dialektik* Heft 1/2000, 139-148.

[5] J. H. Schultz, Das Autogene Training; Konzentrative Selbstentspannung; Versuch einer klinisch-praktischen Darstellung, Berlin 1932, [18]1987.

lich ist, sich selbst auf eine positiv erlebte Weise handelnd zu beeinflussen oder zu „bilden“,[6] ohne daß darin wie beim Drogenkonsum eine vom realen Leben getrennte technische Manipulation läge, dazu beigetragen hat, daß ich später ein Interesse an der buddhistischen Vipassana-Meditation gewonnen habe und sie ohne die Befürchtung erlernen konnte, mich damit dem Irrationalismus auszuliefern.[7] Dieser Schritt wiederum hat mich noch etwas später zur Praxis des Zen geführt, die mir inzwischen seit fast fünfzehn Jahren zu einer täglichen Übung geworden ist, deren Bedeutung sich durch Nützlichkeitserwägungen (d.h. unter dem ausschließlichen Aspekt einer Entspannungstechnik) nicht mehr angemessen beschreiben läßt.[8] Bei hinreichend großzügigem Sprachgebrauch darf man wohl sagen, diese Praxis könne als ein Weg zur religiösen Erfahrung gesehen werden.

Die Bemühung um einen verantwortlich erweiterten Erfahrungsbegriff hat für mich also nicht nur auf der theoretischen Seite, nämlich als Überwindung einer zu engen Sprachtheorie, einen persönlichen Beweggrund, sondern auch auf der praktischen Seite, als späte Reflexion auf lange ausgeübte Tätigkeiten und Erfahrungen, die in meiner Wahrnehmung zunächst mit der Philosophie nichts zu tun hatten. Darin geht es mir ähnlich wie meinem Kollegen Arthur Danto, der sich als praktisch tätiger Künstler zu Zwecken des Gelderwerbs schon lange mit Philosophie beschäftigt hatte, bevor er entdeckte, daß er (bei zunehmender Liebe zur Philosophie) diese beiden Seiten seiner Person in einer originellen Philosophie der Kunst zusammenbringen konnte, leider allerdings unter Aufgabe seiner praktischen Tätigkeit als Holzschneider.[9]

Ich möchte noch hinzufügen, daß ich keiner Kirche oder Religionsgemeinschaft angehöre; ich würde mich trotz meiner Zen-Erfahrungen auch nicht als einen Buddhisten bezeichnen, sondern einfach als einen Philosophen. Allerdings kann ich sagen, daß ich im Zusammenhang mit dieser Praxis einiges sowohl über das Chri-

---

[6] Genauer: Daß es möglich ist, die als nicht dem Willen unterliegend geltenden Funktionen des vegetativen Nervensystems indirekt, nämlich durch Übung, zu beeinflussen.

[7] Vgl. Nyanaponika, Geistestraining durch Achtsamkeit, Konstanz ^{2}1975.

[8] H. J. Schneider, Der Zen-Weg. Westliche Worte zu einer östlichen Praxis, *Sinn und Form* 50 (1998), 695-704.

[9] Vgl. Arthur C. Danto, Mit Pop wurde die Kunst philosophisch, *Deutsche Zeitschrift für Philosophie* 45 (1997), 773-784.

stentum als auch über den Buddhismus gelernt habe, was mir sonst vermutlich verschlossen geblieben wäre.

2.

Ich möchte nun in einem ersten Abschnitt ein enges Verständnis von Erfahrung skizzieren, das dem Empirismus entstammt, speziell auch dem modernen Logischen Empirismus, der es (mit Wittgensteins *Tractatus* als einem seiner Leitbilder) im Blick auf die Methoden der Naturwissenschaften entwickelt hat. Auch wenn man vielleicht sagen kann, dieser Begriff der Erfahrung gelte bei der Mehrheit zumindest der philosophischen Fachleute zu Recht als veraltet, ist er doch auf der Ebene des allgemeinen intellektuellen Diskurses noch nicht ausgestorben, so daß es mir nicht überflüssig erscheint, darauf kurz einzugehen. Insbesondere ist er nicht durch einen besseren Erfahrungsbegriff ersetzt worden, der so überzeugend und umfassend ausgearbeitet wäre, daß er im hier interessierenden Kontext der religiösen Erfahrung nachhaltig wirksam werden könnte.[10]

Um die ursprüngliche Attraktivität des empiristischen Erfahrungsbegriffs nicht ganz auszublenden, sollte man zunächst festhalten, daß derjenige, der sich auf Erfahrung beruft oder der umgekehrt eine vorgetragene Behauptung durch eine Nachfrage nach empirischen Belegen in Zweifel zieht, damit dem aufklärerischen Prinzip der Kritik folgt. Er verlangt nach Beglaubigung, nach allgemeiner Zugänglichkeit, um die Berechtigung eines Wissensanspruchs zu überprüfen, und er richtet sich damit z.B. gegen das bloße Hörensagen, die unhinterfragte, dogmatische Berufung auf Texte oder die bloß beanspruchte Geltung unkritisierbarer, ideologisierter Traditionen. Der Begriff der religiösen Erfahrung kann unter diesem Aspekt für den Philosophen etwas Anziehendes signalisieren: Wenn auch der Bereich des Religiösen der Erfahrung von Jedermann zugänglich ist, auch hier und heute, nicht nur damals, zu biblischen Zeiten, dann ist ein Interesse daran von mehr als nur historisch-antiquarischer Natur. Die gemeinte Sache, der „Gegenstand" solcher Erfahrungen könnte für uns alle bedeutsam sein.

Nachfragen aus dem aufklärerischen Impuls, sich jederzeit sei-

---

[10] Einen Versuch in dieser Richtung unternimmt aber z. B. Reinhard Margreiter, Erfahrung und Mystik. Grenzen der Symbolisierung, Berlin (Akademie Verlag) 1997.

nes eigenen Verstandes und seiner eigenen Erfahrungen zu bedienen, sind also erkenntnistheoretisch notwendig, zulässig und ehrenwert. Das Problematische am empiristisch verengten Erfahrungsbegriff (und einem entsprechend verengten Verständnis solcher Nachfragen) scheint mir dagegen sein Atomismus zu sein, der sich mit einer ebenfalls atomistischen Bedeutungstheorie verbindet. Dieser Atomismus besteht darin, Erfahrung zu denken, als müsse sie, um „real" zu sein, notwendigerweise aus kleinsten Bausteinen bestehen, aus denen sich alle größeren Gebäude dann auf nachvollziehbare Art müssen zusammensetzen lassen, wenn es sich bei ihnen nicht um bloße Kulissen handelt, um Potemkinsche Haus-Attrappen, die es verdienen, eingerissen zu werden.

Dieser Atomismus ist nach meinem Verständnis nichts anderes als eine naheliegende, aber dennoch fehlgeleitete Rückprojektion sprachlicher Sachverhalte in einen nur unterstellten Parallelbereich des Mentalen: Weil die *Sprache* aus einzelnen Wörtern besteht, von denen wir sagen, jedes von ihnen habe eine Bedeutung, lassen wir uns dazu verleiten, diese Bedeutungen als einzelne mentale Vorstellungen, als mehr oder minder anschauliche innere Bilder zu denken, die den einzelnen Wörtern zugeordnet sind. Das verständnisvolle Hören eines Satzes wäre entsprechend ein so genannter „Vorstellungsverlauf", ein innerer Begleitprozeß zum bloß akustischen Hören, so daß das Vorhandensein oder Nichtvorhandensein dieses Begleitvorgangs darüber entscheidet, ob wir den fraglichen Satz verstehen. Was den sprechenden Papageien diesem falschen Bilde gemäß vom sprechenden Menschen unterscheidet, ist die Tatsache, daß dem Tier dieser innere Begleitprozeß fehlt.

Wenn man sich auf dieses Bild eingelassen hat, liegt es nahe, die postulierten atomaren Bestandteile im Vorstellungsverlauf für die kleinsten Einheiten der Erfahrung zu halten: Ein roter Gegenstand erzeugt, wenn wir ihm in der Erfahrung begegnen, eine Empfindung, und dann eine Vorstellung der Farbe Rot, und dieser Vorstellung, diesem inneren Bild, kann dann der Ausdruck „rot" als Name zugeordnet werden. Damit wird die als isolierbar gedachte einzelne Sinneswahrnehmung zum atomaren Baustein der Erfahrung, und das Programm kann plausibel erscheinen, die Gesamtheit des wirklichen Wissens (des Wissens aus Erfahrung im Gegensatz zum vermeintlichen Wissen vom Hörensagen) aus solchen atomaren Bausteinen aufzubauen. Läßt sich einem inhaltlichen (im Unterschied zu einem formalen oder grammatischen[11]) sprachli-

---

11 Auf die damit angesprochene zusätzliche Schwierigkeit dieser Positi-

chen Ausdruck kein einzelnes Sinnesdatum und auch kein Komplex solcher Daten zuordnen, dann fehlt ihm die reale Basis in der Erfahrung und damit fehlt ihm auch der Sinn, eine für die Religion fatale Konsequenz.

Dieses klassische empiristische Bild paßt zu der im frühen Wiener Kreis entwickelten Vorstellung, eine Wissenschaft werde aus einer Sammlung einzeln gegebener Daten aufgebaut, z.B. aus Meßergebnissen, für die dann erst im zweiten Schritt ein Zusammenhang gesucht werde, etwa ein regelmäßiges gemeinsames Auftreten. Die an die Naturwissenschaften gerichteten Forderung, daß ihre einzelnen Meßergebnisse reproduzierbar sein müssen, scheint dann genau dem genannten aufklärerischen Prinzip der Kritik zu entsprechen, daß ein Wissen aus Erfahrung für jedermann zugänglich sein muß, der sich einer entsprechenden Situation aussetzt. Überprüfbarkeit scheint mit einer auf atomare Daten bezogenen Meßbarkeit zusammenzufallen. Inhalte, die auf diesem vorgestellten Weg nicht konstruierbar sind, erscheinen (sofern sie nicht die Logik als die Lehre von den formalen Strukturen möglicher Verkettungen von Erfahrungsdaten betreffen), als Hirngespinste, wirren Träumen und Phantasien vergleichbar. Die Formulierungen solcher nicht auf die geschilderte Weise in der Erfahrung wurzelnder Inhalte können zwar als die Expressionen innerer Befindlichkeiten durchgehen, als bezogen auf rein „innere Erfahrungen", z.B. als Ausdrücke des Lebensgefühls der sich artikulierenden Person, wie Carnap schrieb,[12] aber sie können nicht den Anspruch erheben, Ausdruck einer in der geteilten „äußeren" Erfahrung wurzelnden Wahrheit zu sein, die in ihrer Geltung über das Innenleben der sich ausdrückenden Person hinausgeht. Schreibt man ihnen überhaupt einen Gegenstand zu, dann ist dieser ein „bloß psychologischer".

Dieser wissenschaftstheoretische und sprachphilosophische Atomismus wurde vielfach kritisiert: Schon Berkeley machte sich über Lockes „*abstract general ideas*" lustig, in denen dieser glaubte, die von den pradikativen Ausdrücken wie „Baum" angeblich benannten Einzeldinge gefunden zu haben. Kant hat gezeigt, daß die formalen Strukturen der Erfahrungsdaten nicht im selben Sinne aus

---

on, den „formalen" Wörtern wie „und" oder „weil" (und auch den grammatischen Ausdrucksmitteln wie z.B. der Wortstellung) eine Bedeutung zuzuordnen, kann ich hier nicht eingehen.

12 Rudolf Carnap, Überwindung der Metaphysik durch logische Analyse der Sprache, *Erkenntnis* 2 (1932), 219-241, hier 238 ff.

der Erfahrung stammen können wie diese Daten selbst; und Gestaltpsychologie und Phänomenologie haben das atomistische Modell der Wahrnehmung als unzutreffend zurückgewiesen. Was den Logischen Empirismus angeht, gab es schon bald Kritik im eigenen Lager: Karl Popper und später Thomas Kuhn haben den Mythos vom reinen Datum erschüttert, und die Naturwissenschaft selbst ist darauf gestoßen, daß ein angemessenes Verständnis wissenschaftlicher Messungen nur unter Einbeziehung einer Reflexion auf diejenigen Tätigkeiten möglich ist, die zu ihrer Durchführung vollzogen werden müssen. Bereits das Wort „Datum" (wörtlich: das Gegebene) ist in diesem Kontext irreführend: Mein Doktorvater Paul Lorenzen sagte gerne: Gott *gibt* uns keine wissenschaftlichen Daten, wir müssen sie uns selbst u.a. durch die Herstellung von Meßgeräten und die Einführung einer wissenschaftlichen Terminologie konstruieren. Die so genannten Daten sind gar keine Daten, sondern Konstrukte.

So müßte eigentlich Einigkeit unter allen Beteiligten bestehen, daß der naive empiristische Blick, der mit einer unmittelbaren Verfügbarkeit unverfälschter atomarer Erfahrungsbausteine rechnete, selbst im Bereich naturwissenschaftlichen Wissens durch den holistischen Blick des Wissenschaftshistorikers oder Wissenschaftsforschers zu ersetzen ist, der auch die Naturwissenschaften als menschliche Veranstaltungen begreift, die in ihrem kulturellen und historischen Kontext zu betrachten sind, wenn der Charakter ihrer Ergebnisse richtig eingeschätzt werden soll. Darüber hinaus zeigen uns die Geistes- oder Kulturwissenschaften, daß die Arten des Bezugs der Wissenschaften zu den ihnen jeweils zugehörigen Erfahrungsbereichen höchst unterschiedlich sein können. Nicht jeder Erfahrungsbezug ist von der Art, daß es einen dinghaften „Gegenstand der Erfahrung" geben muß in einem Sinne, der mehr meint, als daß es in den zugehörigen Sätzen einen Subjektausdruck geben muß. Bereits im Bereich der Alltagserfahrung sprechen wir davon, daß wir Erfahrungen mit Gemälden oder Theateraufführungen machen, die wir nicht so in sinnliche Atome zerlegen können, daß man sie aus diesen dann wieder aufbauen könnte. Weder solche Atome noch aus ihnen gebaute Komplexe sind die Gegenstände der angesprochenen Arten der Erfahrung. Und entsprechend müssen sich die Wörter, mit denen wir über solche Erfahrungen sprechen, auch nicht auf solche Atome oder Komplexe beziehen.

Daß diese Einigkeit zu Gunsten des Holismus aber nicht besteht, haben in den letzten Jahren die so genannten „*Science wars*", gezeigt, die in den USA zwischen den Natur- und den Geisteswissenschaftlern entbrannt sind:[13] Diejenige Partei, die die Naturwissenschaften vor dem bösen Blick des geisteswissenschaftlichen Auges schützen will, möchte an einem Realismus festhalten, der zwar zugibt, daß die Instrumente der Wissenschaft sich historisch verändern (im Prinzip: daß sie immer besser werden), der aber leidenschaftlich abstreitet, daß das, was wir „die Wirklichkeit" nennen, durch diese Instrumente *auch* konstituiert wird. Dem ist entgegenzusetzen, daß wir eine andere als eine *beschriebene* Wirklichkeit nicht miteinander teilen können. Wenn die Wirklichkeit im Gegensatz zum Wahnsystem immer eine *geteilte* Wirklichkeit ist, muß zumindest der *sprachliche* Anteil an ihrer Konstitution als unvermeidlich anerkannt werden.[14]

Nun gibt es leider Geisteswissenschaftler, die in ihrem Kampf um Aufmerksamkeit mit ihren provokanten Formulierungen manchmal den Eindruck erzeugen, als sei die Sprache für sie das *einzige*, was es gebe, so als äßen sie Speisekarten statt der darauf verzeichneten Speisen. Daß solche lächerlichen Übertreibungen des Konstitutionsgedankens vorkommen, ist aber kein Argument gegen die Notwendigkeit, die erfahrungskonstituierende Seite der „Sprachspiele" (Wittgenstein) und der Praxisformen, in die sie verwoben sind, sorgfältig und in ihren Einzelheiten in den Blick zu nehmen und so über die Verbindung von naivem Realismus (die „Welt da draußen" spiegelt sich in unseren Theorien so wie sie ist, ...) und

---

13 Vgl. dazu z. B. Alan Sokal, Jean Bricmont, Eleganter Unsinn: Wie die Denker der Postmoderne die Wissenschaften mißbrauchen, München (Beck) 1999.

14 Bei den Wissenschaften ist ein solcher sprachlicher Anteil unvermeidlich. Die Rolle der Sprache kann aber in verschiedenen Praxisformen in ihrem Umfang und der Art nach sehr unterschiedlich sein. Im Zen z.B. spielt die sprachlich angeleitete, aber stumm geteilte Praxis eine große Rolle, und es gibt ein ausgesprochenes Mißtrauen gegen die Reichweite der Sprache. Dies äußert sich paradoxerweise in manchen Übungsformen aber wiederum sprachlich; man denke an die Koans; bei ihnen handelt es sich um paradox formulierte Fragen, die zu ‚lösen' sind und auf die Grenzen bestimmter Sprachverwendungsweisen gerade hinweisen sollen. Erfahrungskonstitutiv ist hier also zu einem wesentlichen Teil die gemeinsame Praxis, in der auch die Sprache eine Rolle spielt, nicht aber als eine vorwegnehmende Beschreibung der ausstehenden Erfahrungen. – Ich danke Wolfgang Schoberth für sein Insistieren auf diesem Punkt. – Zu den Problemen einer nachträglichen Projektion von Sprache in Vorsprachliches vgl. H. J. Schneider, Was heißt „Explizitmachen impliziten Regelwissens"?, in: *Handlung, Kultur, Interpretation* 9 (2000), 306-323.

pauschalem Instrumentalismus (...sonst hätte uns die Evolution nicht überleben lassen) hinauszukommen. In der wissenschaftlichen Erfahrung gehen Aktivität (Konstruktion) und Passivität (die so genannte „Antwort der Natur", die hinzunehmen ist und *im Kontext betrachtet* dann auch als „Gegebenes" bezeichnet werden darf) Hand in Hand: ohne Frage keine Antwort, und ohne Antworten kein sinnvolles Weiterfragen. Die Unterschlagung des Konstruktionsschritts führt demnach zu einem unangemessenen Begriff der wissenschaftlichen Erfahrung.

3.

Ich möchte nun zum Begriff der lebensweltlichen Erfahrung übergehen, an dem ich die Bedeutungskomponente des Könnens oder Sich-Auskennens in den Vordergrund rücken will. Abermals wird es mir dabei auch um die Korrektur eines unangemessenen Bildes von der Sprache gehen, und zwar mit Bezug auf die so genannte „Verbalisierung" von Erfahrungen. Meine Frage lautet: Kann sich Erfahrung immer direkt in Sprache niederschlagen, und ist der sprachliche „Ausdruck" dort, wo er gelingt, notwendig der Ausdruck eines Wissens von denjenigen Sachverhalten, die die Gegenstände der Erfahrung bilden? Anders herum gefragt: Gibt es nicht viele verschiedene Weisen, in denen man sprachlich an Erfahrungen anknüpfen kann, und ist nicht die Darstellung oder Widerspiegelung der Erfahrung (ihre „Verbalisierung") ein Sonderfall, von dem wir nicht annehmen sollten, er stehe stets und notwendigerweise zur Verfügung?

Wenn wir jemanden als erfahren auf einem Gebiet bezeichnen, meinen wir oft ein Können, ein Sich-Auskennen, von dem zunächst nicht ausgemacht ist, ob und in welchem Sinne es sich in ein sprachlich artikuliertes Wissen verwandeln läßt. Ein erfahrener Segler, eine erfahrene Pädagogin und ein erfahrener Hotelportier können der Aufforderung, ihre Erfahrungen, ihr *Know How*, in die Form eines „Wissens, daß etwas der Fall ist" zu bringen, vielleicht nicht nachkommen, und doch würden wir ihnen ihre Erfahrenheit, ihre überlegene Handlungsfähigkeit, nicht absprechen.[15] Sie können Sturmböen, schwierige Schüler und Hochstapler erkennen und sind in der Lage, in entsprechenden Situationen angemessen zu han-

---

[15] Vgl. zu diesem Komplex: Gilbert Ryle, Der Begriff des Geistes, Stuttgart (Reclam) 1969.

deln. Sie können auf ihren Kompetenzgebieten auch Unterricht geben, der ihre eigene Fähigkeit zum situationsangemessenen Handeln an ihre Schüler weitergibt, so daß man sagen kann, ihr Können habe (wegen dieser Angemessenheit, die den entsprechenden Versuchen des Anfängers abgeht) eine kognitive Seite. Aber dies heißt nicht zwangsläufig, daß sie fähig wären, zu ihren jeweils angemessenen Handlungen verbale „Entsprechungen" zu liefern, etwa eine erschöpfende Beschreibung der relevanten Merkmale der Situation und/oder eine auf diese bezogene eindeutige verbale Handlungsanleitung für jemanden, der ihre Kompetenz erwerben möchte. Ein kompetenter Sprecher braucht kein Linguist zu sein, auch wenn er sprachlich hochgebildet ist und Fehler korrigieren kann. Nicht jedes Können, das sich einem reichen Erfahrungsschatz verdankt, ist auch ein Wissen in diesem engen, auf die Fähigkeit zur sprachlichen Formulierung bezogenen Sinn, obwohl es ein Sich-Auskennen ist, das sich in Handlungen zeigt, die wir auf ihre Adäquatheit hin beurteilen können.

Es ist in vielen Fällen nicht einmal klar, was es heißen soll, von einer „verbalen Entsprechung" einer Handlung oder Handlungskompetenz zu reden. In der Ausbildung von Lehrern, Seglern und Portiers wird zwar auch gesprochen, die Äußerungen der Unterrichtenden sind aber nicht einfach verbale „Entsprechungen" oder Widerspiegelungen ihrer Erfahrungen. Das Können der Älteren kann in solchen Fällen sprachlich daher nicht auf einem kurzen Weg, in Gestalt eines verbalen Äquivalents zur Erfahrung, weitergegeben werden, so sehr Eltern und Lehrer sich dies manchmal wünschen, um den Jüngeren unangenehme Erfahrungen zu ersparen. Trotzdem sprechen wir in einem weiteren Sinne auch dann von einem „Wissen aus Erfahrung", wenn sich dieses noch weniger vollständig zwischen Buchdeckeln unterbringen läßt als die Grammatik einer natürlichen Sprache.

Die Tatsache, daß es ein Können und ein Erfahrensein gibt, dem kein verbalisiertes Wissen so entspricht, daß das eine dem anderen streng zuzuordnen ist, erscheint nur dann verwunderlich, wenn man im Sinne des bereits geschilderten falschen Bildes von der Sprache voraussetzt, daß jede aktuelle Erfahrung einen inneren Vorstellungsverlauf erzeugt, zu dem bei einer sprachlich versierten Person zwangsläufig eine parallele Wortreihe gehört, die sie nur „äußern", d.h. für eine außerhalb ihrer selbst befindliche Person hörbar (oder auf andere Weise wahrnehmbar) machen müßte, um die Erfahrung mit diesem anderen Menschen zu teilen. Nach diesem Bild gehörte zu jeder Erfahrung so etwas wie ein innerer Film, ein mentales Protokoll, und diese „Innenseite“ der Erfahrung könnte nicht nur direkt, durch die unmittelbare Einwirkung der „Gegenstände der Erfahrung“ ausgelöst werden (der unmittelbare „Eindruck“ als Auslöser), sondern auch indirekt, durch das Aussprechen der den Elementen der Innenseite Punkt für Punkt zugeordneten Wörter (die „verbalisierte“ Erfahrung des anderen als weitgehend gleichwertiger Auslöser).

Für denjenigen, der sich an einem solchen Bild orientiert, legt sich der Gedanke nahe, das Können und das Sich-Auskennen wären nichts anderes als die Abrufbarkeit möglichst vieler solcher mentalen Erfahrungsprotokolle, möglicherweise in verallgemeinerter Form. Wenn man sich die Sache so zurechtlegt, erscheint es schwer begreiflich, warum es ein Problem sein sollte, für eine Erfahrung die nötigen Worte zu finden. So etwas scheint nur dann eintreten zu können, wenn es sich um Eindrücke handelt, für die noch keine Worte zur Verfügung stehen, z.B. weil sie erstmalig auftreten. Ein solcher Fall muß innerhalb des atomistischen Denkens aber als eher unwahrscheinlich gelten, weil z.B. die Begegnung mit einem exotischen Vogel, einer faszinierenden Person oder den Anforderungen einer neuen sozialen Rolle nur in der *Zusammenstellung* der postulierten Erfahrungsbausteine ungewöhnlich sein wird, nicht im Charakter der Bausteine selbst.

Freilich wird auch bei einer Orientierung an diesem Bild zugestanden, daß die „Verbalisierung“ von Erfahrungen Grenzen hat: Bei einem verbalen Transport von Erfahrungen von einer Person zu einer anderen geht auch nach dieser Auffassung etwas verloren, nämlich eine gewisse Lebhaftigkeit des jeweiligen konkreten Eindrucks. Die den Anschauungen zugeordneten Begriffe, so sagt man, seien schon wegen ihrer Allgemeinheit notwendig abstrakt in dem Sinne, daß sie vieles aus der konkreten Anschauung weglassen müssen. Bildlich gesprochen: Die Sprache zeigt im nur schwarzweißen Medium, was in der aktuellen Erfahrung wie ein Farbfilm gewesen ist. Was darüber hinaus sprachlich nicht verläßlich transportierbar ist, sind nach dieser Auffassung diejenigen begleitenden Vorstellungen und Gefühle, die sich aus besonderen Umständen der Lebensgeschichte der sprechenden Person ergeben, also private Assoziationen, die keine Bestandteile der öffentlichen Wortbedeutungen sind und daher als „Beigesellte“, als Assoziiertes eigens erwähnt werden müßten. Der Kern des Transportgedankens bleibt davon aber unberührt.

Wir können uns leicht klar machen, daß diese Beschreibung des verbalen Kommunikationsvorgangs und das damit verbundene Bild der „Verbalisierung" des wesentlichen Teils von Erfahrungsgehalten auf groteske Weise falsch ist. Die Bedeutung eines Wortes ist nicht eine zugeordnete innere Vorstellung, die Bedeutung eines Satzes ist nicht ein Ablauf solcher Vorstellungen, und der Versuch, jemandem über eine wichtige Erfahrung so zu berichten, daß er die Relevanz, die sie für einen selbst hat, erkennen kann, ist keine Formulierung des Protokolls eines solchen Vorstellungsverlaufs. Nehmen wir z.B. an, jemand habe ein Studium aufgenommen und sei von seinen Erfahrungen im ersten Semester enttäuscht. Zwar werden wir erwarten, daß er uns durch die Schilderung seiner Erfahrungen seine Enttäuschung verständlich machen kann. Diese Schilderung müßte aber schon deshalb mehr sein als ein „Vorstellungsprotokoll", weil ein anderer Student in derselben Lage begeistert sein könnte; dasselbe „Protokoll" (wenn wir für den Moment unterstellen, so etwas könnte es geben) kann eine völlig andere Erfahrung konstituieren.

Ein Bericht über Sinneseindrücke ist also noch nicht die Schilderung einer Erfahrung. Eher könnte für den als Beispiel genannten Fall ein Kapitel aus einem Universitätsroman diesen Anspruch erheben. Ebenso sind Reiseführer, ethnologische Berichte und Biographien keine Vorstellungsprotokolle, sondern eigene Typen von Resultaten komplexer sprachlicher Handlungen, bei denen die Art des Erfahrungsbezugs jeweils spezifisch erörtert werden muß, wie es in der Literaturwissenschaft geschieht. Die genannten literarischen Erzeugnisse können ihre Leser dazu anleiten, selbst Erfahrungen zu machen, sie können ihnen manchmal sogar unangenehme Erfahrungen ersparen, aber sie können die eigene Erfahrung nur im Ausnahmefall und für sehr eingeschränkte Zwecke ersetzen. Wenn mir nach dem Theater im Lokal jemand sagt, der Weißwein sei zu warm, kann ich mir dank dieser Mitteilung die unangenehme Erfahrung ersparen, vor einem Getränk zu sitzen, das mir nicht schmeckt. Eine Skizze, die den Weg vom Theater ins Weinlokal darstellt, kann mir die Erfahrung ersparen, mich zu verlaufen. Aber selbst in diesen Fällen sind die Beschreibungen keine Reproduktionen der Vorstellungsverläufe der Personen, die über ihre Erfahrungen berichten, und in diesem Sinne keine „Verbalisierungen" dieser Erfahrungen. Und wenn wir einer Person, die nicht dabei war, einen Bericht über das Theaterstück geben, dann beabsichtigen wir nicht, unsere Erfahrung zu reproduzieren, indem wir in ihr denselben Vorstellungsverlauf auslösen.

Hier führen uns alltagspsychologische Redeweisen in die Irre. Sie legen uns Fragen nahe wie „kannst du es dir vorstellen", dabei geht es aber meistens nicht um die Herstellung eines inneren Bildes (was man schon daran erkennt, daß diese Frage auch im nicht anschaulichen Fall sinnvoll ist), sondern um das Verständnis des Zuhörers, das sich auf sehr vielfältige Weise als gut oder mangelhaft zeigen kann. Gespräche über Erfahrungen sind überwiegend keine rückwärts auf Vorstellungsbilder gerichteten Reproduktionsversuche, sondern sprachliche Anschlußhandlungen aus eigenem Recht, die ihrerseits weitere Handlungen ermöglichen oder beeinflussen.[16]

Der lebensweltliche Begriff der Erfahrung enthält also häufig den Bezug auf ein Können, ein Sich-Auskennen, dem weder atomare Sinnesempfindungen noch daraus gewonnene Vorstellungen, noch auch diesen zugeordnete sprachliche Elemente notwendigerweise entsprechen. Daher ist bei dem Ausdruck „x ist der Gegenstand der Erfahrung E“ darauf zu achten, daß keine zu enge Vorstellung von dem mitgeführt wird, was an die mit „x“ markierte Stelle eingesetzt werden kann. Sprechen wir z.B. von der Lebenserfahrung eines älteren Menschen, dann würde ein Ausdruck wie „das Leben im Berlin der dreißiger Jahre“ dort eingesetzt werden, ein Ausdruck, dem sich ein atomistisch aufgebauter Vorstellungsverlauf kaum wird zuordnen lassen. Zwar ist es nicht falsch, zu sagen, jedes Wort der Sprache bedeute etwas. Das Spätwerk Wittgensteins führt uns aber die immer noch häufig übersehene Tatsache vor Augen, daß die Arten, auf die Wörter etwas bedeuten, d.h. auf die sie gebraucht werden können, extrem unterschiedlich sind, und daß bedeutungsvollen Wörtern keineswegs stets „Erfahrungsbausteine“ entsprechen müssen. Dies werde ich an den Zahlwörtern gleich etwas ausführlicher erläutern. Hier läßt sich zunächst festhalten, daß auch die Antwort auf die Frage, was alles als „Gegenstand lebensweltlicher Erfahrung“ in Frage kommt, einen holistischen Blick verlangt, der das Feld des Könnens und Sich-Auskennens umfaßt und nicht auf „Bausteine“ der Erfahrung festgelegt ist.

Die Theorie der Sprechakte und der Begriff des Sprachspiels haben gewisse Aspekte dieser Einsicht zwar weit verbreitet, es besteht aber die Tendenz, die Anerkennung nicht widerspiegelnder sprachlicher Ausdrucksformen auf solche Sprechhandlungen einzuschränken, die (wie z.B. die Entschuldigung) nicht wahrheitsfähig sind, und das Modell der Abbildung für den so genannten

---

[16] Zu diesem Punkt vergleiche E. T. Gendlin, Die umfassende Rolle des Körpergefühls im Denken und Sprechen, *Deutsche Zeitschrift für Philosophie* 41 (1993), 693-706.

„propositionalen" Bereich, den „Inhalt" sprachlicher Äußerungen unverändert beizubehalten. Für die Religionsphilosophie besteht hier die Gefahr, daß sie mit der Adoption der Sprechakttheorie unbemerkt den Wahrheits- oder Adäquatheitsanspruch religiösen Sprechens pauschal aufgibt. Wenn die religiösen Sprachspiele ein eigenes Terrain bilden, auf dem die Sprache anders funktioniert als die behauptende Rede im Alltag und in der Wissenschaft, dann können diese Sprechweisen leicht als Sonderformen des wortlosen Singens betrachtet werden: Sie bleiben zwar, solange sie sich an das Gebot der Zimmerlautstärke halten, von den Nachfragen und Einsprüchen der Streiter um die Wahrheit unbehelligt, um den Preis allerdings, daß sie auf deren Kampfplatz als irrelevant gelten. Wer singt, drückt allenfalls sein Lebensgefühl aus, aber er behauptet nichts. Mit dieser Art der Erweiterung der Sprachphilosophie durch die Sprechakttheorie könnte Carnap zufrieden sein, weil sie seine enge Auffassung der Erfahrungswahrheit nicht antastet.

4.

Um zu zeigen, wie man dieser Konsequenz einer Rettung durch Depotenzierung entgehen kann, wende ich mich jetzt einem etwas speziellen sprachphilosophischem Thema zu. Dabei geht es um Sprachspiele, in denen zutreffende oder unzutreffende Aussagen über gewisse Gegenstände gemacht werden, so daß in ihnen Wörter vorkommen, von denen wir sagen dürfen, daß sie für diese Gegenstände stehen. Zugleich kann aber in den Fällen, die ich im Auge habe, die Beziehung des Stehens eines Wortes für einen Gegenstand nicht empiristisch gedacht werden, weder im Sinne eines Verweisens auf eine empirisch deutbare Begegnung mit dem Gegenstand und eine daraus resultierende Sinnesempfindung, noch im Sinne einer komplexen Vorstellung, eines aus mehreren empirischen Elementen konstruierten inneren Bildes. Wir haben hier also, wie ich sagen möchte, „Gegenstände im grammatischen Sinne" vor uns, über die wir wahre und falsche Aussagen machen können, die aber nicht Gegenstände im Sinne von „Dingen" sind.

Einschlägige und dem Irrationalismus-Verdacht nicht ausgesetzte Beispiele, mit denen ich mich etwas genauer beschäftigt habe, sind das Reden über Begriffe,[17] über Zahlen und über manche der

[17] H. J. Schneider, Begriffe als Gegenstände der Rede; in: I. Max, W. Stelzner (Hgg.), Logik und Mathematik. Frege-Kolloquium Jena 1993,

so genannten „seelischen Ereignisse", wie z.B. die Absicht, mit der eine Handlung ausgeführt wurde.[18] Zweifellos *gibt es* Begriffe, Zahlen und Absichten, auch wenn wir ihnen schwerlich Sinnesempfindungen zuordnen können, um zu sagen, „wofür" die ihnen zuzuordnenden Wörter stehen. Keinen dieser Fälle will ich hier im Detail analysieren, ich will nur am Beispiel der Zahlen verständlich machen, wie die Schlußfolgerungen lauten, zu denen die genannten Analysen führen.

Wer die Tätigkeit des Zählens, einfache arithmetische Operationen und die Bildung von Aussagen über deren Resultate erlernt hat, verfügt über ein praktisches Können, ein *Know how*, in dem sprachliches und nichtsprachliches Handeln ineinander verwoben sind. Die Zahlen als Gegenstände besonderer Art kennengelernt zu haben, heißt nichts anderes als die zugehörigen „Sprachspiele" zu beherrschen, einschließlich ihres nichtsprachlichen Anteils. Das Zählen ist mit Handlungen verbunden wie dem Herausnehmen von Birnen aus der Auslage eines Ladens und ihrem Transport zur Kasse. Das Abzählen der Früchte ist sinnvoll, die Zahlwörter hängen für den, der sie zu verwenden gelernt hat, mit seinen Erfahrungen bei der Zähltätigkeit zusammen, obwohl die Zahlen (das, „wofür die Zahlwörter stehen") keine Gegenstände sind, die sich zusätzlich zu den Birnen auch noch im Einkaufskorb befinden.

Die Art der Eingebettetheit der sprachlichen Ausdrücke für Zahlen (z.B. „mir fehlen noch *zwei* Birnen") in die praktische Tätigkeit ist hier offensichtlich nicht von der Art, daß die Ausdrücke einen Vorstellungverlauf „verbalisieren" würden, der die Erfahrung begleitet und widerspiegelt. Die Zahlwörter stehen nicht für Zahlvorstellungen oder für innere Bilder von Lücken auf der Obstauslage. Wer Stühle, Personen, etc. verläßlich zählen und seine Gäste sicher plazieren kann, wer den Absagen die entsprechenden Subtraktionen zuzuordnen weiß und die richtige Menge von Messern und Gabeln vom Tisch nehmen kann, der beherrscht das, worum es im arithmetischen Sprachspiel in seinen Anfangsgründen geht,

---

Berlin (de Gruyter) 1995, 165-179.

[18] H. J. Schneider, „Den Zustand meiner Seele beschreiben" – Bericht oder Diskurs? In: Wolfgang R. Köhler (Hg.), Davidsons Philosophie des Mentalen, Paderborn (Schöningh) 1997, 33-51; ders., Metaphors and Theoretical Terms: Problems in Referring to the Mental, in: M. Carrier, G. J. Massey, L. Ruetsche (Hgg.), Science at Century's End. Philosophical Questions on the Progress and Limits of Science, Pittsburgh (Univ. of Pittsburgh Press / Universitätsverlag Konstanz) 2000, 193-216.

gleichgültig, was er sich dabei „vorstellt", die Genüsse der Nachspeise oder den letzten Streit mit der pflichtgemäß eingeladenen Person, die nun zum Glück abgesagt hat. Und es ist nur ein kleiner Schritt, von der sinnvollen Verwendung der Zahlwörter beim Zählen dazu überzugehen, wahre und falsche Aussagen *über* Anzahlen zu machen. Diese können höchst reale, nicht nur in der Sprache verbleibende Konsequenzen haben. Daher können wir sagen, Zahlen seien Gegenstände, auch wenn es sich nicht um Gegenstände von derselben Art handelt, wie es Stühle oder Personen sind. Verallgemeinert heißt dies: Nicht zu allen praxisrelevanten „Gegenständen der Rede" (Gegenständen im grammatischen Sinne) gibt es (äußere oder innere) Gegenstände oder Ereignisse als Entsprechungen.

Daß Zahlen (Begriffe, Intentionen) Gegenstände sind, heißt daher zunächst nur, daß es in den zugehörigen Sprachspielen möglich ist, über sie zu sprechen. D.h. die Sprache verfügt über Ausdrücke wie „die Zahl vier" oder „der Begriff >Pferd<", die an der Subjektstelle von Sätzen stehen, die wahr oder falsch sein können. Eine ontologisch harmlose Form, die Tatsache zu erläutern, daß es sich um Gegenstände einer besonderen Art handelt, die nicht in die Kategorie der Stühle oder Personen gehören, besteht darin, von der Ebene des Sprachspiels auszugehen, sich zu vergegenwärtigen, in welchen Erfahrungsbereich die sprachlichen Handlungen auf welche Weise verwoben sind, um dann die Vergegenständlichung, die „Behandlung als Gegenstand" als einen „Zug im Sprachspiel" verständlich zu machen, in dem ein Ausdruck als Subjekt eines Satzes erscheint, obwohl er im bis dahin üblichen Sinn *nicht* „für einen Gegenstand steht", d.h. für ein Ding, das sich z.B. sortieren läßt. Ein solches Verständnis der Sprache rechnet also mit mehreren Stufen: Auf die eine Stufe gehören Sprachformen, mit denen wir uns auf Stühle oder Personen beziehen, und auf eine spätere Stufe gehört die Benutzung dieser selben Sprachformen zu einem neuen, nicht im gewohnten Sinn z.B. auf Dinge bezogenen Zweck. Auf das genannte Beispiel bezogen ist dies der Zweck des Redens *über Zahlen*, wenn wir z.B. nicht nur von „vier Birnen" sprechen, sondern sagen „vier ist gerade". Wir benutzen dieselbe sprachliche Form aber auch zum Zweck des Redens *über Begriffe*.

Diese Stufenunterscheidung ist dem vertrauten Fall der Metapher vergleichbar, bei dem ein Ausdruck, der normalerweise Gegenstände der Art A bezeichnet, z.B. Tiere, dazu benutzt wird, einen Gegenstand der Art B zu bezeichnen, z.B. eine Person, etwa einen Spitzel der Staatssicherheit durch den Ausdruck „mein Wachhund". Daher erscheint es passend, daß Eric Stenius für das eben beschriebene syntaktische Phänomen den Ausdruck „syntaktische Metapher" geprägt hat. Er charakterisiert es durch die folgende Bestimmung: Ein Satz ist syntaktisch metaphorisch, wenn sein Sinn von anderer Form ist, als der Satz es durch seine (logische) Syntax signalisiert, wenn die benutzte Syntax aber die beste ist, die wir zum Ausdruck des gewünschten Sinnes finden können.[19] Am Beispiel erläutert: Wenn wir über Zahlen oder Begriffe etwas sagen wollen, dann geht es nicht darum, vorgegebene Gegenstände, die den Stühlen oder Personen vergleichbar wären, zu klassifizieren oder unter einen Begriff zu bringen. So beharrt z.B. Frege energisch darauf, daß Begriffe keine Gegenstände sind und daß ihr Verhältnis zu den Begriffen zweiter Stufe nicht das ist, das zwischen Gegenständen und Begriffen erster Stufe besteht.[20] Glcichwohl steht uns keine andere Sprachform zur Verfügung als die, die nach ihrem bisherigen Gebrauch das Fallen eines Gegenstandes unter einen Begriff signalisiert, und wir benutzen diese Form, obwohl wir uns in einer sprachphilosophischen Reflexion klarmachen können, daß sie streng genommen nicht adäquat ist. Ihr übertragener Charakter sollte uns bei ihrer Benutzung gegenwärtig sein. Und so kann man überlegen, ob nicht auch Aussagen über religiöse Erfahrungen (oder auch andere religiöse Aussagen) sich der Form des Redens über einen Gegenstand bedienen, obwohl es auf diesem Gebiet keine Gegenstände im dinglichen Sinne gibt.

Wittgenstein zieht aus den Überlegungen Freges eine radikale, gegen dessen kantischen Geist gerichtete Konsequenz, die Stenius durch den Ausdruck „syntaktische Metapher" einprägsam auf den Punkt gebracht hat: Anders als Kant und Frege meinten, verfügen wir nach Wittgenstein nicht über ein dem Denken vorgegebenes überzeitliches Kategorien- und Formensystem, das ein für allemal festlegt, wie Erfahrungen zur Sprache kommen können. Was wir allein haben, sind ursprünglich lokal entwickelte Aussagemöglichkeiten, die in überschaubaren Kontexten einmal „klein angefan-

---

[19] Eric Stenius, Wittgenstein's Tractatus. A Critical Exposition of its Main Lines of Thought, Oxford (Blackwell) 1960; vgl. H. J. Schneider, Syntactic Metaphor: Frege, Wittgenstein, and the Limits of a Theory of Meaning, *Philosophical Investigations* 13 (1990), 137-153, ders. „Syntaktische Metaphern" und ihre begrenzende Rolle für eine systematische Bedeutungstheorie, *Deutsche Zeitschrift für Philosophie* 41 (1993), 477-486.

[20] Gottlob Frege, Über Begriff und Gegenstand, in: Frege, Kleine Schriften, hg. v. I. Angelelli, Hildesheim (Olms) ^{2}1990, 167-178.

gen“ haben müssen, z.B. als Sprachspiele zum Sortieren handhabbarer Dinge. Diese Aussageweisen wurden in der Geschichte unserer Sprache dann ständig metaphorisch ausgeweitet, so daß wir nun (um bei den genannten Beispielen zu bleiben) auch „über Begriffe“, „über Zahlen“ und „über Intentionen“ sprechen können.

Die Tatsache, daß auf der Stufe der entwickelten Sprache für Ausdrücke der gerade genannten Art besondere Verstehensbemühungen nötig sind, läßt sich nun auf zwei Weisen deuten: Die traditionelle Sicht unterstellt, daß der Sinn der *sprachlichen Fügungen* (der Syntax) derselbe geblieben ist, daß wir aber den *Bereich der Gegenstände*, über die wir sprechen, bis zu entlegenen, esoterischen und intellektuell schwer zu fassenden Entitäten ausgedehnt haben. Wenn wir dies mit Kant für eine unzulässige Überschreitung der Grenzen des menschlichen Erkenntnisvermögens halten und die geschilderte traditionelle sprachphilosophische Sicht beibehalten, legt es sich nahe, die fraglichen Sätze als „Postulate“ anzusehen[21] (so Kant) oder (wie Hans Küng[22]) als Hypothesen: Wir haben diese weit entfernten, „transzendenten“ Gegenstände nicht wirklich erfahren, wir haben aber Anlaß, ihre Existenz anzunehmen, seien die Gründe dafür nun (wie im Fall mancher nur erschlossener Planetenmonde, an dem sich Küng orientiert) auf dem Gebiet der theoretischen Vernunft oder (nach Kants Vorstellung) auf dem Gebiet der praktischen Vernunft zu finden.

Die dazu alternative sprachphilosophische Deutung der Notwendigkeit besonderer Verstehensbemühungen, die oben bereits kurz angesprochen wurde, bestünde darin, Wittgenstein und Stenius zu folgen und zu sagen, der Sinn der sprachlichen Fügungen sei keineswegs gleich geblieben und nur auf neue, schwer zugängliche Gegenstände angewandt worden, sondern der Gebrauch dieser Fügungen selbst sei erweitert worden, so ähnlich wie der Gebrauch lexikalischer Elemente im Fall des metaphorischen Redens erweitert wird. Die Übereinstimmung in der grammatischen Form ist daher ein Oberflächenphänomen. Die erkenntnistheoretischen Schwierigkeiten, die Erläuterungsbedürftigkeit von Aussagen „über

---

21 Für eine Kritik an diesem Vorschlag vgl. auch Thomas Rentsch, Religiöse Vernunft: Kritik und Rekonstruktion. Systematische Religionsphilosophie als kritische Hermeneutik; in: H.-J. Höhn (Hg.), Krise der Immanenz. Religion an den Grenzen der Moderne, Frankfurt (Fischer) 1996, 235-262; hier 244 f.

22 Hans Küng, Existiert Gott? Antwort auf die Gottesfrage der Neuzeit, München (Dt. Taschenbuch Verlag) [5]1989.

Begriffe" oder „über Zahlen" (oder über religiöse Dinge), ergibt sich nach dieser Deutung deshalb nicht (wie in der Astronomie) aus der erschwerten Zugänglichkeit gewisser Gegenstände, die im übrigen aber den uns vertrauten Dingen ähnlich sind, sondern daraus, daß wir den syntaktisch-metaphorischen Schritt nachvollziehen müssen, der diese Gegenstandsnamen (in dieser Bedeutung) entstehen läßt. Wir müssen also bemerken, daß „über etwas reden" hier etwas anderes ist als auf dem Gebiet der zu sortierenden Äpfel und Birnen. Die Geschichte der Philosophie zeigt aber, daß wir immer wieder versucht sind, in die ursprüngliche Logik der benutzten Sprachformen zurückzufallen. Um mit einem harmlosen Beispiel zu beginnen: Kinder sehen vielleicht nicht sofort, daß es sinnlos ist, nach dem *Ort* der Zahlen zu fragen. Mit einem humorvollen Beispiel Wittgensteins gesprochen: Wer vom Auge Gottes spricht, kann in die Versuchung geraten, auch von seinen Augenbrauen zu sprechen.[23] Es kann ihm schwer fallen, zu bemerken, wo jeweils die Grenze zwischen Sinn und Sinnlosigkeit verläuft. Die Kenntnis dieser Grenze hat Wittgenstein die Kenntnis der „Grammatik" der jeweiligen Ausdrücke genannt.[24]

Ich möchte hier für die zweite Deutung plädieren: Ihr zufolge gibt es in der Sprache eine metaphorische Bewegung, bei der wir den Gebrauch der syntaktischen Gegenstand-Begriff-Form in einen Bereich hinein ausdehnen, für den sie ursprünglich („wörtlich genommen") nicht vorgesehen war. Stenius erläutert das an dem berüchtigten, scheinbar in sich widersprüchlichen Satz von Frege „der Begriff >Pferd< ist kein Begriff", dessen genaue Analyse hier nicht vorgetragen werden kann.[25] Ich bin auf einen leichter verständlichen, wenn auch nicht weniger subtilen Satz gestoßen, der zugleich geeignet ist, zum Thema der religiösen Erfahrung überzuleiten. Er stammt von einem philosophisch immer noch zu wenig

---

[23] Ludwig Wittgenstein, Vorlesungen und Gespräche über Ästhetik, Psychologie und Religion, hg. v. Cyril Barret, Göttingen (Vandenhoeck & Ruprecht) ^{2}1971.

[24] Zur Erläuterung dieses ungewöhnlichen Sprachgebrauchs vgl. H. J. Schneider, Wittgenstein und die Grammatik; in: ders., M. Kroß (Hgg.), Mit Sprache spielen. Die Ordnungen und das Offene nach Wittgenstein; Berlin (Akademie-Verlag) 1999, 11-29.

[25] Ein Vorschlag dazu findet sich in Schneider, Begriffe als Gegenstände der Rede (s. oben, Anm. 17). Vgl. auch Frege, Über Begriff und Gegenstand (oben, Anm. 20), sowie Stenius und die andere in der Anm. 19 genannte Literatur.

beachteten Autor, nämlich von Woody Allen, und er lautet: „Nicht nur gibt es keinen Gott, sondern versuchen Sie mal, am Sonntag einen Klempner zu finden!“[26] Wer an diesem Satz seinen Spaß haben kann, der zeigt, daß er mit dem Phänomen der syntaktischen Metapher auf der Ebene seines sprachlichen Könnens bestens vertraut ist, auch wenn er darüber vielleicht sprachphilosophisch keine Auskunft geben kann. Als Kommentar reicht hier die Feststellung: Ob es nun einen Gott gibt oder nicht, es gibt ihn jedenfalls nicht im selben Sinne, wie es Klempner gibt. Den negativen Aspekt dieses Resultats hatte schon David Hume in seinen *Dialogen über natürliche Religion* ausführlich und humorvoll zur Sprache gebracht.[27] Wenn diese negative Seite einmal zugestanden ist, nämlich die Einsicht, daß es zu absurden Konsequenzen führt und daher unsinnig ist, nach der Existenz Gottes im selben Sinne zu fragen, wie man nach der Existenz vermuteter Planetenmonde oder sonntags erreichbarer Klempner fragen kann, und wenn hier sprachphilosophisch gezeigt werden konnte, daß es viele legitime andere Weisen gibt, auf die wir mit Recht davon sprechen, daß es etwas gibt (z.B. gibt es Zahlen, Begriffe und Intentionen), dann läßt sich die Untersuchung mit einem positiven Schritt in die Religionsphilosophie hinein fortsetzen: Welchen Sinn haben religiöse Aussagen (z.B. die christliche Rede von Gott), wenn sie *nicht* von schwer zugänglichen Dingen handeln, und wie hängt ihr jeweiliger Sinn mit Erfahrungen zusammen, wenn die Auskunft, solche Erfahrungen würden „verbalisiert“, von innen nach außen transportiert, als zu kurz greifend erkannt ist?

5.

In einem abschließenden Schritt möchte ich nun die Schlußfolgerungen ziehen, die sich aus den vorgetragenen Überlegungen für einen weiten Begriff der Erfahrung ergeben, verbunden mit einigen Andeutungen dazu, wie ich mir eine Annäherung an das Gebiet des Religiösen vorstelle. Ich bin mir aber im Klaren darüber, daß ich als Erkenntnistheoretiker dazu in diesem Kreise den Mund nicht zu voll nehmen sollte. Hier also meine Folgerungen.

---

[26] „Not only is there no God, but try getting a plumber on weekends.“ Woody Allen, Getting Even, London (W. H. Allen) 1975, S. 33.

[27] David Hume, Dialoge über natürliche Religion, Stuttgart (Reclam) 1981.

Erstens: Es spricht nicht gegen den Begriff der religiösen Erfahrung und den mit ihm beanspruchten Realitätsbezug, daß sich den sprachlichen Ausdrücken, mit denen sie (in einem sehr weiten Sinne) „artikuliert" wird, keine einfachen sinnlichen Empfindungen, Empfindungskomplexe oder andere „empirische Daten" im wissenschaftlichen Sinne zuordnen lassen. Das Fehlen solcher *äußerlich* aufweisbarer Daten ist ferner keine Evidenz dafür, daß es sich bei den fraglichen Aussagen, wenn sie einen Erfahrungsgehalt haben, um eine „Empirie nach *innen*" handeln muß, weder im Sinne einer Selbst*wahrnehmung* noch im Sinne selbst erzeugter *Phantasie*vorstellungen. Wenn die hinter diesen Ansichten liegende Sprachauffassung aufgegeben wird, die Bedeutung eines Wortes sei eine ihm zuzuordnende mentale Begleitvorstellung (entweder mit äußerer oder mit innerer Verursachung), verlieren auch sie selbst ihre Plausibilität.

Mit einer solchen anti-atomistischen These ist nicht mehr behauptet, als was für zahllose alltagsweltliche Erfahrungsbereiche wohl unbestreitbar ist: Wir könnten nicht von der Erfahrung des Verliebtseins, des Alterns, von unseren Erfahrungen als Chef oder als Ehemann sprechen, wenn wir auf den atomistischen Erfahrungsbegriff festgelegt wären. Und diese Erfahrungen sind keineswegs nur auf unser „Inneres" bezogen, sie lassen sich nicht in einem einschränkenden Sinne als „bloß psychologisch" abtun.[28] Der atomistische muß daher durch einen holistischen sprachphilosophischen Blick ersetzt werden, der die Praxis, die zu den jeweiligen „Sprachspielen" gehört, in die Erörterung der Bedeutungen der sprachlichen Ausdrücke einbezieht und dadurch zugleich der Tatsache gewahr wird, daß es sehr unterschiedliche Weisen gibt, in denen Ausdrücke Bedeutung haben.

Zweitens: Ich denke, daß die religiösen Erfahrungen, wie die oben erörterten lebensweltlichen Erfahrungen, vielfach solche sind, die zu einem Sich-Auskennen und einem Können führen, und daß auch in ihrem Fall die zugehörigen sprachlichen Handlungen nicht dazu dienen, die Erfahrungen für einen Hörer so zu reproduzieren, daß das Hören des sprachlichen Ausdrucks für ihn die eigene

---

[28] Eine psychologistische Fehldeutung dieser Art hat sich leider an Schleiermachers Formulierung angeschlossen, das Wesen der Religion sein „Anschauung und Gefühl". Vgl. Friedrich Schleiermacher, Über die Religion. Reden an die Gebildeten unter ihren Verächtern, Stuttgart (Reclam) 1969, S. 35. – Ich danke Hans G. Ulrich für diesen Hinweis und andere hilfreiche Kommentare.

Erfahrung überflüssig macht. Um was für eine Art des Könnens handelt es sich bei der religiösen Erfahrung? Meine provisorische Arbeitsdefinition zur Bestimmung des Religiösen lautet: Religionen sind historisch gewachsene Artikulations- und Praxisformen, die ihrem Selbstverständnis und Anspruch nach eine wahrhaftige und angemessene Einstellung zum Leben im ganzen zugleich artikulieren und ihren Angehörigen als ein Können ermöglichen, wobei das „Ganze" sich mit den Stichworten Geburt, Liebe, Sexualität, Schuld, Krankheit und Tod andeuten läßt. Das Können, um das es in der religiösen Erfahrung geht, wäre demnach ein „Lebenkönnen" in einem umfassenden Sinn. Der Buddhismus formuliert an dieser Stelle das Ziel, dem Leben den leidhaften Charakter zu nehmen, indem er lehrt, sich zu ihm auf die richtige Weise einzustellen und illusionäre Vorstellungen aufzugeben. Die Praxis der Meditation ist in diesem Zusammenhang eine Form des Lehrens und Lernens. Sie soll Erfahrungen begünstigen, in denen die entsprechende Einstellung gewonnen und befestigt werden kann. Die religiöse Erfahrung wird damit nicht zu einer technisch herbeiführbaren Sache, gleichwohl kann der Einzelne zum Prozeß der Gewinnung der fraglichen Einstellung dadurch etwas beitragen, daß er lernt, seine kurzfristigen Interessen und Verstrickungen temporär beiseite zu legen, sich von ihnen vorübergehend frei zu machen, um sich der existentiellen Grundsituation zu öffnen.

Die Zielsetzung einer solchen Leidüberwindung wird man kaum partikularistisch oder sektiererisch nennen können, und so ist es kein Wunder, daß die in der buddhistischen Tradition entwickelte Praxisform der Meditation, die in der christlichen Kontemplation bekanntlich eine Entsprechung hat, inzwischen auch in christlichen Klöstern gepflegt wird.

Die Erfahrungen, die man dabei macht, sind aber nach meinem Verständnis nicht solche mit unerhörten, transzendenten Gegenständen, es geht nicht um so etwas wie weit entfernte Planetenmonde, auch wenn der Anfänger manchmal solche Vorstellungen mitbringt und mit Hoffnungen verbindet. Es wäre ein Mißverständnis zu meinen, hier würde ein metaphysisches Geländer entdeckt oder erstellt, das zum bislang bekannten Inventar der Welt hinzukäme und so einen zusätzlichen Halt böte, an den man sich klammern könnte. Treffender wäre die Aussage, es gehe um die Gewinnung einer neuen Sicht auf Bekanntes und um die Einstellung dazu, eher einem Gestaltwandel der von Vexierbildern bekannten Art vergleichbar als z.B. der Begegnung, die Faust mit dem Erdgeist hat.

Die viel besprochene Schwierigkeit, über religiöse Erfahrungen zu sprechen, könnte auch damit zusammenhängen, daß eine *neue Sicht* schwieriger zu vermitteln ist als die Begegnung mit einem *neuen Gegenstand*. Schon oben hatten wir gesehen, daß Erfahrungsberichte sehr häufig die Erfahrung nicht ersetzen können und wollen. Wenn jetzt noch einmal deutlich geworden ist, in welchem Sinne es nicht um die Bekanntschaft mit einem „neuen Gegenstand" geht, wird auch verständlich, daß man in solchen Fällen schwerlich von einer einfachen Versprachlichung, einer umstandslosen „Verbalisierung" von Erfahrungen sprechen kann. Wie oben erörtert wurde, besteht zwischen Erfahrung und Sprache häufig kein Abbildungsverhältnis. Zwar sollen *manche* sprachlichen Handlungen *auch* dazu dienen, das Sich-Auskennen zu vermitteln, weiterzugeben. Sie können das aber auf vielfältige Weise tun, und sie sind nicht die einzigen Mittel zu diesem Zweck. Bezogen auf meinen eigenen Zugang zum Bereich der religiösen Erfahrung läßt sich sagen: Wo über Meditation gesprochen wird, dienen die Worte dazu, zu Erfahrungen im Kontext einer sehr langen Überlieferung *anzuleiten* und nicht, sie zu ersetzen.

Drittens: Versteht man den Begriff der religiösen Erfahrung im Sinne eines Erfahrenseins, eines Sich-Auskennens, dann ist damit ein Anspruch auf Wahrheit verbunden, oder vorsichtiger formuliert: auf Angemessenheit, auf eine angemessene, illusionslose Sicht vom menschlichen Leben. Wer seine Sicht durch die Berufung auf Erfahrung stützt, beansprucht, nicht willkürlich gewählt, sondern etwas gelernt zu haben, was auch andere lernen können, die die entsprechenden Erfahrungen machen. Ein solches Sich-Auskennen entsteht in der Auseinandersetzung mit Widerfahrnissen, die dem Erfahrenden zustoßen und die auch anderen Menschen begegnen. Ihnen gegenüber gibt es eine angemessenere und eine weniger angemessene (z.B. kindlich-naive oder emotional verblendete) Einstellung. So wie die Sprachspiele in nichtsprachliche Handlungen verwoben sind und ihnen angemessen sein müssen, so sind Einstellungen und die aus ihnen fließenden Handlungen mit Widerfahrnissen durchsetzt. Die in diesem Wechselspiel immer wieder neu gewonnenen modifizierten oder befestigten Einstellungen müssen sich an den Widerfahrnissen bewähren; diese entsprechen der „Antwort der Natur" im wissenschaftlichen Experiment. Sie ermöglichen die Rede von der „Angemessenheit" an etwas real Begegnendes und verhindern ein Verbleiben im Bereich der Speisekarten.

Viertens: Es gibt wahrheitsrelevante Sprachspiele, in denen „Gegenstände der Rede" vorkommen und logisch nach dem Schema des Fallens eines Gegenstandes unter einen Begriff behandelt werden, obwohl diese Behandlung streng genommen nicht adäquat ist, oder genauer: obwohl diese Behandlung kein hinreichender Grund für die Auffassung sein kann, das sprachlich so Behandelte sei dem in anderen Sprachspielen so Behandelten gleichartig. Dies ist der Fall der syntaktischen Metapher. Im Unterschied zu den Allegorien können syntaktisch metaphorische Sprachspiele aber nicht durch „wörtlich" operierende, streng adäquate Sprechweisen ersetzt werden. Wenn diese Sprachformen in der Begriffslehre und der Arithmetik zu Hause sind, können sie im Bereich religiösen Sprechens (wenn im Buddhismus z.B. von der Leere oder der Erfahrung der Einheit die Rede ist oder im Christentum von der Gnade Gottes) nicht anstößig sein. Vielmehr kann der Begriff der syntaktischen Metapher zu einem Hilfsmittel werden, die Eigenart der dort üblichen Redeweisen zu erhellen, ohne daß damit Wahrheitsansprüche pauschal aufgegeben würden, wie dies bei einer bestimmten Form der theologischen Adaption der Sprechhandlungstheorie der Fall ist.

Soviel zu meinen Schlußfolgerungen. Mit ihnen ist allerdings keine Generalvollmacht ausgestellt, die eine genaue Untersuchung des Funktionierens einzelner Sprachspiele im Kontext verschiedener Religionen überflüssig machen würde. Eine mir privat bekannte Studentin im ersten Semester fragte mich neulich, ob man an Gott glauben müsse, um Theologie studieren zu können, und ob ich wohl meine, ein uns beiden bekannter Theologieprofessor glaube an Gott. Als Philosoph konnte ich nur zurückfragen: Was meinst du mit „an Gott glauben"? Ich hätte hinzufügen können: Welche Rolle spielt dieses Sprachspiel in deinem Leben, wie äußert sich sein Adäquatheitsanspruch, wie ist es mit der Tradition und mit deinen eigenen Erfahrungen verknüpft?

Es geht in der Religion nach meinem Verständnis um Artikulation und Praxis, d.h. es geht darum, Worte zu finden und sich Handlungsweisen anzueignen, und es geht dabei um die Bemühung um einen Blick auf das Ganze des Lebens. Der Begriff der religiösen Erfahrung enthielte demnach eine doppelte Frage: Einerseits würde es darum gehen, Erfahrungen zu verstehen, die in beliebigen Kontexten auftreten und gleichwohl dieses „Ganze" betreffen, auf das sie über den Kontext hinaus ein Licht werfen. Auf der anderen Seite läßt sich aber auch fragen, ob es Praxisformen gibt, die sich in besonderer Weise auf dieses Ganze beziehen, so daß sie dazu beitragen können, sich dazu auf eine angemessene, nicht-illusionäre Weise einzustellen. Meine eigenen Erfahrungen mit dem Zen lassen mich auch diese zweite Frage bejahen. Ich traue mir aber nicht zu, Ihnen im hier gesetzten Rahmen und allein mit Hilfe von Worten verständlich zu machen, auf welche Weise die Erfahrungen bei einer so harmlosen Tätigkeit wie dem stillen Sitzen etwas mit dem zu tun haben, was im Buddhismus die Überwindung des leidhaften Charakters des Lebens heißt, und wie es möglich ist, daß sich durch eine solche Übung die eigene „Einstellung" entsprechend verändert. Man könnte wohl sagen: Dies ist möglich durch die Erfahrung, loslassen zu können, ohne dadurch in einem negativen Sinn ins Leere zu stürzen. Hier scheint mir aber die Erfahrung *am eigenen Leib*, die von jedem selbst kontinuierlich geübte Praxis, unerläßlich für ein Verständnis sowohl der gerade benutzten Worte, als auch dafür, daß aus der Übung eine Einstellungsveränderung im Sinne einer Verbesserung des Lebenkönnens erwachsen kann.

Meine in diesem Vortrag angestellten theoretischen Überlegungen haben ein bescheideneres Ergebnis. Es lautet: Ich sehe keine erkenntnistheoretischen Hindernisse, die meiner positiven Antwort entgegenstünden, es gebe solche Erfahrungen, es gebe Wege, sich ihnen zu öffnen, und es gebe sprachliche Artikulationsformen, die sinnvoll mit ihnen verbunden sind.

Peter Strasser

Die Menschheit vor dem Absoluten

Religiöser Universalismus und religiöses Empfinden

Was bedeutet religiöser Universalismus? Kurz gesagt, daß eine Religion keinen begründeten Anspruch auf universelle Geltung erheben kann, solange es nicht gute Gründe für alle Menschen gibt, an die Lehren dieser Religion zu glauben.

Auf eine solche Definition werden viele Gläubige mit folgender Bemerkung reagieren: Schön, dann heißt das eben, daß der wahrhaft religiöse Glaube den religiösen Universalismus ausschließt. Denn gewiß nicht alle Menschen haben gute Gründe, wie die Christen an das Dogma des dreieinigen Gottes, der Jungfrauengeburt, der Himmelfahrt Jesu oder der leiblichen Auferstehung von den Toten am Ende der Zeiten zu glauben. Genau genommen, so geht das Argument, haben alle, die keine Christen sind, auch keine guten Gründe, an jene Lehren zu glauben, die zwar für das Christentum typisch sind, nicht aber für andere Religionen. Der Buddhist, der dem Rad der Wiedergeburten entkommen möchte, würde sich wenig geneigt zeigen, wollte man ihn bewegen, an die leibliche Auferstehung zu glauben; und der Jude wäre empört, wollte man ihn darauf verpflichten, Jesus als Gott anzubeten.

Man braucht die Beispiele nicht zu vermehren. Ihre Botschaft ist eindeutig: Religionen sind spezifisch kulturelle Schöpfungen und als solche ist die Gültigkeit ihrer Lehren nicht auf der Basis inter- oder transkultureller Kriterien entscheidbar, wie etwa die Lehren der Wissenschaft, der Technik und, vielleicht, der Philosophie.

Hinzu kommt noch ein Argument von der Seite des Gläubigen: In allen Religionen drückt sich ein supranaturales Wissen aus, das stets und notwendig immer nur einigen wenigen Auserwählten zuteil wird. Dieses Wissen ist per definitionem nichts, was auf dem Wege der natürlichen Vernunft begründet werden könnte. Manchmal auch widerspricht der Glaube dem, was der gesunde Menschenverstand samt der von ihm geschaffenen Wissenschaft für möglich hält. Die Existenz von Wundern ist nur das handgreiflichste Beispiel eines solchen Glaubensbestandes.

Kulturalität, Supranaturalität und Irrationalität sind demnach drei wesentliche Merkmale des religiösen Wissens, und sie alle drei sind mit der Vorstellung eines religiösen Universalismus nicht vereinbar.

Doch in der hier vorliegenden Form ist der religiöse Antiuniversalismus gerade keine Position, die für das Christentum akzeptabel sein könnte. Historisch gesehen sind dafür zwei Gründe verantwortlich:

Erstens sprengt am Anfang des Christentums Paulus mit seiner Aufforderung, die Heiden zu missionieren, die lokale Klammer zwischen Gott und jenem Volk, das als das seine allein „auserwählt" ist, nämlich das Volk der Juden. Entsprechend tritt an die Stelle der blutigen Beschneidung, durch die ein ethnisch-religiöses Stigma festgelegt wird, bei Paulus die Beschneidung des Herzens.[1] Diese legt eine Gesinnung fest, eben die christliche, die an keine Volkszugehörigkeit mehr gebunden ist. Das ist ein Schritt von größter Tragweite, denn durch ihn wird aus dem Gott des Judentums ein Gott für alle Menschen.

Zweitens jedoch hat sich das Christentum in der spätantiken und mittelalterlichen Ausformulierung seiner Glaubensgehalte auf das Engste mit der Gedankenwelt der griechisch-römischen Antike verbunden, insbesondere mit Plato und Aristoteles. Beide haben eine Gottesidee favorisiert, die streng universal ist. Das gilt für Platos Idee des Guten nicht weniger als für den Ersten Beweger des Aristoteles.

Wenn man also, vom aufgeklärten Standpunkt aus, die Orientalisierung Europas am Ausgang der Antike bedauert, weil sie den Einbruch krauser Mystizismen und wüsten Aberglaubens in eine bereits weitgehend zivilisierte Welt bedeutet, so darf man nicht übersehen, daß das Christentum von Anfang an Potentiale in sich birgt, die es über seine Rivalen hinausheben. Das gilt für das Judentum ebenso wie für den persischen Mithraskult oder die angestammte römische Religion. Einmal abgesehen davon, daß das Christentum in einer Welt des Mammons, der Machtgier und brutaler Ausbeutung sich glaubhaft als die Religion der kleinen Leute zu plazieren vermag, ist seine Gottesvorstellung universal. Das heißt auf der formalsten Ebene, daß, obwohl die christliche Gottesvorstellung ihren kulturellen Ursprung und Rahmen hat, sie diesen vom Ansatz her transzendiert. Sie erhebt den Anspruch, für alle Kulturen gültig zu sein.

Zweifellos hat die katholische Kirche den Geltungsanspruch des Christentums *als* Machtanspruch verstanden. Missionierung bedeu-

---

1 Vgl. Röm 2,25-29.

tet die Unterwerfung heidnischer Kulturen, und da der Anspruch absolut ist, wird die Unterwerfung mit den äußersten Mitteln betrieben, einschließlich der Vernichtung des Glaubensgegners. Aber man ist trotzdem nicht kaltschnäuzig oder verblendet, wenn man darauf besteht, daß sich Geltungs- und Machtanspruch nicht dekken. Denn im Kern des Christentums reift eine Theologie heran, die Gott nicht anders zu denken vermag als den Gott *aller*. Dadurch freilich gerät das Christentum auf lange Sicht gesehen in eine Lage, die mit den Postulaten der Kulturalität, Supranaturalität und Irrationalität nur schwer verträglich ist. Denn diese Postulate muß man so verstehen, daß sie in jedem Fall Schranken gegen die Universalisierung der Religion errichten.

Universalisierung heißt eben nicht, möglichst umfassende Ausbreitung mit Mitteln, die sich der rational motivierten Einsicht und Selbstbestimmung des Menschen entziehen. Angenommen, es wäre dem Christentum gelungen, die anderen Religionen zu verdrängen. Äußerlich gesehen wäre dann der Sieg des Christentums vollkommen. Doch was könnte der Christ auf die Frage erwidern, warum sein Glaube besser sei als irgendein Glaube, der im Laufe der Zeit zurückgedrängt wurde und schließlich überhaupt aus der Welt verschwunden ist? Was immer er erwidern könnte, *ein* Argument wäre gewiß nicht überzeugend. Es lautet, daß der faktische Sieger im Kampf der religiösen Standpunkte deshalb recht hat, weil er Sieger geblieben ist. Gegen dieses Argument sprechen wenigstens zwei Gründe:

Erstens lassen sich Geltungsfragen, die auch mit Wahrheitsansprüchen verknüpft sind, nicht darauf reduzieren, was faktisch von vielen Menschen geglaubt wird. Es ist möglich, daß sich zu einer bestimmten Zeit alle Menschen irren. Das kam im Laufe der Menschheitsgeschichte immer wieder vor, und zwar besonders in Fragen, die für das religiöse Leben bedeutsam sind. Man denke nur an den Animismus, der geradezu ein Entwicklungsstadium des Menschen markiert, oder an die anthropomorphe Ausdeutung des Himmels, usw.

Zweitens jedoch führt die Identifikation dessen, der recht hat, mit dem, der sich allgemein durchsetzt, zu Widersprüchen. Denn es ist möglich, daß derjenige, der sich heute allgemein durchgesetzt hat, morgen schon wieder obsolet ist. Das würde bedeuten, es läßt sich nicht ausschließen, daß der, der heute recht hat, morgen unrecht hat – eine in allen Wahrheitsfragen unmögliche Situation. Wenn es *heute* wahr ist, daß Jesus von den Toten auferstanden ist, dann bedeutet das, daß es *wahr* ist, daß Jesus von den Toten auferstanden ist, und mit dem Zeitpunkt, zu dem diese Wahrheit anerkannt wird, hat das nichts zu tun. Rechthaben und Sich-durchgesetzt-Haben sind zwei ganz verschiedene Zustände, von denen sich der erste nicht auf den zweiten reduzieren läßt.

Die Frage des religiösen Universalismus ist also auf keinen Fall mit der Frage identisch, welche Religion sich letztendlich durchgesetzt haben wird.

Blickt man auf die Theologie der Moderne, so erkennt man eine Reihe von universalistischen Strategien, von denen jedenfalls die folgenden drei *nicht* zielführend sind.[2]

(1) *Pragmatistische Theologie.* Es wird gesagt, daß in allen großen Religionen der Welt Elemente enthalten sind, die dazu beitragen, das menschliche Leben menschlicher zu gestalten. Und es wird hinzugefügt, daß keine andere soziale Institution in der Lage ist, das gleiche zu leisten. In diesem Sinne hat William James in seinem berühmten Buch *Varieties of Religious Experience* (1902) gesagt: Gott existiert, weil die Annahme der Existenz Gottes nützlich ist.[3] Es ist klar, was die Attraktivität einer solchen Position ausmacht. Sie läßt die kulturellen Unterschiede im religiösen Denken und

---

[2] Obwohl im folgenden von „Theologien" die Rede ist, sind damit in erster Linie nicht einzelne Lehrgebäude gemeint, sondern typische Vorgangsweisen, die sich bei einzelnen Autoren mehr oder weniger stark ausgeprägt finden und häufig miteinander kombiniert werden. Einem großen Teil des modernen theologischen Denkens liegt die Vorstellung zugrunde, daß man die Texte der Offenbarung einer „zeitgemäßen Interpretation" unterziehen müsse. Damit wird gesagt, daß man die Texte nicht wörtlich nehmen darf. Die im folgenden skizzierten Deutungsstrategien rücken also jeweils eine bestimmte Weise, den Text *nicht* wörtlich zu nehmen, ins Zentrum. Dabei soll im Ergebnis stets das Gleiche erreicht werden, nämlich eine Interpretation der Heiligen Schrift, die vor dem Richtstuhl der Vernunft bestehen kann. Das aber ist im Kern ein Anliegen des religiösen Universalismus, auch wenn der christliche Theologe bloß nach einer innerchristlich akzeptablen Interpretation sucht. Denn indem er das Innerchristliche an die allgemeine Vernunft anbindet, unterwirft er es einem Rationalitätskontext, dessen Wahrheitsansprüche absolut, d.h. transkonfessionell und kulturell exzentrisch sind.

[3] William James: *Die Vielfalt religiöser Erfahrung. Eine Studie über die menschliche Natur*, übers., hrsg. u. mit einem Nachwort versehen v. Eilert Herms, Olten / Freiburg i. Br. (Walter-Verlag) 1979, bes. S. 314 („Die Götter, zu denen wir stehen, sind die Götter, die wir nötig haben und gebrauchen können ...") und S. 470 („Gott ist real, weil er reale Wirkungen hervorbringt").

Handeln tolerant bestehen, und sie vermeidet so die Frage, welche Religion denn nun eigentlich die wahre sei.

Doch klarerweise kann man die Wahrheit religiöser Aussagen nicht davon abhängig machen, ob es nützlich ist, an sie zu glauben. Gott existiert nicht, weil die Menschen an ihn glauben, sonst würde es genügen, daß sie nicht an ihn glauben, und er würde nicht existieren. Dasselbe gilt für alle anderen Glaubensinhalte. Ob bspw. Jesus von den Toten auferstanden ist, ist unabhängig davon, ob es für die Menschen nützlich ist, daran zu glauben – immer vorausgesetzt, Jesus ist *wirklich* von den Toten auferstanden.

Ein weiterer Einwand gegen den religiösen Pragmatismus folgt aus der unspezifischen Antwort, die er auf die Frage gibt, was genau in einer Religion nützlich sei und in genau welchem Sinne das Nützliche nützlich sei. Heute bekommt man nicht selten zu hören, auf das Dogma von der Jungfrauengeburt könne man im modernen Christentum verzichten, nicht aber auf die Himmelfahrt-Jesu-Doktrin. Hinter einem solchen Zugeständnis steckt keine einfache Idee des Nutzens. Es geht vielmehr um die Frage, was zum unverzichtbaren Kern des Christentums gehört, und diese Frage wiederum steht im Zusammenhang mit den möglichen Auswirkungen, welche die Preisgabe bestimmter Lehren hat – Auswirkungen, die von einer heilsamen Anpassung an das Wissen der Zeit bis zum Untergang der Glaubensgemeinschaft reichen können.

Der entscheidende Punkt ist aber darin zu sehen, daß man im engvernetzten Kernbereich komplexer Glaubenshaltungen niemals sagen kann, was religiös verzichtbar ist und was nicht. Der Nutzenbegriff des Pragmatisten führt also zu einer schädlichen Unklarheit, ja Unentscheidbarkeit, was die Frage des rechten oder wahren Glaubens betrifft.

(2) *Symbolistische Theologie.* Es wird gesagt, daß alle Religionen bloß Symbole liefern für das, was sich bildlos nicht ausdrükken läßt, nämlich *The Ultimate Reality*, das Sein des Seienden, im Monotheismus auch „Gott" genannt. Es gibt viele Möglichkeiten, über das Absolute zu sprechen, und nicht alle lassen sich in einem einzigen Grundbild ausdrücken. Sucht man dennoch nach einem solchen Bild, dann stößt man auf eine Leere – so wie man auf die Farbe Weiß stößt, wenn man alle Farben des Regenbogens zusammennimmt. Deshalb gab der amerikanische Theologe John Hick einem seiner Bücher den Titel *The Rainbow of Faiths*.[4]

---

[4] John Hick: *The Rainbow of Faiths. Critical Dialogues on Religious Pluralism*, London (SCM) 1995.

In der einen oder anderen Variante erfreut sich Hicks Position heute großer Beliebtheit, nicht zuletzt wegen ihrer Liberalität. Das jedoch kann über die massive Schwäche dieser Position nicht hinwegtäuschen. Sie ist dreifacher Natur.

Erstens ist die Rede von der *Ultimate Reality* selbst nicht frei von einer gewissen religiösen Voreingenommenheit: Sie paßt besser zu den monotheistischen als den polytheistischen Religionen, besser zu Religionen, welche die bunte Welt der Erscheinungen zurückführen auf ein Grundprinzip des Seins, als zu solchen, die hinter der natürlichen Vielfalt das Wirken einer Vielfalt von übernatürlichen Wesen und Kräften sehen.

Zweitens kann sich auch die symbolistische Auffassung religiöser Gehalte nicht vor der Frage drücken, was die Symbole im einzelnen bedeuten. Johan Huizinga hat in seiner Studie über den *Herbst des Mittelalters* gezeigt, daß der Symbolismus entweder die religiösen Gehalte ihrer Prägnanz und Eigenart beraubt (weil sie alle gleichermaßen für das unnennbare Mysterium stehen) oder in einen wuchernden Beziehungsmystizismus einmündet.[5] Vereinzelte Beispiele für das beziehungsmystizistische Denken finden sich auch noch in der Moderne des Christentums, so etwa bei Simone Weil. Besonders charakteristisch und zugleich befremdlich wirkt ihre Liste der „Abbilder Christi". Solche Abbilder sind laut Weil u.a.: Prometheus, die mittlere Proportionale der griechischen Geometrie, Proserpina, Osiris, Dionysos, Attis, Adonis, Schneewittchen und die Schwester der sieben Schwäne aus dem Grimmschen Märchen, der geschlachtete Widder, in dessen Gestalt Zeus sich dem ägyptischen Herakles gezeigt hat, Odin, Melchisedek, Noah, Krishna und Rama (vor allem Krishna), die Ehefrau in „The bull o' Norroway", Antigone, Tao.[6]

Drittens: Weils Liste kann, entgegen ihrer christologischen Absicht, auch im Sinne des religiösen Pluralismus eines John Hick gelesen werden. Sie zeigt dann, daß der *Rainbow of Faiths* jenen Gläubigen – oder soll man sagen: Metagläubigen? – definiert, dessen Glaube gerade *nicht* konfessionell „verengt" ist. Was aber ist das für ein Glaube, der von Prometheus über Schneewittchen bis

---

[5] Johan Huizinga: *Herbst des Mittelalters. Studien über Lebens- und Geistesformen des 14. und 15. Jahrhunderts in Frankreich und in den Niederlanden*, hrsg. v. Kurt Köster, Stuttgart (Alfred Kröner) [11]1975, Kap. XIV-XVI. (Niederländische Ausgabe letzter Hand 1941)

[6] Simone Weil: *Cahiers. Aufzeichnungen*, Bd. 4, München/Wien (C.Hanser) 1998, S. 175 f.

zum Tao reicht? Die richtige Antwort lautet, daß das gar kein Glaube ist, und daß Weils monströser Symbolmixtur keine Glaubenspraxis entsprechen kann.

(3) *Performative Theologie.* Eine weitere universalistische Strategie besteht darin, das Wesen des Glaubens nicht im Aufstellen von Behauptungen zu sehen, sondern darin, mit dem Absoluten zu „interagieren". Es gibt neben nicht-sprachlichen Ritualen auch sogenannte „performative Akte", das sind Sprechhandlungen, die typisch religiös und als solche zugleich universell sind.[7] Deren Geltung hängt nicht von einer bestimmten Glaubenserzählung ab. Man denke nur an das Gebet. Der Betende dankt, bittet, fleht, zeigt Reue, gibt seiner Hoffnung Ausdruck, preist Gott, in dessen Hände er sein Schicksal legt, etc. Aber der Betende stellt keine Behauptungen auf, an deren Wahrheit oder Falschheit sich das Gelingen oder Mißlingen des Gebets entscheiden würde. Zu beten, sagt die performative Theologie, ist etwas ganz anderes, als Behauptungen aufzustellen.

Von da ausgehend, versucht ein Zweig der modernen Theologie die religiösen Texte so zu lesen, als ob es in ihnen allgemein darum ginge, mit dem Göttlichen oder mit Gott in eine Beziehung der *spezifisch* religiösen Kommunikation zu treten. Demnach geht es

---

7 Diese Position versucht, die Sprechakttheorie von John Austin für die Theologie zu nutzen. Außerdem kann sie sich auf Wittgensteins Gedanken stützen, wonach es keineswegs die einzige Funktion der Sprache sei, mit Begriffen Dinge zu benennen und mit Sätzen Sachverhalte zu beschreiben. Wittgensteins Theorie der Sprachspiele geht davon aus, daß das Aufstellen von Behauptungen, die historisch und empirisch prüfbar sind, nur für bestimmte Sprachspiele, z. B. die Historiographie, gilt, nicht aber für andere, etwa das der Religion. Von diesem Sprachspiel sagt er gelegentlich, daß es gar kein historisches Beweisspiel sei, sondern grundsätzlich anders funktioniere, als Schrei, als Seufzer, als Ausdruck einer religiösen Haltung. Vgl. dazu besonders Wittgensteins Notate aus dem Jahre 1937 in den *Vermischten Bemerkungen*. In die angedeutete Richtung geht auch Johann Baptist Metz, wenn er die Gebetssprache zur eigentlichen Sprache des Glaubens erklärt und hinzufügt, sie dürfe nicht bloß als die Sprache der Kirche oder der frommen Untertanen verstanden werden, die beim Beten bestimmte Dogmen als wahr voraussetzen. Vgl. J. B. Metz, „Gotteskrise als Signatur der Zeit", in: *Instanzen / Perspektiven / Imaginationen* (= *Interventionen 4*, Museum für Gestaltung Zürich), hrsg. v. J. Huber u. A. M. Müller, Basel / Frankfurt a. M. (Stroemfeld / Roter Stern) 1995, S. 106 ff.

in einem Fundamentaltext wie der biblischen Genesis nicht darum, empirische Behauptungen über die Entstehung der Welt aufzustellen, und genau genommen geht es auch nicht um Symbole, insofern Symbole eine Behauptung über das einschließen, was sie symbolisieren. Oder anders und mit Wittgenstein gesagt: „Einem religiösen Symbol liegt keine *Meinung* zu Grunde. Und nur der Meinung entspricht der Irrtum.“[8] Worum geht es dann? Es geht, sagt die performative Theologie, um Sprechakte wie den *Ausdruck des Staunens* über die Schöpfung, um den *Lobpreis* Gottes, um die *Bekundung* der Kreatürlichkeit und das *Einbekenntnis* der Fehlbarkeit des Menschen, usw.

Doch eine solche Theorie ist unhaltbar, zumindest in ihrer radikalen Form. Ihr zufolge dürfen Glaubenserzählungen nicht als Erzählungen verstanden werden, sondern müssen als Teile einer ebenso spezifisch religiösen wie universell gültigen Kommunikation begriffen werden. Demgegenüber ist festzuhalten: Alle Kommunikation, die selbst nicht im Aufstellen von Behauptungen besteht, ist Kommunikation nur deshalb, weil sie die Wahrheit von Behauptungen *voraussetzt* bzw. *einschließt*. Wer betet, der betet nicht zu irgendwem oder irgendwas; stets hat der Betende eine bestimmte Vorstellung von dem göttlichen Wesen, zu dem er betet, und *diese* Vorstellung ist korrekt nur in Behauptungen über Existenz und Beschaffenheit des göttlichen Wesens ausdrückbar. Diese Vorstellung ist also Teil einer Glaubenserzählung und insofern *nicht* automatisch universal, mag auch der Akt des Betens *an sich* ebenso universal sein wie der Akt des Behauptens *an sich*.

Die performative Theologie scheitert daran, daß in jedem Sprachspiel, einschließlich dem der Religion, eine bestimmte Gruppe von Sprechhandlungen fundamental ist, nämlich Behauptungen. Ohne sie könnten Sprechhandlungen überhaupt nicht sinnvoll gesetzt werden. Ein Seufzer Hiobs braucht keine Behauptung einzuschließen. Dann aber ist er kein Akt des Redens, sondern der bloße Ausdruck eines Gefühls. Sobald jedoch aus dem Seufzer eine Klage wird, etwa die Klage darüber, schuldlos einem schrecklichen Schicksal unterworfen zu sein, wird etwas mit Bezug auf Gott und seine Beziehung zu Hiob *ausgesagt*. Genau an diesem Punkt liegt die Grenze der Universalisierbarkeit einer jeden Glaubenserzählung für den Fall, daß ihre Gültigkeit mit den Mitteln der Vernunft nicht

---

8 Ludwig Wittgenstein: „Bemerkungen über Frazers *Golden Bough*", in: *Vortrag über Ethik und andere kleine Schriften*, hrsg. u. übers. v. Joachim Schulte, Frankfurt a. M. (Suhrkamp) 1989, S. 32.

demonstrierbar ist. Traditionsbewußter gesagt: Die Grenze wird markiert durch das *lumen naturale*.

Was folgt aus all dem? Meines Erachtens, daß der religiöse Universalismus, der dem Christentum immanent ist, nirgendwo anders festgemacht werden kann als auf der Ebene der *natürlichen Theologie*. Sie ist die Theologie des „natürlichen Lichts". Als solche ist sie am unverstellten Wahrheitsgehalt religiöser Aussagen orientiert. Sie ist ihrem Wesen nach bestrebt, sich dem Gebiet des Religiösen mit Evidenzen und Argumenten zu nähern, die beanspruchen dürfen, allen Menschen zugänglich zu sein – zugänglich kraft der natürlichen Erkenntnisquellen (Erfahrung, Vernunft), über die alle Menschen mehr oder weniger verfügen. Niemand bleibt von der Erkenntnis der wahren Religion ausgeschlossen, bloß weil er nicht einer bestimmten Glaubenskultur entstammt, nicht am Reich des Supranaturalen teilhat, und nicht dem Wunder als besonderer, irrationaler Glaubensquelle vertraut. – Hier stellt sich nun aber eine Reihe von kritischen Fragen.

Erste Frage: Ist der Primat der natürlichen Theologie nicht ganz und gar unchristlich?

Es ist wahr, im Christentum gibt es von Paulus bis zu Luther und darüber hinaus eine Linie, welche die Vernunft des Menschen herabzuwürdigen scheint. Ein früher *locus classicus* findet sich im Ersten Korintherbrief 1, 19-26. Dort heißt es u.a.: „Denn da die Welt angesichts der Weisheit Gottes auf dem Weg ihrer Weisheit Gott nicht erkannte, beschloß Gott, alle, die glauben, durch die Torheit der Verkündigung zu retten." Daraus wird später Kierkegaard in seiner *Einübung im Christentum* (1850) folgendes Argument beziehen: In der menschlichen Gestalt Jesu erscheint Gott unter dem Deckmantel des größtmöglichen, absoluten Inkognito; von der Vernunft kann die Lehre, wonach dieser arme, am Kreuz zu Tode gefolterte Mensch Gott sei, nur als eine haarsträubende Anstößigkeit zurückgewiesen werden. Fazit: Der christliche Glaube ist seinem Wesen nach „töricht", d.h. streng irrational.[9]

Dagegen läßt sich vorbringen, daß die Stelle bei Paulus in hohem Maße interpretationsbedürftig ist. Der Kommentar der Jerusalemer

---

[9] Sören Kierkegaard: *Einübung im Christentum*, übers. v. E. Hirsch, 5.-6. Tsd., Düsseldorf / Köln (Eugen Diederichs) 1962, Nr. II, S. 69 ff.

Bibel sagt dazu: „Paulus verurteilt hier nicht die echte menschliche Weisheit, die Gottes Gabe ist und dazu verhilft, Gott zu erkennen, sondern eine hochmütige, sich selbst genügende Weisheit.“[10] Einmal abgesehen von der Frage, was eine sich selbst genügende Weisheit sei – vielleicht eine, die verdrängt, daß sie nicht aus sich selbst heraus existieren kann –, geht aus dem Kommentar klar hervor, daß Vernunft und Glaube einander *nicht* widersprechen.

Ebenso wenig widerspricht die natürliche Moral, die sich im wohlerwogenen Gewissensspruch zu Wort meldet, in irgendeiner Weise dem Gesetz Gottes. Hier ist Paulus ein unzweideutiger Gewährsmann, indem er sagt: „Wenn Heiden, die das Gesetz nicht haben, von Natur aus das tun, was im Gesetz gefordert ist, so sind sie, die das Gesetz nicht haben, sich selbst Gesetz. Sie zeigen damit, daß ihnen die Forderung des Gesetzes ins Herz geschrieben ist; ihr Gewissen legt Zeugnis davon ab, ihre Gedanken klagen sich gegenseitig an und verteidigen sich...“[11]

Paulus legt zwar größten Wert auf die Feststellung, daß seit dem Erscheinen des Messias unabhängig vom Weg des Gesetzes noch ein anderer Weg existiert, um für Gott als gerecht annehmbar zu werden, und daß dieser zweite Weg der bessere sei. Dabei handelt es sich um den Glauben an Jesus Christus. Doch damit wird weder der jüdische Weg des Gesetzes abgetan noch der Umstand geleugnet, daß Gott *allen* Menschen ins Herz geschrieben hat, was gut und böse ist.[12]

Zweite Frage: Ist seit Kant und seiner Kritik der Gottesbeweise die Idee einer natürlichen Theologie nicht endgültig desavouiert?

Das wird zwar oft behauptet, aber dadurch wird es nicht wahrer. Kant selbst hat natürliche Theologie betrieben, wenn auch im theoretischen und praktischen Bereich auf unterschiedliche Weise.

Im theoretischen Bereich wollte er zeigen, daß die Gottesbeweise

---

10 *Neue Jerusalemer Bibel*, Einheitsübersetzung mit dem Kommentar der Jerusalemer Bibel, neu bearbeitet u. erweitert, dt. hrsg. v. A. Deissler u. A. Vögtle in Verbindung mit J. M. Nützel, Freiburg / Basel / Wien (Herder) 1985, S. 1652.

11 Röm 2,14-15.

12 Röm 3,21-22.

keine Beweise im strengen Sinne sein können, denn sie verwenden Begriffe der Erfahrung, um über Gegebenheiten jenseits aller möglichen Erfahrung zu sprechen. Daraus hat Kant jedoch keinen agnostischen Schluß gezogen. Im Gegenteil, er hielt es für eine regulative Idee der Vernunft, daß es einen absoluten Anfang der Welt geben muß und daß dieser Anfang daher nicht in der Welt der Erscheinungen, die allesamt bedingt sind, liegen kann. Kant legt größten Wert auf die Begrenzung des menschlichen Verstandes: Vom absoluten Anfang der Welt haben wir keinen Begriff. Wir können hier nur in Analogien denken, etwa den absoluten Anfang in Analogie zur freien Schöpfung menschlicher Artefakte. Wir dürfen jedoch, sagt Kant, die Analogie nicht als Beschreibung Gottes mißverstehen. Gott ist kein Ding.[13]

Dies einmal zugestanden, muß man nun aber zwei Punkte festhalten. Zum einen ist der Agnostizismus eine in sich unverständliche, nicht-intelligible Position. *Als* Vernunftwesen weiß man, daß kein empirischer Anfang der Anfang des Ganzen sein kann, auch wenn man auf nicht-analogische Weise nicht weiß, was es bedeutet, daß Gott der absolute Anfang ist. Zum anderen: Selbst wenn Gott als regulative Idee an sich kein begrifflich faßbares Objekt ist, so wäre doch die Idee Gottes unverständlich, würde damit keinerlei Existenzbehauptung verbunden sein. Alle mit Bezug auf Gott gebrauchten Analogien wären sinnlos, würden sie nicht auf etwas hindeuten, was tatsächlich zum Wesen Gottes gehört, z.B. auf sein freies Schöpfertum, seine Vollkommenheit, seine Liebe.

Was nun den praktischen Bereich betrifft, so hat Kant in seiner Schrift *Die Religion innerhalb der Grenzen der bloßen Vernunft* an jene Formulierung des Paulus angeschlossen, die besagt, daß Gott das Sittengesetz dem Menschen ins Herz geschrieben hat. Kant verstärkt diesen Punkt. Er sagt, daß die wahre Religion in der Befolgung des Sittengesetzes besteht, das jedem Menschen kraft seiner Vernunft als absolut bindend erkennbar ist. Alles andere ist laut Kant Aberglaube und Fetischdienst, gleichgültig, ob er von

---

[13] Vgl. *Kritik der reinen Vernunft*, A 695 ff. / B 723 ff., wo es u. a. heißt: „Ist endlich [...] die Frage: ob wir nicht wenigstens dieses von der Welt unterschiedene Wesen nach einer *Analogie* mit den Gegenständen der Erfahrung denken dürfen? so ist die Antwort: *allerdings*, aber nur als Gegenstand in der Idee und nicht in der Realität, nämlich nur, sofern er ein uns unbekanntes Substratum der systematischen Einheit, Ordnung und Zweckmäßigkeit der Welteinrichtung ist [...]."

einem tungusischen Schamanen oder einem europäischen Prälaten praktiziert wird.[14]

Aber ist die wahre Religion Kants auch christlich? Geht man davon aus, daß Sittengesetz und Christentum keine Gegensätze sind, dann ist Kants wahre Religion jedenfalls nicht unchristlich.

Dritte Frage: Ignoriert die natürliche Theologie, selbst wenn sie kein Vorwurf der Unchristlichkeit trifft, nicht die Besonderheit des Christentums, wie auch die Besonderheit aller anderen Religionen?

Das ist einerseits eine heikle, andererseits keine besonders gute Frage.

Sie ist nicht besonders gut, weil sie den Eindruck erweckt, man könnte über Fragen der Religion unter Absehung des kulturellen Kontextes, in dem gefragt wird, nachdenken. Aber das ist nicht so. Werfen wir einen Blick auf Ciceros *De natura deorum* (entst. 44 v. Chr.), so sehen wir uns in ein Werk der natürlichen Theologie versetzt, in dem epikureische und stoische Philosophie die Klingen kreuzen. Aber sie tun das in einem Kontext, der uns heute fremd geworden ist. Die *religio romana* war ein staatlicher *cultus deorum*, der wenig persönliche Anteilnahme verlangte und auch keiner Theologie in unserem Sinne bedurfte. Ausschlaggebend war die *auctoritas maiorum*, die ihrerseits auf dem *mos maiorum* gründete.[15] Diese Konstellation führte Cicero dazu, den rationalen Diskurs über die Existenz und das Wesen der Götter zwar ernst zu nehmen, indessen als für die Frage des römischen Kults nicht wirklich erheblich zu betrachten. Nach allem philosophischen Hin und Her kann man wieder zur religiösen Tagesordnung zurückkehren, wenn auch mit einem theologisch vertieften Ernst. Außerdem – das darf der Leser nie vergessen – entwickelt sich die Theologie bei Cicero in einem grundsätzlich *nicht* monotheistischen Rahmen.

Kurz gesagt, alle natürliche Theologie ist, wie abstrakt ihre Prinzipien auch sein mögen, zugleich immer eine Art *kultureller Her-*

---

14 Vgl. *Kants Werke*, *Akademie-Ausgabe*, Bd. VI, Berlin (Walter de Gruyter&Co.) 1968, S. 176.

15 Vgl. dazu das Nachwort von Klaus Thraede in M. Tullius Cicero: *De natura deorum. Über das Wesen der Götter*, lateinisch / deutsch, übers. u. hrsg. v. U. Blank-Sangmeister, Stuttgart (Reclam) 1995, S. 469 ff.

meneutik. Ihr Verständnis des Absoluten ist zugleich Explikation und Kritik bestehender Glaubensverhältnisse.

Das bringt uns zu dem heiklen Punkt: Die natürliche Theologie stützt das religiöse Dogma und Bekenntnis *nicht*. Sie stützt das Christentum, soweit der christliche Monotheismus und die christliche Moral allen Menschen, die vernünftig und guten Willens sind, als das Beste, wofür sich eintreten läßt, nahegebracht werden kann. Alles weitere ist eine Frage des „bloßen Glaubens". Daß Jesus der buchstäblich eingeborene Sohn Gottes ist, ist ebenso wenig universalisierbar, wie daß er aus dem Schoße einer Jungfrau geboren wurde und schließlich von den Toten wiederauferstand, um in den Himmel aufzufahren. Gegenüber solchen Lehren verhält sich die natürliche Theologie einerseits agnostisch, andererseits historisch-kritisch. Das schließt nicht aus, daß man als natürlicher Theologe auch Christ ist. Doch statt auf Dogma und Glaubenserzählung als auf etwas zu pochen, was wörtlich genommen werden sollte, wird der Christ nach dem universalisierbaren Sinn von Dogma und Glaubenserzählung fragen. Dadurch tritt er heraus aus dem lokalen Mythos und ein in die Sphäre der Menschheitssymbole.

Daß sich auf diesem Wege das Christentum auch innerlich verändert, ist eine Tatsache. Nur *so* allerdings wird es lebendig bleiben, immer vorausgesetzt, die Welt hört nicht auf, die Idee der Menschheit als einer Solidargemeinschaft Schritt für Schritt zu entfalten.

Was bedeutet das bisher Gesagte für das religiöse Empfinden? Ist letzteres nicht unablösbar verknüpft mit dem, was Kant „Fetischdienst" nannte? Anders gefragt: Wird der religiöse Universalismus nicht unweigerlich zu einem Absterben der religiösen Rituale führen? Und kann es ohne religiöses Ritual ein religiöses Empfinden geben, das mehr wäre als das gelegentliche, konturlose Staunen über die Wunder der Welt und das nicht minder flüchtig-amorphe Erschaudern angesichts des Erhabenen, was immer das Erhabene im Zeitalter der Marsflüge und Teilchenbeschleuniger sein mag? Und kann man, christlich gesprochen, einen Gott lieben, der höchstens eine philosophische Evidenz ist, aber kein Gottvater und kein Gottsohn, kein Heiliger Geist, der unzählige Zeichen, Werke und Stätten mit Ehrfurcht und Brausen, mit Leben und Tiefe erfüllte?

Hier sind mehr Fragen als Antworten, und wir sehen die Konturen einer Welt, die sich im religiösen Universalismus bereits eingerichtet hätte, alles andere als wohlumrissen. Es könnte sein, daß wir dieser Welt in den aufgeklärten Kulturen schon sehr nahe sind, aber es könnte ebenso gut sein, daß wir ihre Schwelle noch gar nicht betreten haben. Im Sommer 2000 versammelte sich weit über eine Million junger Christen aus vielen Ländern der Erde am Petersplatz in Rom, um mit dem Papst gemeinsam zu beten und zu feiern. Was den Standpunkt einer derartigen Zeremonie betrifft, hätte man sich vor hundert Jahren keine Gedanken zu machen brauchen: Der Katholizismus markierte im Sinne Carl Schmitts eine Freund-Feind-Formation. Er stellte einen universellen Machtanspruch, ohne deshalb von seiner Dogmatik, die kulturell hochzentriert war, abzurücken. Doch was ist der Geist, der über dem Nachfolger Petri schwebt, heute – ein Geist, der objektiv keineswegs identisch sein muß mit dem, was Papst und Vatikan noch immer als *ihre* Position begreifen? Ist das nicht bereits der Geist des religiösen Universalismus, der sich in den lokalen Mantel des Katholischen kleidet? Wo der Geist des Friedens und der Liebe in einem ethisch erheblichen Sinne beschworen und erlebt wird – was, wenn nicht ein religiöses Empfinden *als Ausdruck* des religiösen Universalismus, sollte an einem solchen Ort die Menschen beflügeln?

Es ist typisch für den Universalisten, daß er sich um Rituale keine allzu großen Sorgen macht. Denn, so sagt er, wo der rechte Geist weht, dort werden sich auch die Konventionen einstellen, um ihm zum Ausdruck zu verhelfen. Wo das Leben *so* ist, daß die Menschen das Bedürfnis haben, ihrem Schöpfer zu danken, dort werden sich die Formen finden, und es werden vielleicht die alten Formen sein, nur eben gereinigt um den Ritualismus, der eine Folge des Aberglaubens und der Macht war. Wo aber das Leben *so* ist, daß die Menschen elend sind und darben (wie heute der größere Teil der Welt), dort wird es auf der Seite der Wohlhabenden nicht darum gehen können, Messen zu lesen, um Gott zu danken, sondern dem Sittengesetz gemäß zu handeln und Solidarität zu üben. *Das*, wird der Universalist sagen, ist unter diesen Voraussetzungen der wahre Gottesdienst.

Was uns der Universalist zu sagen versucht, läuft also darauf hinaus, daß man sich um das religiöse Empfinden nicht dadurch am besten kümmert, daß man es der modernen Rationalität entgegensetzt und am Pol des Irrationalen festmacht.

Werfen wir von hier aus einen Blick auf Rudolf Ottos einflußreiche Analyse des Heiligen. Der Protestant Otto gehörte zu jenen Theologen, die im Geiste des 19. Jahrhunderts meinten, das spezifisch religiöse Moment sei in einer eigentümlich irrationalen Sphäre lokalisiert, dem „Numinosen“, das sich dem Menschen zugleich als ein „tremendum“ und „fascinans“ offenbare. Das Heilige ist demnach jene dem Profanen entgegengesetzte Macht, zu der man sich unwiderstehlich hingezogen fühlt und vor der man doch in Furcht erbebt. Es ist die Macht am Drehpunkt von Tod und Erlösung.

Doch obwohl Otto den Anspruch erhebt, eine streng universale Analyse des religiösen Phänomens zu bieten, ist mit Händen zu greifen, daß er es vor der Profanierung in Schutz nehmen möchte, die unter den Bedingungen des religiösen Universalismus droht. Deshalb legt er in seiner Abhandlung über *Das Heilige* (1917) besonderen Wert auf die Feststellung, daß das Numinose keine ethische Instanz und daher nicht mit den Kategorien einer rationalen Ethik zu erfassen sei.[16] Otto ist, wie vor ihm Kierkegaard, ein Anti-Kant, auch wenn er sich einer Idee Kants bedient, indem er das Heilige als eine Kategorie *a priori* charakterisiert.[17]

Im *Journal der letzten Dinge* habe ich Ottos Albtraum beschrieben, ohne ihn als solchen zu benennen. Frage: „Wie könnte der wahrhaft menschheitsreligiöse Gott aussehen?" Antwort: „Kein Rest eines Mythos, dessen Substanz nicht völlig allgemein wäre, dürfte dem Menschheitsgott beigemengt sein. Jahwe, Allah, Vishnu – sie sind in dieser Hinsicht keine tauglichen Götter. Ihre Aura hat sich an bestimmten historischen Orten entfaltet, und ihre Autorität hängt an der Eigentümlichkeit jener Kulturen, in denen sie verehrt werden. Ihr kleinster gemeinsamer Nenner ist zuwenig, um das Gottesbild einer einzigen und einigen Menschheitsreligion zu formen." – „In der Überblendung und Durchdringung der Weltreligionen zeigt sich nicht die wahre, die universale Gestalt Gottes. Es entsteht vielmehr ein verblasenes, konturloses Wesen, zusammengesetzt aus den paar abstrakten Zügen, ‚die wir alle verehren'. Von diesem Wesen weiß man bloß, daß es die Liebe ist, die Wahrheit und die Gerechtigkeit. Im übrigen bleibt es ebenso unverbindlich, wie es untauglich ist, zum Gegenstand der Anbetung zu werden." – „Mit Schaudern stellt man sich die höchst diplomatische Ausgestaltung seiner Kultstätten vor. Sie alle unterstünden einem UNO-Hochkommissariat für Glaubensfragen."[18]

Die Pointe ist nun aber, daß sich gegen diese negative Utopie

---

[16] Rudolf Otto: *Das Heilige. Über das Irrationale in der Idee des Göttlichen und sein Verhältnis zum Rationalen*, München (C. H. Beck) 1987, S. 6.

[17] Ebenda, Kap. 16 (S. 137 ff.) u. 19 (S. 165 ff.).

[18] Peter Strasser: *Journal der letzten Dinge*, Frankfurt a. M. (Suhrkamp) 1998, S. 116.

mit Ottos Kategorie des Numinosen nichts ausrichten läßt. Denn die Entdramatisierung und das Blaßwerden des *Mysterium tremendum et fascinosum* gehören zu einer Reihe von Vorgängen, die der modernen Welt immanent sind. Modernität ist gleichbedeutend mit der Ent-Irrationalisierung der Lebensverhältnisse, und das bedeutet, daß auch das Numinose, d. h. das radikal Irrationale bei Otto, *rationalisiert* wird. Es verschwindet nicht einfach. Die Ideen des Absoluten und der Kreatürlichkeit sind, recht verstanden, dem menschlichen Geist ebenso unauslöschlich eingeprägt, wie dem menschlichen Herzen die Idee des Sittlichen eingesenkt ist. Nichts verschwindet, aber alles erscheint nun unter einem anderen Licht.

Visionäre Zustände, wie sie für das religiöse Erleben typisch sind, bis hin zu den Bilderfluten der Johanneischen Apokalypse, fallen für das moderne Denken entweder in das Gebiet der Psychiatrie oder in das einer archetypischen und kulturellen Symbolik. Auf keines dieser Gebiete ist Ottos Kriterium der unauflösbaren Irrationalität des Heiligen anwendbar. Immer stehen rationalisierende Fragen des Ursprungs, der Entstehung und der Bedeutung im Vordergrund, ob sich nun Pascal eine Nacht lang im reinigenden Feuer Gottes befindet oder ob Emanuel Swedenborg den Auftrag erhält, vom wahren Sinn der Offenbarung Zeugnis abzulegen.

Doch auch in der Art und Weise, wie sich der moderne Mensch dem Heiligen zuwendet, sind die Unterschiede zur Gottesfurcht der Alten manifest. Jahwes Anblick war für die Menschen nicht zu ertragen, der Bundeslade durfte man sich nicht ungeschützt nähern. Der jüdische Ritualismus insgesamt war geprägt von der Angst, Gottes Zorn könnte sich über den unbotmäßigen Einzelnen, die ungehorsame Sippe oder das ganze Volk ergießen. Diese drastische Unmittelbarkeit des Heiligen ist für den modernen Gläubigen kein Thema mehr.

Moderne Religiosität ist ein Teil dessen, was Norbert Elias den „Prozeß der Zivilisation" genannt hat. Das religiöse Empfinden kann der die ganze Gesellschaft durchdringenden Tendenz zur Affektdämpfung und Kontrolle des Gefühlslebens nicht entkommen. Der Durchschlag des Numinosen wird rational abgepuffert, ästhetisch sublimiert oder institutionell gleichsam eingezäunt. Droht hingegen das religiöse Erleben die Alltagspersönlichkeit zu überfluten und zu beschädigen, so wird es umdefiniert: Es ist dann ein Fall für die Psychiatrie.

Geht man nun aber davon aus, daß zwischen religiösem Universalismus und moderner Religiosität ein innerer Zusammenhang besteht, gestiftet durch den Prozeß der Zivilisation, dann wird ohne weiteres erkennbar, daß Ottos Idee des Heiligen damit nur wenig zu tun hat. Das bedeutet nicht, daß ein menschheitsreligiöser Gott mehr wäre als eine papierene Konstruktion. Die Arbeitsweise eines UNO-Hochkommissariats für Glaubensfragen hätte am ehesten noch Verwandtschaft mit dem römischen Religionskult, der mehr oder minder gleichgültig praktiziert werden konnte. In der modernen Welt freilich, die längst nicht mehr an den Einfluß der Götter auf das irdische Geschehen glaubt, wäre ein solcher Kult bloß eine Art Religions-Esparanto: nicht nur vollkommen überflüssig, sondern darüber hinaus ohne jeden Gefühlswert.

Der Gott des religiösen Universalisten läßt sich also nicht durch den abstrakten Gott einer hypothetischen Menschheitsreligion darstellen. Zwar tritt im Universalismus auf der kognitiven Ebene das Allgemeine in den Vordergrund, doch entspricht dem auf der Ebene des religiösen Empfindens eine Neigung zur Individualisierung. Im 19. Jahrhundert hatte die Kunst das Erbe der angestammten Religion angetreten. Das Konzept des genialen Künstlers revitalisierte die Idee des Priesters, der mit dem Göttlichen Kontakt unterhält. Aber das 19. Jahrhundert ist lange vorbei, und die religiöse Aufladung des Genies ist ebenfalls der Säkularisierung anheimgefallen. Man mag das bedauern, darf indessen die befreiende Seite dieses Vorgangs nicht übersehen: Zum ersten Mal sind in den Angelegenheiten des religiösen Fühlens alle Menschen prinzipiell gleich.

Fortan ist jeder einzelne *als* einzelner, der mit Vernunft und Sensibilität ausgestattet ist, auf Gott (die Götter oder das Göttliche) bezogen. Wir brauchen die Mittler nicht mehr deshalb, weil Gott eine Majestät wäre, die nur indirekt mit uns Kontakt aufnähme. Die Mittler sind fortan Bewahrer von Institutionen, Symbolen, Riten und Werken, die unsere Kultur definieren, und manchmal sind sie im Gnadenstand besonderer Empfänglichkeit. Als solche sind sie unverzichtbar, nicht jedoch als Erlebnisautoritäten mit Bezug auf Gott oder das Heilige. Diesbezüglich sind wir im Zeitalter des religiösen Universalismus gleichrangig. Jeder hat, um mit Heidegger zu sprechen, die „Lichtung des Seins“ schon immer betreten.

Was das für das religiöse Empfinden im Detail und für die Zukunft bedeutet, läßt sich nur vermuten. Man kommt nicht umhin, mehrere Szenarios zu betrachten, von denen einige deutlich defizitäre Züge aufweisen.

Szenario Nr. 1: Amorphisierung des religiösen Empfindens. Mangels massiver hochkultureller Anhaltspunkte und institutioneller Attraktoren beginnt das religiöse Empfinden zunehmend konturlos zu werden, um schließlich in vielen Seitenkanälen zu versikkern.[19]

Szenario Nr. 2: Spiritualisierung des religiösen Empfindens. Das Amorphwerden des religiösen Empfindens wird aufgefangen durch die quasireligiöse Befassung mit der eigenen Subjektivität. Wie um das Goldene Kalb, so dreht sich nun alles um Selbstverwirklichung, Selbsterfüllung und Spiritualität, verstanden als die Fähigkeit, sich mit den „höheren Dingen" zum Zwecke eigenen Wohlfühlens gewinnbringend zu befassen. Die Schleusen zu den Seitenkanälen werden geöffnet, der Name des Unternehmens ist Esoterik. Sie schafft es, so unterschiedliche Dinge wie Makrobiotik und Astrologie auf einen Gefühlsnenner zu bringen, allerdings immer nur saisonal. Sie ist eine Funktion rasch wechselnder Moden, sodaß man ihr die Prognose stellen darf, über kurz oder lang an der eigenen Plastizität zu erlahmen und da und dort härteren Formen der Erlösungssucht Platz zu machen.

Szenario Nr. 3: Re-Mythologisierung des religiösen Empfindens. Es findet eine mehr oder minder spielerische Regression auf blank Mythologisches statt. Wildwüchsige Geschichten über Götter, Zwischenwesen, Magier und Feen werden in verschiedensten *Fantasy*-Welten, dargeboten in Büchern, Computer- und Rollenspielen, durchgelebt. Der *Fantasy*-Kontext ist allerdings zerbrechlich. Er gedeiht nur in entspannten sozialen Verhältnissen, in denen eine

---

[19] Man kann diesen Vorgang bei einem Autor wie Peter Handke gut studieren. In seinen Journalen dominiert seit der *Geschichte des Bleistifts* (1982) eine zarte Naturbewunderung, die sich vor den profanen Realitäten des Lebens auflöst wie ein ungreifbares Nebelgespinst. In Handkes Erzählungen wiederum findet man immer wieder Erlösungsaugenblicke, die freilich an Bewußtseinszustände gebunden sind, welche über die Geschichte des Helden oder der Heldin kaum hinausreichen. Alles geht hier in Richtung Privatmystik, noch dazu einer, die zu den Übeln der Welt nichts zu sagen hat. In einer Erzählminiatur mit dem Titel *Versuch des Exorzismus der einen Geschichte durch eine andere* (enthalten in *Noch einmal für Thukydides*, ergänzte Ausgabe, Salzburg / Wien [Residenz] 1995) hat Handke auf das angesprochene Problem reagiert. Der einstige Ort der Nazigreuel liegt wie verzaubert in der Sonntäglichkeits-Stille, ein blauer Falter dreht sich in der Sonne und landet auf einer Schiene des Bahnhofs – „und die Kinder von Izieu schrien zum Himmel, fast ein halbes Jahrhundert nach ihrem Abtransport, jetzt erst recht" (S. 87). Dieses „jetzt erst recht" wirkt angesichts des Umstandes, daß das Idyll *da* ist, doch einigermaßen rhetorisch.

juvenile Persönlichkeit gedeihen kann, für die der „religiöse Ernstfall“ niemals akut wird.

Szenario Nr. 4: Re-Dogmatisierung des religiösen Empfindens. Darunter fällt sowohl die schwärmerische Rückkehr zur Orthodoxie – die „Konversion“ im klassischen Stil, die heute selten ist[20] – als auch die heute häufige Einkehr ins Sektenleben. Es handelt sich, mit einem Wort, um die härteren Formen der Erlösungssucht.

Szenario Nr. 5: Religiöses Empfinden als Ausdruck des religiösen Universalismus. Dieses Szenario ist real und utopisch zugleich. Es ist das einzige, das dem religiösen Universalismus wirklich gerecht wird, weil es weder zur Anomie noch zur Regression Anlaß gibt. Seine Protagonisten sind „gläubig“ in dem jederzeit diskutierbaren Sinne, in dem eine natürliche Theologie ihre Aussagen formuliert.

Daraus folgt, erstens, daß man sich an die greifbaren Dinge des Lebens halten muß, um die ungreifbaren „Dinge“ vor dem Amorphwerden zu bewahren und sich selbst vor der Trostlosigkeit. Was heißt das? Vor allem anderen, daß man sich bemühen sollte, ein im kantischen Sinne „gottgefälliges“, also moralisch anständiges Leben zu führen.

Unter dem Gesichtspunkt des religiösen Universalismus heißt das, zweitens, daß jedenfalls Solidarität zu üben ist mit den Armen und vom Unglück Betroffenen, ihnen beizustehen, so oft und so gut es geht. Der neoliberale Mensch hingegen, dessen Evangelium die eigensüchtige Ideologie der Upper Middleclass ist, denkt und fühlt unanständig, auch wenn er beansprucht, ein Christ zu sein. Denn wir alle kennen, als Folge unserer Teilhabe am Göttlichen, das Sittengesetz. Wir alle wissen, was gerecht und ungerecht ist. Daran vermag auch das skeptische Argument nichts zu ändern, das besagt, daß wir in komplizierten Kontexten oft verwirrt sind und nicht immer wissen, wie das Sittengesetz anzuwenden ist. Wir alle unterliegen dem Übel der Endlichkeit, und wir alle sind den Versuchungen des Bösen ausgesetzt.[21]

---

[20] Die Konversion zum Katholizismus, verbunden mit einer schwärmerischen Auffassung vom christlichen Mittelalter, war eine Spezialität der Romantik, wird aber auch späterhin noch vereinzelt zelebriert, so etwa bei dem Ex-Dadaisten Hugo Ball. Vgl. dessen Erinnerungs- und Bekenntnisbuch *Die Flucht aus der Zeit* (1927), hrsg. u. mit Anm. u. einem Nachwort versehen v. Bernhard Echte, Zürich (Limmat) 1992.

[21] Aber ist ein Postulat, das eine Parteinahme für „die Armen und vom Unglück Betroffenen” zwingend vorsieht, nicht eurozentristisch und christomorph? Wie kann es dann Bestandteil des religiösen Universa-

Drittens: Manchmal haben wir das Bedürfnis, Gott um Hilfe anzuflehen, manchmal, Gott zu danken. Nicht alle Menschen der Moderne werden geeignete Formen finden, diesem Bedürfnis Ausdruck zu verleihen. Aber andererseits verpflichtet sich auch niemand zu irgendeiner Form des religiösen Partikularismus, falls er eine Kirche, Synagoge oder Moschee betritt, um dort seinem Glaubensbedürfnis einen Rahmen und eine Form zu geben. Der Geist weht, wo er will. Warum also nicht an *den* Orten, an denen sich die Zwiesprache der Kulturen mit dem Heiligen über viele Generationen und Jahrhunderte hinweg verfestigt hat?

Viertens: In jedem Fall sind die mystischen Augenblicke des Lebens, ob sie von Naturdingen, Tieren oder Menschen ausgehen, selten genug. Wir sind angehalten, ihnen nachzusinnen und sie aufzubewahren. Ihre Botschaft bereichert uns dauerhaft jedoch nur dann, wenn unser Leben selbst eine kognitiv und moralisch handfeste Struktur hat. Wenn es eine Liebe zu Gott gibt, dann muß sie sich in der Anwendung von Prinzipien des liebenden Umgangs der Menschen miteinander und des schonenden Umgangs mit den anderen Wesen und Dingen der Welt realisieren. Zu jenen Prinzipien gehört das der Caritas zentral dazu – eine Mystik ohne praktische

---

lismus sein? Kritiker, die so argumentieren, verweisen gerne auf Kulturen, in denen die Gleichgültigkeit gegenüber dem Leiden anderer als selbstverständlich gilt, wie etwa im indischen Kastensystem und seiner Lehre vom Rad der Wiedergeburten. Doch derlei Argumente werden nicht dadurch besser, daß sie andauernd wiederholt werden. Niemand, der nicht abergläubisch auf eine Reinkarnationslehre fixiert ist oder eine solche Lehre zu seinem eigenen Vorteil ausbeutet, wird eine *gute* Rechtfertigung dafür zur Hand haben, daß man dem leidenden Anderen nicht zu helfen braucht. Und niemand, der die Dinge korrekt auseinander zu halten weiß, wird den Umstand, daß eine moralische Auffassung ihren Ursprung an einem bestimmten Ort hat, gegen die Wahrheit dieser Auffassung ins Treffen führen. Ähnlich unsinnig wäre es zu behaupten, die Relativitätstheorie sei nicht „universalisierbar", weil sie in Europa formuliert wurde und daher notwendig „eurozentrische" Züge trage. Man kann natürlich Zweifel daran hegen, ob es überhaupt moralische Grundsätze gibt, die so gute Gründe für sich haben, daß sich kein vernünftiger Mensch ernsthaft gegen sie entscheiden kann. Doch das ist eine andere Argumentationslinie, und wenn ihre Befürworter recht hätten, dann müßte man den Gedanken des religiösen Universalismus *an sich* verwerfen. Denn ein religiöser ohne einen moralischen Universalismus ist undenkbar: Die wahre Religion impliziert die wahre Moral.

Nächstenliebe ist wie ein Rad, das nichts dreht, oder wie ein Spiegel, der sich selbst bespiegelt: eitel, leer und nichtig.

So gesehen ist, fünftens, ein authentisch religiöses Empfinden unter dem Vorzeichen des Universalismus nur möglich, wo die Welt derart beschaffen ist, daß sie auch ohne die Tröstung des Aberglaubens, die Krücke des Fetischdienstes oder die Blindheit des Agnostizismus auskommt. Wir wissen, daß die Welt häufig *anders* beschaffen ist. Aber das spricht nicht gegen den religiösen Universalismus, sondern dagegen, daß wir häufig leben und sterben müssen, ohne die tiefere Einheit zu erfahren, die uns alle umschließt und eint.

Reprise

Manfred Moser

Große Wendungen

Gemeindekonstruktionen zwischen Verzückung und Verzweiflung

1.

Der pathologische Programmtitel „Zwischen Verzückung und Verzweiflung“ schlägt von vornherein in die Flucht. Eine Flucht ist nie geradlinig, weder eindeutig auf ein Ende noch auf einen Anfang gerichtet, sondern immer in sich gegenläufig, gefangen zwischen den Extremen. Ihr unablässiges Hin und Her bringt jede sichere Position zum Verschwinden. Einerseits muß etwas alt und blaß werden, zum Beispiel der Ort, wo man gewesen ist. Die Maxime lautet: „Weg damit!“ Andererseits muß etwas neu und farbig werden, zum Beispiel die Zukunft, das Paradies oder irgend ein Park. Die Maximen lautet: „Nichts wie weg!“ Den Maximen ist gemeinsam, daß sie keinen Inhalt preisgeben. Sie sind leer und treiben, kraft ihres inhaltlichen Mangels, den Fortschritt an. Es sind reine Fortschrittmacher. Für die tägliche Praxis, Karrieren und dergleichen, eröffnen sie vielleicht Chancen, für das Denken stellen sie Engpässe dar. Die klassische, an Engpässe gewöhnte Rhetorik empfiehlt in solchen Fällen das Mittel der Amplifikation. Das Heil liegt, trotz aller Bedrängnis, im Zeitgewinn. Die Schrift *Vom Erhabenen (Peri Hypsous)* des Pseudo-Longinos erklärt, was speziell zu tun ist.[1] Sobald die billigen Argumente nicht mehr genügen und die Rede insgesamt schon klappert, sollten ein paar „große Wendungen“ hinzutreten. Der Redner mag frei entscheiden, ob er sie „nacheinander herbeiwälzt“, im Anstieg „stufenweise“ einführt, mit „üblichen Topoi“ oder mit „heftigerem Pathos“ ausstattet, durch „Kernfragen“ oder „Umstände“, „Fakten“ oder „Affekte“ verkettet, er hat wirklich die Wahl. Nur darf er nicht eine der Myriaden Möglichkeiten vom Erhabenen trennen: „Entziehst du der Amplifikation (*auxesis*) das Erhabene, so reißt du dir und deinen Zuhörern gleichsam die Seele aus dem Leib.“[2]

---

1 Pseudo-Longinos, Vom Erhabenen, 11,1.

2 1. c., 11,2.

2.

Die römische Rhetorik behandelt die „großen Wendungen“ traditionell in ihrem Ethos-Pathos-Kapitel. Auch die spätere, an Cicero und Quintilian anknüpfende Rhetorik führt das Begriffspaar „Ethos-Pathos“ getreu mit. Der Eindruck der Zweisamkeit hält bis ins 18. Jahrhundert vor, wandelt sich jedoch zum Ausdruck einer Krise. Die Sitten und Leidenschaften, mœurs et passions, manners and passions, kommen in der Tat wie zwei streitende Kinder zurecht, die angesichts der Gefahr, daß eine Autorität den Streit beendet, ihre wechselnden Bündnisse schließen. Als Hauptgegner der Allianz wirkt seit jeher die Aufklärung – und in ihrem Gefolge die Disziplin, der Apparat. Die aufgeklärte Logistik läßt dabei einen Mangel erkennen, und auf diesen hebt die Rhetorik voll Ehrgeiz ab: Der bloß klar und distinkt operierenden Aufklärung fehlt der Glanz. Diese Scharte bleibt in sämtlichen „res publicae“ peinlich sichtbar, ohne Glanz gibt es gar keine Macht. So entdecken die professionellen Redner ihre Marktlücke. Sie plündern die Hierarchie des Wissens und übertragen die gefundenen Werte auf den Horizont der Zuhörerschaft. Ethos und Pathos erscheinen nun eingespannt im „angemessenen“ Rahmen, aber produktiv. Sein wird seiend, die Verlaufsform ersetzt die ewige Form, und es springen „große Wendungen“ heraus. Oder das Dekorum „in foro causisque civilibus“ ersetzt die Geschichte.

3.

Cicero bietet einen Kompromiß an. Dreierlei Aufgaben habe der Redner zu erfüllen: ut probet, ut delectet, ut flectat.[3] Die Beweise liefere er im nüchternen, lehrhaften Stil, „sermone tenui“, und gründe sie auf die Dinge, „res“. Die Geselligkeit pflege er durch einen konzilianten, anmutigen Stil, „cum iucunditate“, und beziehe sich auf die Sitten, „mores“. Für die Höhepunkte verwende er einen erhabenen Stil, „cum gravitate“, und zeige Leidenschaft, „affectus“. – „Sed quot officia oratoris, tot sunt genera dicendi: subtile in probando, modicum in delectando, vehemens in flectendo.“ Der Kompromiß klingt einigermaßen fair, ist jedoch faul. Cicero macht nämlich keinen Hehl daraus, daß ihn die Appelle an den Verstand

---

[3] Cicero, Orator 69.

viel weniger interessieren als die beiden anderen rhetorischen Genera. Ethos und Pathos, diese wunderbaren Erreger, krempeln den ganzen Gefühlshaushalt um. Zudem haben sie mindestens die gleiche Beweiskraft wie die strengen Syllogismen, weil erst ein Anstoß der Seele, „motus animi“, zu bleibender Einsicht führt. Das Pathos trägt schließlich den Sieg davon: „probare necessitatis est, delectare suavitatis, flectere victoriae“. Es erschüttert die Menschen, treibt sie zur Verzückung und Verzweiflung, während das Ethos sie nur freundlich stimmt und in ihrer gutmütigen Geneigtheit, ihrem Wohlwollen, ihrer einfachen „humanitas“ beläßt. Dem Pathos gebührt der Kranz, dem Ethos ein Trostpreis. Der Kompromiß ist damit hinfällig. Cicero wechselt ins Lager der Strategen über. Die Hauptgebiete der Rhetorik heißen künftig: Marketing, Controlling.

4.

Quintilian spricht die Strategie direkt an: „Zuweilen sollten wir nicht nur präzise Fragen, sondern überhaupt ihre Erörterung meiden. Wichtig ist, daß wir die Aufmerksamkeit der Hörer mittels der Affekte bannen und ablenken, denn es ist ja nicht Sache der Redekunst, Lehren zu erteilen. Ihre Kraft geht über die Worte hinaus und setzt die Welt rundum in Bewegung.“[4] Die Erhabenheit, „sublimitas“, die Größe, „magnificentia“, der Glanz, „nitor“, das Gewicht, „auctoritas“ intervenieren als eigenmächtige Streitkräfte, wobei das Herzeigen der Waffen den besten Effekt verspricht: „Deshalb ficht der Redner nicht nur mit starken, sondern auch mit strahlenden Waffen.“[5] Der Effekt beruht auf den Irrungen und Wirrungen, „perturbationes“, die den Feind hilflos machen. Die Freunde ihrerseits müssen das Tarnen und Täuschen erlernt haben: „Natürlich möchte ich nicht, daß unsere Waffen vor Schmutz und Rost starren, sondern daß sie einen Glanz zeigen, der den Feind schreckt wie der Glanz des Eisens, wodurch Geist und Auge zugleich geblendet werden, am allerwenigsten aber empfehle ich den Glanz von Gold und Silber, der im Kampf untauglich und fast eine Gefahr für seinen Besitzer ist.“[6] Quintilian nähert das aggressive Pathos nachher einem milden Ethos an, doch leiten stets die gleichen Sprüche zum Gesellschaftlichen über. Es sind Werbesprüche. Die

---

4 Quintilian, Inst. or. IV 5,6.
5 Inst. or. VIII 3,2.
6 Inst. or. X 1, 30.

Konzilianz stammt vom Markt, und der ist längst bearbeitet. „Zuerst muß uns ja klar sein, was wir steigern wollen oder dämpfen, was erregt, was gemäßigt vorgetragen, heiter oder ernst, übersprudelnd oder knapp, herb oder gelind, großzügig oder pedantisch genau, gewichtig oder im leichten Plauderton."[7]

5.

Das Publikum wird zu dem, was es ist, durch Abstraktion von den Existenzbedingungen der Individuen und Gruppen, ihrer lebenserhaltenden Dynamik und durch Subsumtion unter ein Regelwerk der Verständigung. Jeder rhetorische Aufwand ist diesem Regelwerk immanent und gibt daher lediglich Abbilder eines Systems der Bedürfnisse wieder. Aus der Sammlung von Abbildern zieht der Demagog seine Schlüsse, ohne sie semantisch prüfen zu müssen. Er achtet auf den Kontext: wie die „Werte" syntaktisch zusammenspielen, zum Nutzen und Frommen, je nachdem, und wie sie immer neue Löcher ins System reißen, Laufmaschen, über die sich das Publikum verzückt oder verzweifelt niederbeugt, um seine Ressentiments zu entwickeln oder die Erlösung herbeizusehnen. Die moderne wissenschaftliche Rhetorik bindet den Kontext mit Vorliebe an „Erfahrungen". Das ist so ziemlich alles, was hinter den sprichwörtlichen „Werten" steckt, dic objektive Welt, ein Haufen Daten, ähnlich der römischen „res". Aber die Imperien des Marktes und der Medien halten gerade die Empirie nicht fest, weil die „Werte" überschießen. Denn die „Erfahrungen" sind selber ungehalten, vage, sprunghaft, zu allgemein für ein meßbares Echo, und das Publikum zerstreut sich. Es tauscht seine „mores" wie die Kleider, entweder gläubig gesinnungslos, populistisch, monetaristisch, radikaldemokratisch, oder gesinnungslos gläubig, religiös. Manche landen in der Magie, im Plunder und Gebrabbel, den kultischen Novitäten, manche als Konsumenten und Seitenblicklieferanten bei Events, Start-Ups, Symposien, Olympiaden, den Innovationen. Ihre „Erfahrungen" geben allesamt keine Novellen her. Ständig wiederholen sie eine Szene, das Ganze nochmal von vorn und vom ersten Tag an, die ewige Leier. Es erscheint deshalb lohnend, die Adressaten der Rhetorik an einem anderen Ort zu suchen. Nicht nur Regeln steuern die Kommunikation, sondern

---

[7] Inst. or. VIII 3,40.

auch und besonders Ausnahmen. Die Fragen könnten lauten: Wo ist das Erhabene geblieben? Und wo ist das Publikum, das sich erhebt?

6.

Platon verteidigt seine Gemeinde gegen die vielen Gemeinden, die an Doppelgesichter glauben. Sie sind das falsche Publikum, jenseits der Philosophie, immer zu Überfluß und Unordnung neigend. Platon sorgt für Ordnung. „Und beim Hunde, reinigen wir die Stadt, von der wir sagten, sie schwelge."[8] Das heißt, etliche Gruppen können einpacken. Zuerst entfernt Platon die Verwandler und Gaukler, die Künstler, sofern sie nicht Pädagogik betreiben, und zugleich die Ästhetik, sofern sie den Gang der Dialektik stört, den Widerstreit schon im Ansatz. Wo ist dann die eigene Gemeinde? Sie wird nicht emporgehoben, sondern diskret zurückgezogen, wahrhaftig ins Innere. Die Reinigung als Prozedur begünstigt die Internalisierung, weil sie stets neue Abzüge an der Oberfläche erzwingt: „Wohlan denn, reinigen wir auch noch das Übrige!" Indem sie die Kluft zwischen Idee und Abbild mehr und mehr vergrößert, befreit sie die Erkenntnis von jedem Ballast: Es geht weiter, herrliches Gefühl! Indem sie aber das Irdische, den Schmutz benennt, durch Zeichen hervorkehrt, verunreinigt sie auch den gesetzgebenden Text: Es muß sein, leider! – „Einem Mann also, wie es scheint, der sich künstlicherweise vielgestaltig zeigen kann und alle Dinge nachahmen, wenn uns der in die Stadt käme und auch seine Dichtungen uns darstellen wollte, dem würden wir Verehrung bezeigen als einem heiligen und wunderbaren und anmutigen Mann, würden ihm aber sagen, daß ein solcher bei uns in der Stadt nicht sei und auch nicht hineinkommen dürfe, und würden ihn, das Haupt mit vieler Salbe begossen und mit Wolle bekränzt, in eine andere Stadt geleiten."[9]

7.

Der Autor der Schrift *Vom Erhabenen* redet zu einem Freund, Postumius Terentianus, ansonsten fehlt ihm das Publikum. Oder er

---

[8] Platon, Pol. 399 e.

[9] Pol. 398 a.

will es nicht kennen: „Denn ob wir uns überzeugen lassen, hängt von uns selber ab.“[10] Die normativen Vorgaben sind derart abgeschwächt, daß sogar das gefälligste Ethos und das umwerfendste Pathos nicht imponieren. In dem Zusammenhang mißtraut der Autor gerade den „großen Wendungen“, die, „aufgebauscht mit vielen willkürlichen Zutaten“, nur eine „Scheingestalt von Größe“ annehmen.[11] Das „Erhabene“ liefert das einzige Wahrheitskriterium: Es trägt die Seele „von Natur aus“ empor und gibt ihr eine Freude und eine Lust – „als habe sie, was sie hörte, selber gesagt.“[12] Die Verkehrung der Naturschau zur Innenschau ist nicht ungefährlich. Sie erfordert mehrfache enthusiastische Einsätze, inversiv oder adversiv, dafür oder dagegen – oder beides: „Es ist wohl kein Wunder, daß mittelmäßige Geister, weil sie sich nie in Gefahr begeben und nicht nach dem Höchsten trachten, selten Fehler machen ... das Große schwebt eben durch seine Größe in Gefahr.“[13] In seiner halsbrecherischen Lage ruft der Autor Platon zu Hilfe: „Die Menschen, die nicht Vernunft und Tugend kennen und sich dauernd Gelagen und ähnlichen Genüssen hingeben, werden, wie es scheint, abwärts getrieben und irren so durch ihr Leben. Niemals haben sie hinaufgeschaut zum Wahren, nie wurden sie emporgehoben; eine beständige und reine Freude haben sie nicht genossen, sondern sie blicken ewig wie das Vieh zu Boden, vornüber auf die Erde und ihre Tische gebeugt mästen sie sich beim Fraß und huren herum, und um ihre Gier zu befriedigen, treten und stoßen sie sich mit eisernen Hörnern und Hufen und töten sich in ihrer Unersättlichkeit.“[14]

8.

Platon argumentiert gegen jene, denen alles austauschbar und egal ist. Das sind die Geschäftemacher und – klarerweise – die Genießer. Die Schrift *Vom Erhabenen* würdigt den „geräuschlosen Strom“, worin die philosophische Dialektik „dahinfließt“, und auch das Moment der Steigerung: Wie sich Platon zum Höchsten aufschwingt.

---

[10] Pseudo-Longinos, 1,4.
[11] l. c., 7,1.
[12] l. c., 7,2.
[13] l. c., 33,2.
[14] l. c., 13,1.

Unberücksichtigt läßt sie das Wechselspiel von Inversion und Aversion: Was die Steigerung antreibt. Die Möglichkeit des Genießens scheint den berühmten Mann gar nicht so sehr zu stören, zumindest nicht beim Reinigen, er kostet es deutlich aus. Ähnlich genießt er es in fast jedem seiner Dialoge, wenn sich irgend etwas umdreht. Die Freunde merken ja, wie er lauert, schnüffelt, Speichel schluckt, um eine große Wendung loszuwerden. Ausgerechnet an den Stellen, wo die Zange der Dialektik fester und fester zugreift, fallen ihm ägyptische Geschichten ein, Legenden von Göttern und Halbgöttern, sehnsüchtig singenden Zykaden, archaischen und barbarischen Gesetzen. Er streut sie vielleicht wahllos ein, aber er baut auch theatralisch vollendete Szenen mit himmlischen, durchs Weltall sprengenden geflügelten Rossen oder irdischen, vierarmig, vierbeinig, zweigeschlechtig daherkugelnden Menschenwesen. – Hat er das nötig? Die Freunde wissen, es ist nicht wahr, nicht gut, nicht schön. Eine Verzückung muß jedoch erlaubt sein, um der Liebe willen, und der Gestus des Hörens und Redens gemahnt imperativisch an diese Fähigkeit: Seid verzückt! Und nicht verzweifelt! Eine wahre, gute, schöne Philosophengemeinde.

9.

Die Schrift *Vom Erhabenen* legt eine lange Strecke durch die antike Kultur zurück, Platons Philosophengemeinde ist ihr eigentlich fremd. Nur die Zitate hütet und beschützt sie, führt sie spazieren zu hohen Gipfeln. Sie unterscheidet nicht genau die Charaktere, Gedanken, Inhalte, dafür um so genauer die Mengen. Klarheit besteht darüber, was zu viel ist. Ein Beispielsatz: „Schaum steht ihm vorm Mund.“[15] Das geht problemlos. „Schleim quoll aus ihren Nüstern.“[16] Das geht nicht mehr ganz. Die geeignete Dosis bemißt sich weder an den Mengen, die dem Publikum gewöhnlich schmekken, noch an den Rezepten der Meisterköche, vielmehr ergibt sie sich aus dem Text und seinen proportionalen Verhältnissen, dem „Gewebe der Rede“. Die „Anordnung und Ökonomie des Stoffes“ zeugt zweifellos von einem System. Aber weniger die Fäden als die Schnitte halten die Teile zusammen. Oft genug fliegen die Fetzen. „Das Erhabene zersprengt, bricht es im rechten Moment hervor,

[15] l. c., 9,11.
[16] l. c., 9,5.

alle Dinge wie ein Blitz."[17] Beliebt sind überhaupt Naturkatastrophen, Brände, Fluten, sie füllen die Rede mit Material und sorgen für Tempo: „Unser Redner kann alles durch seine Gewalt, Schnelligkeit und gedrängte Kraft entflammen und fortreißen ... Cicero, meine ich, greift um sich wie eine weit züngelnde, alles erfassende Feuersbrunst, in ihm brennt eine reiche, nie verlöschende Glut ... Der straff-gespannte, erhabene Ausdruck des Demosthenes wirkt am stärksten im Augenblick der Emphase, der drängenden Leidenschaft, wenn es gilt, den Hörer zu erschüttern; der weitausfließende Stil hingegen, wenn es gilt, ihn durch den Strom der Rede fortzuschwemmen."[18] Innerhalb der mächtigen Amplifikation aber rührt sich etwas, ein merkwüdig Stilles, Kleines, Minderes. Auch das gehört, nach Pseudo-Longinos, zum Erhabenen.

10.

Sappho taucht mitten in dem Wust der Mehrungen auf, ein Hauptzitat:

> Den Göttern gleich scheint mir,
> der dir genübersitzt und nahe lauscht,
> wenn hold deine Stimme und
>   sehnsuchterweckend
> dein Lachen erklingt. Dies hat
> in der Brust mir das Herz betäubt,
> und erblicke ich dich, ach,
>   stumm ist die Sprache.
> Die Zunge ist mir gelähmt, zartes
> Feuer durchrieselt sogleich meine Haut;
> das Auge sieht nicht, dumpf
>   branden die Ohren.
> Und der Schweiß bricht aus, ein
> Zittern läuft durch meine Glieder,
> bin bleicher als gegilbtes Laub, fast
>   schein ich gestorben.
> Doch alles muß ich ertragen, da doch ...

Der Kommentar zu dem in der Textquelle fragmentarisch überlieferten Gedicht ist voll Emphase.[19] Er hebt genau das hervor, was

---

[17] l. c., 1,4.
[18] l. c., 12,4-5.
[19] l. c., 10,2-3.

keineswegs schwillt oder dahinströmt, die Suche, das Tasten nach den Merkmalen von Seele und Körper, Ohren, Zunge, Augen, Haut – „als wäre es fremd, als entweiche es" – und die vielen Anfänge, immer wieder. Ferner verweist er auf den chaotischen Grund der Harmonie, das Zusammenkommen des einander Widerstrebenden, Sapphos Affektknäuel, „sie friert und glüht, sie ist von Sinnen, ist besonnen ... einmal ... dann wieder ist sie fast tot ... All diese Empfindungen äußern sich bei Liebenden."

11.

Die Aufklärung, insbesondere die in England, nimmt seit dem 18. Jahrhundert stärkere Anleihen bei der ethisch-pathetischen Rhetorik auf. Der damals so genannte Longinos liefert ihr das Alibi: „Viele Autoren nämlich werden ergriffen durch einen fremden Hauch, der sie inspiriert – wie man es von der pythischen Priesterin sagt: wenn sie dem Dreifuß naht, über den Erdspalt, aus dem, wie es heißt der göttliche Atem steigt, dann wird sie mit dämonischer Macht geschwängert und kündet sogleich die eingegebene Weisheit ... Selbst wer sonst nicht leicht in Verzückung gerät, läßt sich unter dem Anhauch fremder Größe begeistern."[20] Wirksam ist noch die alte Polarität zwischen „delectare" und „flectere". Burke und die Dichter schieben die Achse in Richtung der ästhetischen Polarität „sublime and beautiful" und der Leidenschaftsgegensätze „love and fear". Kant erweitert dann die Terminologie gemäß der cartesianischen Reihe „admiration, amour, haine, désir, joie, tristesse" und legt sie seiner *Analytik des Erhabenen,* dem zweiten Buch der *Kritik der Urteilskraft*, zugrunde. Die Verzückung entspricht in etwa dem „Enthusiasm". Vor dem Gerichtshof der Vernunft könnte ein solcher „Gemütszustand" kaum bestehen. „Ästhetisch gleichwohl ist der Enthusiasm erhaben, weil er eine Anspannung der Kräfte durch Ideen ist, welche dem Gemüte einen Schwung geben, der weit mächtiger und dauerhafter wirkt, als der Antrieb durch Sinnenvorstellungen."[21]

---

[20] l. c., 13,2.

[21] Kant, Kritik der Urteilskraft, hrsg. von W. Weischedel, Frankfurt/M. 1974, 199.

12.

Kant verwendet das Motiv der Anspannung, um dem „Enthusiasm" einen Platz im Reich der Freiheit zuzuweisen. Dort warten schon etliche andere Affekte, „z. B. der Zorn, sogar die Verzweiflung (nämlich die *entrüstete*, nicht aber die *verzagte*)". Der Ausdruck in Klammern stützt das Urteil, die Verzweiflung sei ein „Affekt von der *wackern* Art", was wiederum einen Ausdruck in Klammern (Klammer in der Klammer) nach sich zieht: „Ein jeder Affekt von der *wackern* Art (der nämlich das Bewußtsein unserer Kräfte, jeden Widerstand zu überwinden, (animi strenui) rege macht) ist *ästhetisch erhaben* ..." – Die Klammern schränken ein und entbinden, sie planieren das Feld der Kritik: „In der Religion überhaupt scheint Niederwerfen, Anbetung mit niederhängendem Haupte, mit zerknirschten angstvollen Gebärden und Stimmen, das einzigschickliche Benehmen in Gegenwart der Gottheit zu sein, welches daher auch die meisten Völker angenommen haben und noch beobachten."[22] Kant hält es für möglich, daß manche Kulturen Gott als zürnenden Gott „im Ungewitter, im Sturm, im Erdbeben" vorstellen und eine Überprüfung seines Benehmens als „Torheit und Frevel" ablehnen. Aber daß sie in ein „Gefühl der gänzlichen Ohnmacht" sinken, mißfällt ihm. Die Affektlage reicht nicht an die „Idee der *Erhabenheit* einer Religion und ihres Gegenstandes" heran, weil sie die eigene inferiore Macht nur in superioren Gegenbildern bespiegelt. Wirklich „gottgefällig" wäre ein „*ganz freies* Urteil". Die göttliche Macht lastet ja nicht auf der Seele, sondern holt etwas aus ihr heraus, erweckt in ihr „die Idee der Erhabenheit". Diese wird durch Selbsterkenntnis gewonnen und kann also dem Willen der höheren Macht „*gemäß*" sein.

13.

Die Konsequenz der Aufklärung deckt die Sequenz der Anschauung, Kant erlaubt sich hier und an anderen Stellen das vollmundigste Pathos: „Kühne überhangende gleichsam drohende Felsen, am Himmel sich auftürmende Donnerwolken, mit Blitzen und Krachen einherziehend, Vulkane in ihrer ganzen zerstörenden Gewalt, Orkane mit ihrer zurückgelassenen Verwüstung, der grenzenlose Ozean, in

---

[22] l. c., 188.

Empörung gesetzt, ein hoher Wasserfall eines mächtigen Flusses u. d. gl. machen unser Vermögen zu widerstehen, in Vergleichung mit ihrer Macht, zur unbedeutenden Kleinigkeit. Aber ihr Anblick wird nur um desto anziehender, je furchtbarer er ist, wenn wir uns nur in Sicherheit befinden; und wir nennen diese Gegenstände gern erhaben, weil sie die Seelenstärke über ihr gewöhnliches Mittelmaß erhöhen, und ein Vermögen zu widerstehen von ganz anderer Art in uns entdecken lassen, welches uns Mut macht, uns mit der scheinbaren Allgewalt der Natur messen zu können."[23] Die Konsequenz des Gedankens ist Widerstand! Aber die Sequenz der Schilderung folgt eigenen Gesetzen, sie widersteht dem Widerstand, unterläuft die Sperren, obwohl Kant sie immer weiter hinausschiebt. Das Hinausschieben spannt die aufgeklärte Gemeinde, kratzt, beißt, haut und sticht sie. Sie ist einfach zu spät dran, nicht aktuell angesichts der Natur, ihres wahren Feindes. Später ändert sie ihren Stil, löst ihre Klammern und öffnet dem Erhabenen Tür und Tor. Sie mehrt und mehrt, mindert und mindert, schaukelt zwischen Verzückung und Verzweiflung. Die Methode heißt Romantik.

14.

Hegel will entscheiden: So oder so, entweder oder. Die Menschen machen ihre Geschichte selbst und aus eigenen Stücken, danach werden sie beurteilt. Das Urteil trifft nicht nur jede ihrer Handlungen am Ende, sondern schon ihre Aktionen im Vorfeld. Wollen wir diesen Krieg, diesen Frieden, diesen Vertrag? Die Frage ist sinnvoll, solange die Tat, womit sich die Antwort erübrigen könnte, noch aussteht. Wir müssen es wissen, entweder oder. Alles, was daraus folgt, Sieg und Niederlage, Gewinn und Verlust, Coup und Pleite, hängt von der Kette unseres Willens ab. Wir müssen es sogar gewußt haben. Rechtzeitig. Man nennt das Konsequenz. Die klassische, besonders an Determinanten interessierte Forschung liebt solche Entschiedenheit und übernimmt gern die zugehörige Logik. Geschichtemachen ist Konsequenzenmachen. Die Konsequenz des Konsequenzenmachens aber ist, daß der Prozeß nie aufhört. Dauernd finden sich neue Determinanten, weil die Polarität sämtlicher Dinge in der Welt einmal angenommen wurde, zündende Alternativen, dringende Termine, Plus und Minus, so oder so. Eine zweite

---

[23] l. c., 185.

Konsequenz aus der Konsequenz ist das Fehlen der Sequenz. Sie hat hier wirklich nichts verloren. Denn sie gehört zur Logik des Traums, des Schlafs, des Glücks, des Spiels, der Sucht, des Sammelns und der Poesie. So oder nicht, statt Polarität herrscht Binarität, Eins oder Null.

15.

Die Verzweiflung hilft dem Geist auf die Sprünge. Deshalb behält Hegel sie für sich. Die Verzückung wirft er aus der Philosophie heraus. In der Vorrede zur *Phänomenologie des Geistes* feiert er den Abschied: „Das Schöne, Heilige, Ewige, die Religion und Liebe sind der Köder, der gefordert wird, um die Lust zum Anbeißen zu erwecken; nicht der Begriff, sondern die Ekstase, nicht die kalt fortschreitende Notwendigkeit der Sache, sondern die gärende Begeisterung soll die fortleitende Ausbreitung der Substanz sein. Dieser Forderung entspricht die angestrengte und fast eifernd und gereizt sich zeigende Bemühung, die Menschen aus der Versunkenheit ins Sinnliche, Gemeine und Einzelne herauszureißen und ihren Blick zu den Sternen aufzurichten; als ob sie, des Göttlichen ganz vergessend, mit Staub und Wasser, wie der Wurm, auf dem Punkt sich zu befriedigen stünden. Sonst hatten sie einen Himmel mit weitläufigem Reichtume von Gedanken und Bildern ausgestattet. Von allem, was ist, lag die Bedeutung in dem Lichtfaden, durch den es an den Himmel geknüpft war; an ihm, statt in *dieser* Gegenwart zu verweilen, glitt der Blick über sie hinaus, zum göttlichen Wesen, zu einer, wenn man so sagen kann, jenseitigen Gegenwart hinauf. Das Auge des Geistes mußte mit Zwang auf das Irdische gerichtet und bei ihm festgehalten werden; und es hat einer langen Zeit bedurft, jene Klarheit, die nur das Überirdische hatte, in die Dumpfheit und Verworrenheit, worin der Sinn des Diesseitigen lag, hineinzuarbeiten und die Aufmerksamkeit auf das Gegenwärtige als solches, welche *Erfahrung* genannt wurde, interessant und geltend zu machen."[24]

---

[24] Hegel, Phänomenologie des Geistes, Werk-Ausgabe 3, Frankfurt/M. 1969, 16.

16.

Der Abschied dauert länger, weil Hegel das Erhabene zerbröselt und spürbar auf der Zunge zergehen läßt. („Der Geist zeigt sich so arm, daß er sich, wie in der Sandwüste der Wanderer nach einem einfachen Trunk Wasser, nur nach dem dürftigen Gefühle des Göttlichen überhaupt für seine Erquickung zu sehnen scheint. An diesem, woran dem Geiste genügt, ist die Größe seines Verlustes zu ermessen.") Damit ist er immer noch nicht fertig, er braucht zwei Seiten zusätzlich. Pseudo-Longinos hätte ihm gesagt: „Es gibt tausend Formen der Erweiterung, nur soll der Sprechende sich bewußt sein, daß keines dieser Stilmittel ... vollkommen sein kann, es sei denn vielleicht im Erregen von Mitleid oder bei Schmähungen."[25] Mitleid und Schmähungen gehen im allgemeinen schief, und so ist auch der Abschied bis heute nicht gelungen. Vielleicht hat sich das Bild gedreht. Das Mitleiderregende und Geschmähte verabschiedet den Philosophen. Der klaubt seine Sachen in Gullys, Kellerlöchern und tieferen Gegenden auf, findet aber lauter Zeug, das irgendwie zwischen den Dingen liegt, lauter Zwischenzeug. Dabei bedient er sich der Sprache als Zeigzeug, um irgendwas festzuhalten, und arbeitet eine verzückte, verzweifelte Semiologie aus. Das Gefühl, das ihm bleibt, ist gar nicht „erquickend". Es drückt sich in abgestandener, imperfekter Form aus, und dieser Ausdruck überschwemmt die Städte, sickert in die Straßen, Kanäle, Nerven, Muskeln und ins Hirn. So kommt der Philosoph dann doch auf ein Faktum zu sprechen, den Zwiespalt der modernen Ordnungssysteme. Sie produzieren das Unproduzierbare, kontrollieren das Unkontrollierbare, kalkulieren das Unkalkulierbare. Ein haltloses „Inzwischen", worin sich Verzückung und Verzweiflung jederzeit austauschen und alle Erhabenheit des Himmels und der Erde zusammenballt, ist das Resultat. Hegel hätte sich das Resultat anders gedacht.

17.

Vier stenographische Schlußberichte.

Je zwingender die so genannten Marktmechanismen ins Leben eingreifen, desto zwangloser tönt das Wort „Freiheit". Das Han-

---

25 Pseudo-Longinos, 11,2.

deln in „Freiheit“ hat nun gar nichts Zwingendes, es obliegt dem individuellen Gutdünken. Wer den vorgegebenen Aktionsradius mißachtet, überläßt den Spekulanten das Feld. Jeremy Rifkin erzählt: „Für die Kids in der Dot.com-Welt ist die Autonomie der Tod. Sie wollen angebunden sein. Freiheit heißt für sie, nicht ausgeschlossen sein von den Computer- und Wirtschaftsnetzen. Die Regierung muß sicherstellen, daß die Bürger diese Chance auf Zugang haben.“[26] Was tun inzwischen die ausgeschlossenen Individuen? Sie schuften sich blöd, fahren leere Kilometer, fertigen sonderbare Produkte an. Verzückte, verzweifelte Arbeit, erhabene Kunst. Die Zwischenfertigung ist unermeßlich.

Je leichter und lockerer die Schuld von den Subjekten abspringt, desto fester klebt sie an den Objekten. Rifkin kennt auch hier die Lösung: „In der Netzwirtschaft gibt es keine Verkäufer und Käufer, sondern nur Versorger und Klienten. Nehmen Sie das Beispiel Ford ... Wie wäre es mit billigerem Benzin? Mit Reparaturen? Mit Inspektionen? Versicherungen? Freies Parken in allen Städten? Autowäsche? Ford könnte Ihnen das Rundum-sorglos-Paket anbieten, indem es mit den anderen Dienstleistern die Einsparungen teilt und seinen Profit daraus bezieht, daß Sie ein rundum zufriedener und ewiger Kunde bei Ford sind.“ Was tut inzwischen die ausgeschlossene Sorge? Sie treibt sich an der Börse herum, gefangen im Zyklus der Schuld und der Schulden, Umschuldung, Schuldumverteilung (Recycling). Verzückte Klienten, verzweifelte Agenten, erhabener Reichtum. Die Zwischenbilanz (Cash-Flow) ist unermeßlich.

Je weiter die Netze der Kommunikation ins Universum hinausreichen, desto enger ziehen sich die Gewebe der Interaktion zusammen. Laut Rifkin nützen die Ideen aus sämtlichen Erdteilen als „Rohstoffe der Wissensökonomie“. Mittlerweile „beuten Unternehmen kulturelle Ressourcen aus und wandeln sie in kostenpflichtige Erlebniswelten um. Der Schaden könnte sein, daß die ‚Disneys und Time Warners dieser Welt‘ alle Kulturen dieser Erde in eine einzige kommerzielle Arena verwandeln.“ Was tut inzwischen die ausgeschlossene Öffentlichkeit? Handfeste Schlägereien finden nach wie vor in geschützten Räumen statt, drinnen oder draußen. Verzücktes Herz, verzweifeltes Hirn, erhabenes Volkstheater. Das Glück der Zwischendemoskopie (neues Spiel – neue Zahl) ist unermeßlich.

---

[26] Jeremy Rifkin, Freiheit versus Zivilisation, Der Standard, 23. 9. 2000.

Je schneller die Staaten abschlanken, sparen und ihre Kurzzeitgesetze durchpeitschen, desto müder und zäher schleppt sich die Gesellschaft dahin. Ereignisse (Events), Geschenke (Gags), Masken (Plastic Surgery), Spielen und Sporteln (Surfen), Schlafen mit offenen Augen (Screen), Wachen mit geschlossenen Augen (Handy), die Korrespondenz mit irgendwem (Mail) ersetzen den lebendigen Prozeß. Rifkin plädiert für eine Balance: „Es muß eine Balance zwischen Kommerz und Kultur geben. Was wir brauchen, ist ein leidenschaftlicher, nachdenklicher, inspirierter und seelenvoller Austausch über die wichtigen Werte." Wovon redet der Journalist so verzückt und verzweifelt? Von einer Waage. Aber der Steg zwischen Kommerz und Kultur ist gebrochen, und es klafft ein gewaltiger Riß im ethisch-pathetischen Gefüge. Inzwischen haben mehrere Ozeane darin Platz. Erhabene, unermeßliche Zwischenzeit.

Pseudo-Longinos: „Am besten, wir lassen das auf sich beruhen und gehen zum Nächsten."[27]

---

[27] Pseudo-Longinos, 44,13.

Gianni Vattimo

Os mé

Zur Haltung des „als ob nicht" bei Paulus und Heidegger

Die wechselnden Beziehungen Heideggers zur christlichen und insbesondere zur katholischen Tradition, innerhalb der er seine Bildung erfahren hatte – insofern er zunächst beim Studium durch ein Stipendium seines Bischofs unterstützt und dann, am Beginn seiner Karriere, als Hoffnung des katholischen Denkens in Deutschland betrachtet wurde – sind weitgehend noch zu erforschen, und diese Erforschung könnte vielleicht nur auf der Grundlage der Publikation weiterer bislang unveröffentlichter Texte – neben denen, die in den letzten Jahren bekannt geworden sind – auf neue Wege führen. Unter diesen kommt der *Einleitung in die Phänomenologie der Religion*, einer im Wintersemester 1920 in Freiburg gehaltenen und 1995 im Rahmen der Gesamtausgabe herausgegebenen Vorlesung[1], zentrale Bedeutung zu. Wie häufig in seinen Vorlesungen ist Heidegger hier viel klarer und verständlicher als in den „geschriebenen" Texten. Die Bedeutsamkeit der *Einleitung* besteht jedoch nicht nur in der Tatsache, daß sie in vielerlei Hinsicht eine sehr eingängige und taugliche Vorwegnahme zahlreicher Themen von *Sein und Zeit* und damit der späteren Entwicklung von Heideggers Lehre darstellt. Ungleich bedeutsamer scheint mir ein anderer Aspekt zu sein, der unmittelbar ins Auge springt: daß nämlich die Thematik von *Sein und Zeit* – und damit zugleich die des Heidegger der Reifezeit, der die Idee der Metaphysik als Seinsvergessenheit erklärt – hier in ihrer wesensmäßigen Verbindung mit der Reflexion auf die christliche Erfahrung zum Ausdruck kommt. Von einer *wesensmäßigen* Verbindung zu sprechen ist notwendig, auch und vor allem unter Berücksichtigung der Bedeutung, die das Wort *Wesen** gerade in den Heideggerschen Texten annimmt; notwendig in dem Sinn, daß die grundlegenden Begriffe von *Sein und Zeit* hier undenkbar scheinen ohne den Verweis auf das christliche *Ereignis*: Die Wesensmäßigkeit dieser Verbindung ist somit von ge-

[1] Martin Heidegger, Einleitung in die Phänomenologie der Religion, in: ders., Phänomenologie des religiösen Lebens, Frankfurt am Main 1995, 1-156 (=GA, Bd. 60).

* heißt jeweils im Original deutsch. (A.d.Ü.)

schichtlich-geschicklichem Charakter und nicht einfach auf eine Art analytischen Impliziertseins solcher Begriffe im „Begriff" des Christentums zurückzuführen.

Es ist geboten, diesen Sinn von Wesensmäßigkeit zu unterstreichen, da es nachgerade der geschichtliche – wir könnten auch sagen: existenzielle – Charakter des Nexus zwischen *Sein und Zeit* und der christlichen Erfahrung ist, um den es hier geht. Was letztlich ganz klar aus dem Text der *Einleitung* hervorgeht, vor allem aus dem ersten Teil, in dem Heidegger das Problem der philosophischen und phänomenologischen Analyse der religiösen Erfahrung in Angriff nimmt, ist, daß die christliche Erfahrung für ihn nicht eine religiöse Erfahrung unter anderen ist, aus der sich auf dem Wege der Abstraktion der Sinn der Religion im allgemeinen gewinnen ließe. Schon in diesem Text wird, wie auch in einem anderen aus derselben Phase, den Heidegger nur in der dritten Ausgabe der *Wegmarken* kurz vor seinem Tod veröffentlicht hat (es handelt sich dabei um die ausführliche Rezension der *Psychologie der Weltanschauungen* von Jaspers)[2], ganz explizit, was die Heideggersche Konzeption der Phänomenologie von der seines Lehrers Husserl unterscheidet: die Vorstellung, daß kein Bewußtsein von Wesenheiten möglich ist, welches unabhängig von der existenzialen Relation des „Subjekts" mit seinem „Objekt" dieser vorausläge. Was Heidegger Jaspers in der Rezension der *Psychologie der Weltanschauungen* vorwirft, ist präzise, daß dieser sein am Anfang seines Textes verkündetes genuin philosophisches Vorhaben – die Weltanschauungen gegeneinander abzuwägen, um die eigene dadurch, daß er sie thematisch in die Analyse einfließen läßt, zur Diskussion zu stellen – vergessen und sich auf eine überblicksmäßige, „ästhetische" Anschauung sowie eine typologische Systematisierung derselben beschränkt habe. Aufgrund genau dieses methodischen Prinzips nimmt Heidegger auch das Problem einer Phänomenologie der Religion in Angriff. Der scheinbar ungerechtfertigte Übergang zwischen dem ersten und dem zweiten Teil der Vorlesung – zwischen den allgemeinen und methodologischen Erwägungen, die ihn dazu führen, die zeitgenössischen Ansichten zum Thema (übrigens schon von diesem Gesichtspunkt einer existenzialen Phänomenologie aus) zu erörtern, einerseits und der detaillierten Analyse der zwei Briefe des Paulus an die Thessaloni-

---

2 Martin Heidegger, Anmerkungen zu Karl Jaspers ‚Psychologie der Weltanschauungen' (1919/21), in: ders., Wegmarken, Frankfurt am Main 1976, 1-44 (=GA, Bd. 9).

cher andererseits – erklärt sich nur dann, wenn man annimmt, daß er seiner Leitidee einer Philosophie treu bleiben wollte, die sich diesem Thema nicht mittels eines Blicks von außen nähert, sondern es im Rahmen jener *faktischen Lebenserfahrung**[3] aufgreift, von der die Phänomenologie nicht absehen kann. Lesen wir einige Stellen der Jaspers-Rezension: „Weil wir heute die Existenzphänomene nicht eigentlich sehen, erfahren wir nicht mehr den Gewissens- und Verantwortungssinn, der im Historischen selbst liegt, das nicht nur etwas ist, wovon man Kenntnis hat und worüber es Bücher gibt, das wir vielmehr selbst sind, an dem wir selbst tragen."[4] Es ist schwer zu sagen, ob es sich bei dieser Haltung um eine in gewissem Sinn „neutrale" methodische Voraussetzung handelt, auferlegt durch das Bemühen um radikalere und authentischere Wissenschaftlichkeit, die die Phänomenologie im Hinblick auf die Wissenschaft in einem sehr gebräuchlichen und allgemeinen Sinn charakterisieren und bei allen philosophischen Untersuchungen umgesetzt werden sollte und also auch bei der Analyse der Religion; oder ob dieser Begriff der *faktischen Lebenserfahrung** nicht bereits das Ergebnis der Übernahme der religiösen Erfahrung – und hier der spezifischen christlichen Erfahrung – als eines Modells authentischer philosophischer Radikalität ist. (Es ist vielleicht tatsächlich zunächst die religiöse Erfahrung, die sich nur als persönliche Verpflichtung geben kann, als eine Antwort, die sich prinzipiell nicht auf das „objektive" In-Betracht-Ziehen eines Inhalts beschränken läßt.) Wenn Heidegger im übrigen in der Vorlesung sagt, daß die ursprüngliche christliche Erfahrung, jene, von der er spricht als von der, die er bei Paulus entdeckt, die Erfahrung authentischer Zeitlichkeit ist, fällt es schwer, darin nicht eine Bestätigung dieser zweiten Hypothese zu sehen. Es handelt sich um logische Zirkel, wird man sagen. Doch genau in Zirkeln wie diesen wird eine Reflexion allererst *faktisch**, wovon im übrigen der „hermeneutische Zirkel" der theoretische Ausdruck ist.

Wie bereits aus diesen wenigen Hinweisen ersichtlich wird, die das Denken in einen Sog zu führen drohen, der dem „Abgrund" nicht unähnlich ist, von dem der späte Heidegger so häufig spricht, ist es nicht nur die charakteristische Begrifflichkeit (vieler Teile) von *Sein und Zeit*, die vom Nachdenken über die christliche Erfahrung unabtrennbar scheint, es ist vielmehr die charakteristische philosophische Haltung Heideggers überhaupt. Ein Phänomenologe

---

3 A. a. O., S. 33.
4 A. a. O., S. 33 f.

wie Husserl oder einer seiner getreuen Schüler mag ruhig meinen, daß – wie es in der *Krisis* heißt – der von den Griechen „erfundene" Begriff der Wissenschaft nunmehr zum wesentlichen Erbe der Menschheit gehöre, und den Bezug zwischen der Geschichtlichkeit dieser „Erfindung" und dem menschlichen Wesen, von dem sie an einem bestimmten Punkt ununterscheidbar geworden ist, seiner Substanz nach unanalysiert lassen: Er folgt damit einem Zug des Denkens, der für die ganze eurozentrische Philosophie des Abendlandes typisch gewesen ist, welche stets die eigene geschichtlich gewordene Kultur mit der Menschheit überhaupt identifiziert hat, die sich in ihr auf vollständigste Weise manifestiert habe. Dem Sinn des Humanismus wird Heidegger seinen Brief von 1946 widmen. Für Heidegger können wir, wenn wir die Vorlesungen von 1920 aufmerksam lesen, die Philosophie nicht *nicht* in diesen christlichen Termini denken, wir können es nur im expliziten Wissen darum, daß das christliche Ereignis ein *Ereignis* ist – indem wir unsere konkrete Geschichtlichkeit übernehmen, ohne sie stillschweigend zugunsten des Fortschreitens zur Wesensschau zu übergehen, und indem wir stattdessen diese *faktische Lebenserfahrung** bis zur Kritik der Metaphysik und viel später zum Thema der „Geschichte des Seins" weiterentwickeln. Auf eine derartige – insofern sie schicksalhaft (und nicht insofern sie universal im Sinne der metaphysischen Abstraktion) ist, wesentliche – Möglichkeit verweist wahrscheinlich Heideggers Insistenz auf Termini wie „egheneto" und „ghenestai" (1 Thess 1,5-7) bei der Analyse des paulinischen Textes; eine Insistenz, in der sich die wahre Erklärung für den „Sprung" zwischen dem ersten und dem zweiten Teil der Vorlesung vermuten läßt. Wenn die christliche religiöse Erfahrung in der Tat als das Modell (und, mehr noch: die definitive Gestalt) der authentischen Erfahrung der Zeitlichkeit anerkannt werden kann – jene, die wir nicht nicht (*wesentlich**, schicksalhaft) als die einzige authentische Erfahrung der Zeitlichkeit anerkennen können –, dann deshalb, weil wir selbst, die wir uns anschicken, die religiöse Erfahrung phänomenologisch zu ergründen, schon „geworden" sind, schon „gewußt" (*oidate*) haben, um die Verkündigung empfangen zu haben. Diese Beobachtung läßt sich auf vielerlei Art formulieren: etwa indem man als einen für die religiöse Erfahrung – soweit sie uns zugänglich ist – konstitutiven Zug die Tatsache anerkennt, daß man nie damit beginnt, zwischen verschiedenen Religionen auszuwählen, sondern damit, sich immer schon in einer Tradition, einem Glauben vorzufinden, den man sicher kritisieren und auch ablehnen kann, angesichts dessen man jedoch im Hinblick darauf, ob man ihn annimmt oder nicht, keine Entscheidung von einem Nullpunkt aus treffen kann. Es mag sein, daß dies ein Charakteristikum jeder Art von religiöser Erfahrung ist; sicher ist jedenfalls, daß ein entsprechendes Charakteristikum im Falle des Christentums ungleich mehr mit der Geschichtlichkeit der Offenbarung und letztlich der Schöpfung selbst zu tun hat, wie sie in der Bibel erzählt wird, als mit einer elementaren anthropologischen Gegebenheit wie der Feststellung, daß die Religion stets innerhalb der Familie gelehrt wird, gemeinsam mit der Muttersprache und den ersten Erziehungsregeln. Das Gewordensein, von dem Paulus hier spricht, ist in Wahrheit die Verwandlung, die bei den Thessalonichern mit seiner Predigt bereits eingetreten ist; sie haben von ihm vernommen, was sie bereits wissen. Es ist jedoch evident, daß das bei Heidegger einen allgemeineren Sinn hat – nämlich den, daß die authentische Zeitlichkeit sich als eine Spannung zwischen dem „schon“ und dem „noch nicht“ enthüllen wird, welche die Struktur des christlichen Eschatologismus überhaupt bildet. Das „egheneto“ auf die punktuelle Erinnerung des Faktums der Predigt zu reduzieren würde heißen, es in einer Wörtlichkeit anzunehmen, die abzulehnen Paulus der erste gewesen wäre (was wir als Interpreten nicht nicht berücksichtigen dürfen), da auch seine erste Predigt an die Thessalonicher in der Verkündigung dessen besteht, was jene durch Christi Erlösungswirken bereits sind.

In welchem Sinn also konstituiert dieses Sich-Wiedererkennen in dem, was man schon ist, die Grundlage einer authentischen Erfahrung der Zeitlichkeit? Man darf nicht vergessen, daß Heidegger im ersten Teil der Vorlesung häufig den Historizismus als charakteristischen Aspekt der Epoche beschworen hat, der sich gleichwohl in einer falschen Weise manifestiert, an die Reflexion über die Religion heranzugehen, sowohl weil er diese Reflexion auf die historische Rekonstruktion der Religionen und ihrer Wechselfolgen reduziert als auch vor allem, weil er eine lineare Konzeption der Zeit als einer Abfolge von Momenten verrät, innerhalb derer solche Ereignisse und Dinge als Objekte firmieren, denen gegenüber wir uns in eine Haltung der Distanz, eben eine „objektive“ Haltung begeben müssen, da unsere Geschichtlichkeit ihrerseits darin besteht, verschiedenen Momenten entlang der Linie der Zeit zuzugehören.[5] Nun ist aber die gelebte Geschichtlichkeit etwas anderes als dieses bloße Im-Fluß-der-Zeit-Stehen, sie ist dasjenige, was mit dem Terminus der *faktischen Lebenserfahrung** zu erfassen Heideg-

---

[5] Vgl. Heidegger, Einleitung, S. 31 ff.

ger sich bemüht. Die authentische Zeitlichkeit der christlichen Erfahrung erscheint als die Lösung des Problems oder wenigstens als ein Alternativmodell zu diesem als simple Gegenwart in der linear verlaufenden Zeit gefaßten Stehen. Das „egheneto", das „schon", welches den Boden ausmacht, auf dem die Predigt des Paulus in seinen Briefen sich verortet, ist das mit dem Tod und der Auferstehung Christi bereits eingetretene Heil, das dennoch sowenig ein „vergangenes" Ereignis im horizontal-objektiven Sinn des Wortes darstellt, wie es noch nicht wirklich vollendet ist und als eschatologisches Ereignis der Parusie erwartet werden muß. Die Schwierigkeit, diese christliche Erfahrung der Zeitlichkeit zu denken, unterscheidet sich wohlgemerkt in nichts von der, welcher man bei der Lektüre der Seiten über dieses Thema in *Sein und Zeit* begegnet, auch wenn es dort keinen Verweis auf die biblischen Texte mehr geben wird. Tatsache ist, daß es keine wahre Beschreibung oder positive Definition der authentischen Erfahrung der Zeitlichkeit gibt. Was heißt es, auf solche Art in der Zeit zu stehen, daß man sich nicht als ein einzelnes Objekt unter anderen voneinander getrennten Objekten auf der unumkehrbaren und kontinuierlichen Linie der verlaufenden Zeit betrachtet? Nicht von ungefähr entdeckt Heidegger beim Bemühen, die Authentizität zu denken, die „Unüberwindbarkeit" der Metaphysik und die Unzulänglichkeit der Sprache, die ihn, wie er im *Brief über den Humanismus* sagt, daran hindern wird, *Sein und Zeit* abzuschließen, und die in den Folgejahren selbst zum Thema seines Denkens werden wird. Einstweilen ist die Weise, wie Paulus die Gläubigen von Saloniki betrachtet, an die er schreibt, ein Beispiel für die nicht-„objektive" Art, sich zur Geschichte in Relation zu setzen. „Ja, ihr seid unsere Ehre und Freude" (1 Thess 2,20); das ist nicht nur rhetorische Rede, Paulus weiß, daß das Gelingen seiner Mission, daß sein eigenes Heil an den Glauben ans Evangelium gebunden ist, den die Thessalonicher bis zur Parusie bewahren werden.[6] Es ist jedoch in vielerlei Hinsicht richtig, daß wir, ob später in *Sein und Zeit* oder hier in der Vorlesung von 1920, keine klaren, positiven Hinweise auf authentische Zeitlichkeit finden; ebensowenig, wie wir entsprechende Hinweise im Hinblick auf die – hier noch nicht so genannte – Verwindung der Metaphysik finden, die nichtsdestoweniger in der von Paulus (und Heidegger mit ihm) durchgeführten Untersuchung der Weisen, in denen sich die christliche Erfahrung artikuliert, und insbesondere deren Verirrungen deutlich vorweggenommen ist. Da

[6] Vgl. Heidegger, Einleitung, S. 97 f.

ist zunächst Paulus' Beharren – ausgehend vom „Stachel im Fleisch", von dem der zweite Brief an die Korinther spricht[7] und der ihn daran hindert, sich zu „rühmen"[8] und sich über seine Zuhörer in Thessaloniki erhaben zu fühlen, er, der er doch einmal „in den Himmel entrückt" worden ist[9] – auf der *thlipsis*, der Drangsal, die das christliche Leben kennzeichnen soll.[10] Die *thlipsis* hat nicht so sehr mit einer besonderen Art der Versuchung zu tun, der die Christen widerstehen müßten (die Tradition hat häufig an die Versuchung der Sinne gedacht); noch auch spielt sie, so wie Heidegger sie hier versteht, auf irgendeine Heilsfunktion des Leidens an (auch hier gibt es freilich eine ganze christliche Leidenstradition...); sie ist vielmehr die Wachsamkeit, die auf die Parusie – gerade weil sie [von Paulus und Heidegger] nicht als ein „objektiv" verkündigtes Faktum begriffen wird – lauert wie auf den „Dieb in der Nacht",[11] der genau dann kommt, wenn wir ihn am wenigsten erwarten, ohne daß man den Tag oder die Stunde kennte:[12] „II Kor 12,2-10 gab uns einen Vorblick in die Selbstwelt des Paulus. Das Außerordentliche in seinem Leben spielt für ihn keine Rolle. Nur, wenn er schwach ist, wenn er die Nöte seines Lebens durchhält, kann er in einen engen Zusammenhang mit Gott treten. (...) Nicht die mystische Versenkung und besondere Anstrengung, sondern das Durchhalten der Schwachheit des Lebens wird entscheidend."[13] Der Hinweis auf die Mystik und auf die außerordentliche Erfahrung, von der der Brief an die Korinther spricht, ist hier entscheidend: in dem Sinn, daß es sich, wie aus dem weiteren Verlauf des Kommentars und aus den Bemerkungen über die Bedeutung des Terminus Parusie selbst hervorgeht, darum handelt, der Idee von einer Wiederkunft Christi stets die Treue zu halten, einer Wiederkunft, die nicht als ein objektives Ereignis aufgefaßt wird – weder als vergangene Tatsache, deren wir definitiv sicher wären[14], noch als gegenwärtiges Datum einer mystischen Erfahrung, noch auch als im Ab-

---

7 2 Kor 12,2-10. (Sämtliche Paulus-Zitate entstammen der *Einheitsübersetzung der Bibel*, Freiburg: Herder 1980; A.d.Ü.)

8 „(...) was mich angeht, will ich mich nicht rühmen ...", 2 Kor 12,5.

9 2 Kor 12,2.

10 Heidegger selbst gibt *thlipsis* mit „Not" wieder (Einleitung, S. 100; A.d.Ü.).

11 1 Thess 5,2.

12 Heidegger, Einleitung, S. 100.

13 Ebd.

14 Man könnte sogar denken – aber Heidegger führt das hier nicht weiter aus –, daß der Glaube gar nicht Glaube an die Gewißheit vorgefal-

lauf der Zeit verortbares und vorhersehbares zukünftiges Faktum. Der Terminus Parusie, der im Griechischen „Anwesenheit" bedeutet, hat im christlichen Sprachgebrauch einen Wandel seines wörtlichen Sinns erfahren. „An diesem Begriffswandel zeigt sich die andersartige christliche Lebenserfahrung. (...) Für den Christen heißt parousia: ‚das Wiedererscheinen des schon erschienenen Messias', was zunächst im wörtlichen Ausdruck *nicht* liegt."[15] Die Erwartung der Parusie ist durchaus nicht das Warten auf ein zukünftiges Ereignis auf der Linie der Zeit: „Wir kommen niemals durch die bloße Analyse des Bewußtseins von einem zukünftigen Ereignis auf den Bezugssinn der parousia."[16]

Wenn man so will, haben wir hier den Versuch vor uns, die reine Geschichtlichkeit der Existenz in Begriffe zu fassen; welche nichts von Natur aus Gegebenes ist und in explizitem Kontrast zur metaphysischen Banalisierung gedacht werden muß, derzufolge die Existenz, wie es in *Sein und Zeit* heißen wird, immer schon geworfen und gestoßen ist. Zitieren wir noch einige Stellen, die diese Begriffe veranschaulichen. Konstitutiv für das christliche Leben (oder auch, wie wir wissen, für die authentische Erfahrung der Zeitlichkeit) ist es, den Tag und die Stunde der Parusie nicht zu kennen (oder nicht den Anspruch zu erheben, sie zu kennen). „Für das christliche Leben gibt es keine Sicherheit; die ständige Unsicherheit ist auch das Charakteristische für die Grundbedeutendheiten des faktischen Lebens. Das Unsichere ist nicht zufällig, sondern notwendig. (...) Die, welche Friede und Sicherheit sagen' (5, 3) (...) sind aufgefangen von dem, was das Leben bietet; sie sind im Dunkel, angesehen auf das Wissen um sich selbst."[17] Und wenig vorher: „Der Sinn dieser Zeitlichkeit ist auch für die faktische Lebenserfahrung grundlegend, ebenso für Probleme wie etwa das der Ewigkeit Gottes."[18]

Es scheint nicht schwer, in der unauthentischen Erfahrung der Zeit das wiederzuerkennen, was Heidegger später der Metaphysik, dem objektivierenden Denken vorwerfen wird, welches das Sein zugunsten des Seienden vergißt. Und der Zusammenhang mit der Metaphysik wird auch aus der Tatsache ersichtlich, daß das Christentum laut dieser Vorlesung von 1920 in der Folgezeit, also

---

lener historischer Ereignisse ist, die durch ihre verbürgte Außerordentlichkeit den Glauben an die Verkündigung untermauern sollen...

15 Heidegger, Einleitung, S. 102.

16 Ebd.

17 A. a. O., S. 105.

18 A. a. O., S. 104.

nach dem Urchristentum, von dem Paulus uns berichtet, den Sinn der Eschatologie vergessen hat. „Die jetzige Betrachtung behandelt das Zentrum des christlichen Lebens: das eschatologische Problem. Schon zu Ende des ersten Jahrhunderts wurde das Eschatologische im Christentum verdeckt. Man verkennt in späterer Zeit alle ursprünglich christlichen Begriffe. Auch in der heutigen Philosophie sind noch hinter der griechischen Einstellung die christlichen Begriffsbildungen verborgen."[19] *Verdeckung**, *Vergessenheit** etc. sind allesamt Begriffe, die Heidegger benutzen wird, um vom Ereignis der Metaphysik als Seinsvergessenheit zu sprechen. Hier haben wir nicht viel mehr als einen Hinweis darauf: Er reicht jedoch hin, um zumindest das Problem aufzuwerfen, wie das Vergessen der christlichen Eschatologie und die Seinsvergessenheit sich bei der Entstehung der Metaphysik verbündet haben und bis zu welchem Punkt sie nicht nachgerade ein und dasselbe sind.

Wenn man diese letzten Sätze des Heideggerschen Textes wörtlich nimmt, wie man es, glaube ich, tun sollte, dann führt dessen Lektüre nicht nur dazu, sich das Problem des „wesensmäßigen" Bezugs der Heideggerschen Philosophie zur christlichen Tradition neuerlich zu stellen, sondern auch dazu, diese Tradition auf der Grundlage der Betrachtungsweise der Metaphysik als Geschichte des (Vergessens des) Seins neu zu bedenken. Der Kommentar zum zweiten Brief an die Thessalonicher, in dem es um die christliche Pflicht geht, die Parusie zu erwarten, ohne den Messias gegen den Antichrist in seinen verschiedenen Formen einzutauschen – die allesamt rückführbar sind auf die Forderung, ersteren mit einem „objektiven" und als Faktum zu einem bestimmbaren Moment der Zeit verortbaren geschichtlichen Ereignis zu identifizieren –, liefert wichtige Hinweise in diese Richtung. Was daraus hervorgeht, ist, daß die Geschichte des Christentums seit den Ursprungszeiten letztlich, insofern sie ein Vergessen der authentischen eschatologischen Erwartung darstellt, als Geschichte des Antichrist betrachtet werden kann, eine Geschichte des Mißverständnisses der Authentizität der christlichen Botschaft, die parallel zur Geschichte der metaphysischen Seinsvergessenheit verläuft (oder vielleicht nicht nur parallel zu ihr, sondern vielmehr in Verflechtung mit ihr, insofern die Ontotheologie nur ein anderer Name für die Metaphysik ist).

Behält man die weiterführende Analyse der wesensmäßigen Verbindung zwischen dem Denken Heideggers der Reifezeit (von *Sein und Zeit* über die folgenden Schriften bis zur *Kehre**) und dem

---

[19] Ebd.

frühchristlich-paulinischen Denken einer anderen Gelegenheit vor, so kann man hier zumindest eine Reflexion darüber beginnen, was diese Verbindung – und bestünde sie auch nur in den summarischen Begriffen, in denen sie hier erschienen ist – für eine Reflexion über das Christentum selbst bedeutete. Zweifellos mutet die hier (von Heidegger) vorgebrachte Hypothese, daß die Geschichte des Christentums ein „metaphysisches" Mißverständnis des ursprünglichen Sinns der neutestamentlichen Botschaft sei, nicht sonderlich originell an, und man kann sich sogar fragen, ob und inwieweit sie nicht bloß eine simple Wiederaufnahme von Themen des Modernismus ist, der in diesen Jahren das katholische Denken umtrieb und in der Enzyklika *Pascendi* von Pius X. 1907 verurteilt wurde. In spezifischerem Hinblick auf die Haltung, die Heidegger im Heranreifen gegenüber dem Katholizismus entwickelt hat, lassen sich die Wurzeln seiner polemischen Distanz gegenüber der scholastischen Tradition und der „klassischen" Metaphysik erkennen, welche jene wiederaufnehmen wollte, eine Distanz, die hier bedeutsamerweise von der Treue gegenüber der ursprünglichen christlichen Erfahrung motiviert ist – in Termini analog jenen, die im Modernismus üblich waren.[20]

Welche Bezüge sich historisch auch immer nachweisen lassen mögen, darunter vielleicht auch solche, die dazu angetan sind, die Originalität der Position Heideggers ein wenig zu mindern, es ist von Interesse, zumindest einige Implikationen seines Kommentars zu den beiden Paulus-Briefen im Hinblick auf die Konzeption des Glaubens und der christlichen Ethik zu beleuchten. Das Beharren auf dem Sinn der „Drangsal", die man zu ertragen hat, ohne den Tag oder die Stunde kennen zu wollen, hat noch vor allem ethischen Sinn eine theoretische Tragweite, stößt an den eigentlichen Sinn des Glaubens und der Theologie, die von daher beseelt wird. Der Antichrist, der die Gläubigen unablässig in Versuchung führt und sie zu echten und tatsächlichen idolatrischen Identifikationen des Messias mit Gestalten anstachelt, die dessen Bedeutung verfälschen, verlockt zum objektivierenden, repräsentativen Denken – das Heidegger später explizit das metaphysische nennen wird –, welches durch seine Vorherrschaft in der christlichen Tradition zum Vergessen von deren authentischen, ursprünglichen Inhalten geführt hat. Wenn die Heideggersche Paulus-Lektüre begründet ist, muß man in diesen Texten auch einen Hinweis gegen die übermäßige Beachtung „theoretischer" und deskriptiver Inhalte der bibli-

[20] Vgl. Ernesto Buonaiuti, Die exkommunizierte Kirche, Zürich 1966.

schen Offenbarung erblicken: Jeder Versuch, sie als eine Unterweisung über das Wesen und die Eigenschaften Gottes zu lesen, macht sich derselben Antichrist-haften Sünde des repräsentativen Denkens schuldig, in welcher auch die Sünde der objektivierenden Metaphysik besteht und gegen welche es das Hören des Seins wiederzufinden gilt. Von hier aus muß man vielleicht einen Versuch in Gang setzen, unter Berücksichtigung Heideggers das Christentum zu denken und den christlichen Glauben zu leben, einen Versuch, der Sinn gewinnt in dem Maße, wie man der Meinung ist – gestützt nicht zuletzt auf Schriften wie jene Vorlesung von 1920 –, daß die Ontologie Heideggers eine ihrer beständigsten Quellen in der christlichen Tradition hat. Noch deutlicher gesagt: Wenn man, wie mir tunlich scheint, annimmt (ich würde sogar sagen: erkennt), daß die Philosophie Heideggers nicht von ihren Ursprüngen in der Reflexion über die Botschaft des Evangeliums zu trennen ist, dann hat diese Hypothese (oder was immer es sei) nicht nur zur Folge, die Quellen dieser Philosophie historiographisch (*historisch**!) zu erhellen, und auch nicht nur den Sinn, sie auf das Christentum „zurückzuführen", als handle es sich um eine letztendlich beruhigende Bekehrung (wie um zu sagen: Wenn es zwar heideggerianisch ist, so muß es doch deswegen nicht unbedingt antichristlich sein). Was sich einstellt, ist vielmehr auch ein Reziprozitätseffekt: Nicht nur Paulus hilft uns, Heidegger zu erklären, nein, Heidegger schlägt uns Erwägungen vor, die uns – wenn wir sie ernstnehmen – dazu führen, die christliche Tradition neu zu interpretieren.

Die Unterscheidung zwischen dem Glauben der Urchristen und dem repräsentativen Denken des Antichrist (die Heidegger in seiner Kritik der Onto-theo-logie entfalten wird, wenngleich auf allzu schematische Weise) zeigt die Aufgabe an, einen Glauben ohne „Inhalte" zu denken – daher auch vielleicht ohne Dogmen und ohne eine Theologie als Wissenschaft. In dieselbe Richtung scheint eine polemische Andeutung über die Mystik in der Vorlesung zu gehen – auch sie ein „Antichrist-haftes" Nachgeben gegenüber dem Bedürfnis, ein „Objekt" zu haben, in dem man sich verlieren kann (*Versenkung**), um sich so von der „Schwäche" der Existenz, von der *thlipsis* zu befreien, die die einzige authentische Weise ist, die Parusie zu erwarten.[21] In diesem Sinn muß auch der explizite Zusammenhang verstanden werden, der im § 28 zwischen dem Antichrist und der christlichen Dogmengeschichte hergestellt wird:[22]

---

21 Vgl. Heidegger, Einleitung, S. 100.

22 Vgl. a. a. O., S. 110-112.

„Es ist ein tiefes Problem für die Geschichte des Geistes, das den Begriff der Philosophie selbst sehr nahe angeht, aufzuhellen, wie es kommt, daß die Dogmengeschichte (Religionsgeschichte) die eben kritisierte vorstellungsmäßige Einstellung genommen hat."[23]

Was die Ethik betrifft, die sich auf dem Hintergrund eines Glaubens von solcher Art entfalten soll, so scheint mir das Beharren auf der *Schwachheit** erhellend zu sein; auch im Hinblick auf die Hinweise, die es zum Verständnis des Sinns der authentischen Existenz bietet, von der *Sein und Zeit* sprechen wird, wenn diese dort in Relation gesetzt wird mit dem *Zum-Tode-Sein**. Sehr häufig wird der Sinn des Zum-Tode-Seins als des Schlüssels zur authentischen Existenz (auch aus der Sicht des Autors) im Bezug auf die Konstitution der Existenz wie ein beständiges Gewebe von Verweisen und Sinn betrachtet: Nur und eigentlich im Bezug auf die mögliche Unmöglichkeit jeder Möglichkeit des Lebens, das gerade durch die drohende Möglichkeit des Sterbens konstituiert ist, konstituiert sich das *Dasein** – und sei es auch rein paradox – als ein authentisches „Ganzes". Allein in Anbetracht der Möglichkeit des Todes treten die verschiedenen konkreten Möglichkeiten des Lebens in ihrem wahren Möglichkeitssinn in Erscheinung und erlauben (insofern sie sich nicht verhärten, als wären sie endgültig) der Existenz, sich als ein mit Sinn begabter *dis-cursus* zu konstituieren.

Nun scheint der Hinweis auf die Schwachheit des – im Gegensatz zur mystischen *Versenkung** – glaubend erduldeten Lebens auf eine andere Sichtweise hinzudeuten, die uns dazu bringen könnte, auch dieser Interpretation der authentischen Existenz zu mißtrauen. Die Authentizität, die durch die den Tod vorwegnehmende Entschlossenheit ermöglicht wird,[24] kann vielleicht nicht als eine Erfahrung von Sinn gedacht werden – die Existenz des authentischen Daseins, etwa die des paulinischen Christen, ist vielmehr als Mangel und Drangsal charakterisiert, als beständige Verweigerung, sich für „gesinnt"[25] (soll heißen: *sinnvoll**) zu halten, eben als in Erwartung der Parusie erduldete *Schwachheit**. Wenige Seiten weiter im Text wird Heidegger sagen: „Es gibt allerdings im christlichen Leben auch einen ungebrochenen Lebenszusammenhang auf einer Stufe der Geistigkeit, was *nichts* zu tun hat mit der Harmonie eines Lebens."[26] (Man wird bemerken, daß in *Sein und Zeit*

---

[23] A. a. O., S. 111.

[24] Vgl. die entsprechende Terminologie von *Sein und Zeit*.

[25] „sensato" i. O. (A.d.Ü.)

[26] Heidegger, Einleitung, S. 120.

jegliche Anspielung auf etwas mit der Parusie Vergleichbares fehlt. Aber wird das Hören des Seins, auf dem Heidegger in den Schriften seiner Reifezeit immer wieder von neuem insistieren wird, für diesen Punkt nicht etwas zu bedeuten haben?)

In dem Rahmen, der sich so abzeichnet, verortet sich auch, was vielleicht das letzte Wort des Paulus-Kommentars Heideggers ist: der Verweis auf die Stelle im ersten Brief an die Korinther, an der Paulus die christliche Existenz in „negativen" Termini mit dem berühmten Ausdruck „os mé" definiert. Wenn sie so darauf bedacht ist, sich nicht durch positive Inhalte im Bereich des Glaubens definieren zu lassen und auch nicht durch bestimmte positive Aufgaben auf der Ebene der Moral (auch das wäre eine Form der Idolatrie, des Antichrist), scheint die christliche Existenz undefinierbar. Und dennoch gelangt man gerade durch Weglassen der inhaltlichen Elemente („das Inhaltliche völlig beiseite lassen")[27] der Offenbarung dahin, eine der paulinischen Lehre getreue Gestalt der christlichen Existenz zu skizzieren. Das Leben des Christen ist radikal geschichtlich und also bestimmt von kulturellen und vitalen Rahmenbedingungen, in die er geworfen ist. Nur soweit der Christ, obwohl er völlig in die jeweiligen Inhalte seiner geschichtlichen Lage eingelassen bleibt, im Glauben verweilt, erwartet er die Wiederkunft des Herrn. Das ist der Sinn, den Heidegger dem Text von 1 Kor 7,29 ff. gibt: „Denn ich sage euch, Brüder: Die Zeit ist kurz. Daher soll, wer eine Frau hat, sich in Zukunft so verhalten, als habe er keine [*os mé*], wer weint, als weine er nicht, wer sich freut, als freue er sich nicht, wer kauft, als würde er nicht Eigentümer, wer sich die Welt zunutze macht, als nutze er sie nicht". Es gibt kein „Modell" des christlichen Lebens alternativ zu jenem, das die geschichtlichen und stets kontingenten Verpflichtungen jedem Gläubigen auferlegen; so wie es auch kein arkanes Wissen der Mysterien gibt, die den Nichtgläubigen verborgen wären. Hier gibt es keine wie immer geartete Ähnlichkeit mit den Mysterienreligionen und den Initiationsriten der griechischen Tradition. „Der Myste [derjenige, der in die Mysterien eingeführt wird; GV] wird durch Manipulation aus dem Lebenszusammenhang herausgenommen; in einem entrückten Zustand wird Gott und das All gegenwärtig gehabt. Der Christ kennt keinen solchen ‚Enthusiasmus', sondern er sagt: ‚Laßt uns wach sein und nüchtern'."[28] Wenn der Husserlsche Begriff der Epoché hier auch nicht explizit auftaucht, ist doch klar,

---

[27] A. a. O., S. 116.
[28] A. a. O., S. 124.

daß Heidegger genau an diesen denkt: so etwa auf der folgenden Seite, wenn von der „phänomenologischen Destruktion" gesprochen wird; und unmittelbar darauf wird auf Augustinus und Luther angespielt, woran ersichtlich wird, daß für Heidegger vielleicht auch die Vorstellung, daß das Heil von den Taten und nicht nur vom Glauben allein kommen könnte, „antichristlich" ist.

Ist es möglich, all diese Heideggerschen Vorschläge zu der Weise, wie die christliche Erfahrung zu erfassen und zu leben sei, auf eine Art Bekenntnis zum lutherischen Protestantismus zu reduzieren? Der Tatsache, daß Heidegger in den weiteren Entwicklungen seines Denkens dann nicht explizit in diese Richtung gegangen ist, wird zumindest Rechnung zu tragen sein. Seine Polemik gegen die post-apostolische christliche Tradition und deren Dogmengeschichte hat sich immer mehr mit dem Bemühen – das sie seit je begleitet hat – vermischt, die Metaphysik und die Onto-theo-logie zu überwinden. All das heißt wahrscheinlich, daß es irreführend wäre, diese Heideggerschen Seiten nur als ein Zugeständnis an Motive des Modernismus oder einen Wechsel des Philosophen von einem christlichen Bekenntnis zum anderen zu lesen. Es scheint historisch besser begründet und auch den Entwicklungen seines Denkens eher gerecht zu werden, sich zu fragen, ob hier nicht bedeutsame Hinweise vorliegen, wie das Bemühen der Philosophie um Überwindung des metaphysischen Objektivismus einerseits und die Suche nach einer neuen Sichtweise des Christentums andererseits auf eine positive und fruchtbare Weise miteinander in Zusammenhang zu bringen seien; einer Sichtweise des Christentums, die auf der Ebene der Dogmen wie auf der Ebene der Ethik endlich in der Lage wäre, den eigentlichen ökumenischen Sinn auch und vor allem als Hören des Seins in der neuen – postmodernen – Epoche zu denken.

Aus dem Italienischen von Artur R. Boelderl

Ludwig Nagl

„Wie würde ein Buch aussehen, das heute – wie jenes von Kant – den Titel ‚Religion innerhalb der Grenzen der bloßen Vernunft' tragen könnte?"[1]

Derrida über Kants Religionsphilosophie

„Der messianische Ton der Dekonstruktion war anfänglich ganz und gar nicht hörbar", so beginnt John D. Caputo seine Studie „The Prayers and Tears of Jacques Derrida". „Mitten in jenen nietzscheanischen Diskursen, auf die sich die Französische Philosophie der 60er Jahre gerade zu verpflichten begann, wurde gegen Derrida ein Einwand laut, der seine erste Auseinandersetzung mit der Theologie herbeiführte. ‚Sehr früh schon', sagt Derrida, ‚hat man mich beschuldigt (nicht etwa aber: gelobt), daß ich Denkprozesse der Negativen Theologie wieder in Gang setze' – sie wiederbelebe im Dienst eines *magnum mysterium*, *différance* genannt."[2] Freilich, in den Folgejahren hat Derrida zweierlei deutlich gemacht: Nicht nur, daß das, was er unter „différance" versteht, sondern auch: daß das, was er in der Wendung „Messianizität ohne Messianismus" (oder: „Religion ohne Religion") einzukreisen sucht, mit den *klassischen* (selbst noch in der Inversion neoplatonisch-christlichen geprägten) Denkfiguren Negativer Theologie nicht einfachhin identifiziert werden kann. Diese Distanznahme (nicht nur von positiv-metaphysisch bestimmten, sondern auch von invertiert-negativen Theologumena – eine „atheistische" Distanznahme, die sich, zugleich, interessiert in der Nähe der spekulativen Erkundungen des Religiösen aufhält) ist eines vor allem *nicht*: ein Abrücken vom Impuls, Religion zu *denken*. Im Gegenteil: Derridas Interesse an der philosophierend/dekonstruktiven Lektüre der Religion ist über die Jah-

---

1 Jacques Derrida, „Faith and Knowledge: the Two Sources of ‚Religion' at the Limits of Reason Alone", Par. 12, in: Jacques Derrida u. Gianni Vattimo, *Religion*, Stanford/Oxford 1998 (= FK). (Die im folgenden zitierten Passagen sind ins Deutsche übersetzt von L.N.)

2 John D. Caputo, *The Prayers and Tears of Jacques Derrida*, Indiana University Press 1997 (= PT), S. 1 (Übersetzung L.N.)

re hinweg expliziter geworden, bis hin zum bisherigen Höhepunkt, der Capri-Vorlesung „Glauben und Wissen: Die zwei Quellen der ‚Religion' innerhalb der Grenzen der bloßen Vernunft."[3]

Im folgenden wird es darum gehen, einige Passagen dieses Textes *disseminativ zu extrapolieren*: sie also nicht einfach – wie die gläubigen Anhänger der „professionalisierten" Dekonstruktion – iterierend zu „zitieren" (eine un-dekonstruktive Lesepraxis, die im *small business* akademischer Derrida-Studien um sich zu greifen beginnt), sondern, *durchweg kritisch*, an ihnen entlangzudenken, um Gedanken zu entfalten, die sich auf das – von Derrida mit Insistenz umkreiste – Verhältnis von „Religion" und Aufklärung („*alt*" und „*neu*") beziehen. Kurz: Es geht um das Verhältnis Derridas zur Religionsphilosophie Kants, um die Frage, was von deren kritischem Gestus – vom Versuch, „dogmatischen" Glaubensformen „reflektierte" entgegenzustellen – unter dem Signum der Dekonstruktion Aktualität behält. Kantfeinde (welcher theologischen oder philosophischen Provenienz immer) werden hoffen, wenig, ja besser noch: nichts. *Derrida gehört nicht zu ihnen und kann – das ist meine These – legitimerweise von ihnen auch nicht vereinnahmt werden.*

Das wird in der Folge in *fünf Reflexionsschritten* erläutert. Einleitend beschäftigen wir uns damit, inwieweit Derridas Dekonstruktion „das transzendentale Fragen quasi-transzendental rekonfiguriert" (1). Diese *allgemeine* Erwägung wird im nächsten Schritt *spezifiziert* zur Frage, ob bzw. inwieweit wir Derridas ‚turn to religion' als ein Durcharbeiten des kantischen (religionsphilosophischen) Projekts verstehen können (2). In den Reflexionsschritten drei und vier werden sodann einige der (kritisch gebrochenen, zugleich aber – in „nichtidentischer Wiederholung" – an Kant anknüpfenden) religionsphilosophischen Denkfiguren Derridas erwogen: diese Reflexionen tragen die Titel „Religion und Digitalität" (3) und „Das radikal Böse" (4). Die abschließende, fünfte Reflexion bündelt die Erkundungen von 1 bis 4 – im Ausgang von Derridas „provisorischer Begriffsbestimmung von Religion" im Capri-Text – zur These, daß Derridas manifester Anti-Kantianismus an zentralen Punkten latent kantianisch gebrochen ist.

---

[3] Siehe Fußnote 1.

1. Transzendentales Fragen, „quasitranszendental"-dekonstruktiv rekonfiguriert

Daß Derridas Projekt – für manchen seiner Verehrer unerwartet – in kantische Tiefen vorstößt (freilich um, in der Regel, aus diesen Tiefen bald – allzubald? – wieder aufzutauchen) wurde, z.B. auf der Pariser Konferenz des Jahres 1993, „Deconstruction and Pragmatism", deutlich, auf der Derrida mit Richard Rorty über Nähe und Distanz ihrer Denkprojekte diskutierte. Derrida insistierte in dieser Begegung gegenüber dem, was er – im Bezug auf Rortys Schriften – die „Fragilität" eines empirizistisch verfaßten neopragmatischen Diskurses nannte, darauf, daß das „transzendentale Fragen" nur um einen – allzuhohen – Preis verabschiedet werden kann: „Das, was ich von den großen Persönlichkeiten in der Philosophie gelernt habe", so Derrida, „ist die Notwendigkeit, transzendentale Fragen zu stellen, um nicht in der Fragilität des empirizistischen Diskurses gefangen zu bleiben; [...] um Empirizismus, Positivismus und Psychologismus zu vermeiden, ist es notwendig, das transzendentale Fragen zu erneuern."[4] Freilich, diese gebotene Erneuerung kann nirgendwo als philologisch-philosophiestorisch bestückte Restauration implementiert werden. Sie ist die Wiederkehr eines Fragens „with a difference": Wieder-holung eines durch Überholtheitsgesten Verstellten – Rückholung der Frage nach den Möglichkeitsbedingungen aus einem Kontext von „Unmöglichkeits"-Erfahrungen heraus. Das gilt für die „transzendentale Frage" *im eigentlichen Sinn* (für die Frage nach den – allemal „textualistisch" vermittelten – *Konditionen* des empirisch Erfahrbaren, d.h. nach den Möglichkeits- und Unmöglichkeitsbedingungen aller präsumtiven „Unmittelbarkeit"); es gilt aber auch für die auf den Hoffnungshintergrund von Praxis bezogene Leitfrage Kants nach einer „Religion innerhalb der Grenzen der bloßen Vernunft" – nach einem „reflektierten Glauben", der die Denkbarkeit/Undenkbarkeit des „Religiösen" kritisch sondiert. Hören wir zunächst Derrida, allgemein, zur *transformierten* „transzendentalen" Reflexion: Ein solches Fragen, so Derrida, muß „so erneuert werden, daß es die Möglichkeit der Fiktion, Zufälligkeit und Kontingenz miteinbezieht und dabei sicherstellt, daß die neue Form des transzendentalen Fragens das Phantom des klassischen transzendentalen Fragens auf

---

[4] Jacques Derrida, „Bemerkungen zu Pragmatismus und Dekonstruktion", in: Chantal Mouffe (Hg): *Dekonstruktion und Pragmatismus. Demokratie, Wahrheit und Vernunft*, Wien 1999, S. 181.

solche Weise imitiert, daß es dabei auf das, was innerhalb dieses Phantoms eine wesentliche Erbschaft konstituiert, nicht verzichtet."[5] Beides ist also gefordert: der Bruch mit der klassischen Form *und* die Anknüpfung: Kontinutität *und* Diskontinuität. Die gleiche Doppelbewegung gilt auch für jenen nach-modernen Fragemodus, mit dem Derridas dekonstruktives *re-reading* von Religion einsetzt. Auch hier bleiben Kants „Denkgesten" präsent. Erst im gedoppelten, kritisch-affirmativen Blick auf die zwei Brennpunkte des Religiösen – den „Glauben" und das „Heilige" – lösen sich, ohne regressiven *Salto mortale* in bloße Emotion, sowohl die Scheinsicherheiten dogmatisch-institutionell „autorisierter" Theologumena auf als auch die komplementären – bei aller Metaphysikkritik durch latente Modi von Metaphysik bestimmten – Grundmuster klassischer Religionskritik. Derrida umreißt diesen „dekonstruktiven" Frageraum am Ort der Religion – der jederzeit dem neuzeitlichen Projekt der Emanzipation verpflichtet bleibt – 1994 in Capri wie folgt: „Ich halte das folgende für vorläufig selbstverständlich: daß wir – was immer unsere Beziehung zur Religion sein mag (und zu dieser oder jener Religion) – alle keine Priester sind, die durch ein Amt gebunden werden, keine Theologen, und keine qualifizierten, kompetenten Repräsentanten von Religion, aber auch keine Feinde von Religion insgesamt, in jener Weise, in der manche der sogenannten Aufklärungsphilosophen es gewesen sein mögen. Aber wir teilen auch, so scheint mir, etwas anderes – nämlich, vorsichtig gesprochen, eine vorbehaltlose Wertschätzung, wenn schon nicht bedingungslose Präferenz für das, was in der Politik republikanische Demokratie als universalisierbares Modell genannt wird und die Philosophie an die öffentlichen Angelegenheiten bindet, an die ‚res publica', an Publizität ..." (FK 11) Die Frage nach dem Religiösen – vor dem Hintergrund der entfalteten Religionskritik – *philosophierend* neu zu stellen: diese Denkbewegung ist für Derrida auf zumindest *zweifache* Weise kodiert. *Erstens* durch die Unverabschiedbarkeit des Emanzipationsgedankens: d.h. durch das Wissen, daß Denken weder einer *externen* Autorisierung bedarf noch durch externe Autorisierungen befördert oder „komplettiert" wird. („Wir sind nicht Priester, die durch ein Amt gebunden sind": Derrida reformuliert so Kants zweite Kondition aller Religionsphilosophie: ihren „non-derivative status", wie Onora O´Neill in ihrer Studie der *Religion innerhalb der Grenzen der blossen Vernunft* sagt.) Alle Dekonstruktion bleibt den (denkgeschichtlich schwer errungenen)

---

[5] Ebd. (Übersetzung verbessert von L.N.)

Gewinnen der neuzeitlichen Aufklärung (und ihres politisch-öffentlichen Komplementums: der Demokratie) verpflichtet. Derrida ist im Pariser Kolloquium, was diese Kondition betrifft, ganz explizit: Er „weigert sich nicht bloß, den großen Diskurs der Emanzipation zu verlassen",[6] sondern affirmiert diesen aufs deutlichste: „Ich glaube", so Derrida, „daß es heute noch einer enormen Anstrengung bedarf, um der Emanzipation auf allen Ebenen [...] der Welt und Gesellschaft Geltung zu verschaffen. Auch wenn ich den Diskurs der Emanzipation in keine Teleologie, keine Metaphysik, keine Eschatologie und auch in keinen klassischen Messianismus einschreiben möchte, so glaube ich dennoch, daß es keine ethisch-politische Entscheidung oder Geste ohne das geben kann, was ich ein ‚Ja' zur Emanzipation, zum Diskurs der Emanzipation ... nennen möchte."[7] Und, wenig später im gleichen Text: „[...] ich muß sagen, daß ich denen gegenüber keine Toleranz aufbringe, die sich – Dekonstruktivisten oder nicht – bezüglich [des] großen Diskurses [der Emanzipation] [...] ironisch verhalten. Diese Haltung hat mich immer bekümmert und irritiert."[8]

Dieses Votum mag in seiner Schärfe manch älteren Derrida-Fan überraschen, der die Dekonstruktion, eher umstandslos, für die Nach-, ja womöglich gar: für die Gegenmoderne reklamieren wollte. Derridas Religionsphilosophie „nach der Religionskritik", so zeigt sich, ist – legitimerweise – nirgendwo neokonservativ re-kodierbar.

Freilich, und *zweitens*, gilt aber auch: Das Votum für die Unverabschiedbarkeit des Emanzipationsgedankens ist jederzeit – unmißverständlich – abgegrenzt von aller bloßen Verlängerung und Repetition „metaphysischer", „teleologischer" und „klassisch messianistischer" Ausdeutungen des Aufklärunggedankens. Denn weder kann, *allgemein*, die „transzendentale Frage" in *klassisch* transzendentalphilosphischer (oder: in Husserlsch-„phänomenologischer") Manier „wiederholt" werden; noch ist, im *partikularen* Kontext der Religionsphilosophie, die neue Diskursivierung „des Religiösen" einer religions*kritischen* Entlarvung „religiöser Erfahrungen" verpflichtbar („Wir sind [...] keine Feinde von Religion insgesamt, auf die Art, wie manche der sogenannten Aufklärungsphilosophen

---

[6] Simon Critchley, „Dekonstruktion und Pragmatismus – Ist Derrida ein privater Ironiker oder ein öffentlicher Liberaler?", in: Mouffe, *Dekonstruktion und Pragmatismus*, S. 49-96.

[7] Derrida, „Bemerkungen zu Pragmatismus und Dekonstruktion", in: Mouffe, *Dekonstruktion und Pragmatismus*, S. 182.

[8] A. a. O., S. 183.

es gewesen sein mögen", so Derrida in Capri.) Die *radikal-abstrakten*, prä- und post-kantianischen Formen der Religionskritik gehören allesamt diesem – von Derrida zurückgewiesenen – Verwerfungsmodus „des Religiösen" an. Sowohl der „szientistische" Desillusionierungsversuch der Religion – daß Religion (bestenfalls) das prä-szientifische „Vorspiel" jener Frage- und Antwortformen wäre, die nunmehr, kompetent, die Wissenschaft übernehmen könne[9] – als auch die nachhegelschen Anthropologisierungs- und Politisierungsformen der Religionskritik (Feuerbach/Marx) haben für Derrida prekären Status. Denn die post-Hegelschen Verwerfungsmodi des „Religiösen" sind allesamt einer teleologisch kodierten Metaphysik „des Menschen" verdankt – einer Metaphysik, die in die aporetische Dublette von „Ontotheologie" und, komplementär-inversiv, Religions-„Entlarvung" treibt. Und auch der Weg aus der Philosophie hinaus: z.B. in eine orthodox verfaßte Gnadenlehre (die nur den inneren Kreis der Anhänger eines – jederzeit partikular verfaßten – Sprachspiels bedient), oder zurück in einen *orthodox* verfaßten „Messianismus" bleibt für Derrida versperrt. Denn alle Dekonstuktion präsupponiert/und instantiiert eines: die Freiheit des Philosophierens. Religion (oder „messianicity") „nach der Religionskritik" *denken:* das heißt für Derrida auch, nirgendwo in die Prätention eines „bloßen Vernehmens" ausweichen, nirgendwo, mit Habermas gesprochen, sich in eine „diffuse Folgebereitschaft" gegenüber „autorisierten" Texten, genauerhin: gegenüber denen zu begeben, die – unter Mißachtung der öffentlichen Diskursivität aller Rede – ein „autorisiertes" Interpretationsmonopol für diese beanspruchen. Nicht nur die Hostilität der „sogenannten Aufklärungsphilosophen" ist – für Denkende „nach der Religionskritik" – passé: Passé ist auch jede regressive Re-affirmation „statutarischen" Gemeinde- und Kirchenglaubens (bloß „von innen"). Denn da das Philosophieren (auch wenn es sich, dekonstruktiv, *unter bzw. über* der gängigen Unterscheidung von „privat" und „öffentlich" anzusiedeln sucht) *jederzeit zugleich* an „Publizität" (FK 8) gebunden bleibt, ist es – unsuspendierbar – verwoben mit „der aufgeklärten Tugend des öffentlichen Raums, die es emanzipiert von aller externen (nicht laienartigen, nicht-säkularen) Gewalt, zum Beispiel vom religiösen Dogmatismus, von Orthodoxie und Autorität (d.h. von der Herrschaft von doxa und Meinung,

---

[9] Hilary Putnam nennt dieses – sich wissenschaftlich gerierende – Verwerfungskonzept der Religion, in ironischer Absicht, die „survival theory of religion".

was zugleich nicht bedeutet: von allem Glauben)". (FK 8) Zwar liegt auf der Hand, daß Dekonstruktion alle *apriorischen Vernunftkonzeptionen* hinsichtlich ihrer überstarken Geltungsansprüche subversiv zu unterwandern sucht (diese Absicht teilt sie mit anderen, einflußreichen Denkkonfiguration der Gegenwartsphilosophie, z.B. dem Neopragmatismus Putnams und Rortys): Sie ergreift deswegen jedoch keineswegs – wie Derrida in „Von einem neuerdings erhobenen apokalyptischen Ton in der Philosophie" deutlich macht – Partei für Mystagogen und „Geisterseher". John D. Caputo läßt in seiner erhellenden Rekapitulation der komplexen, antikantisch/kantischen Grundbewegungen dieser Schrift zunächst Derrida selbst zu Wort kommen: „Wir können und dürfen nicht – das ist Gesetz und Geschick – die Aufklärung vernachlässigen" (*Ton* 64). Caputo erläutert diese Bemerkung, in einiger Ausführlichkeit, wie folgt: „We must keep alive a healthy desire to demystify that discourse which speculates on vision, theophany, and parousia (*Ton* 64). [...] On this point at least – on the denial of what Kant would call an *intellectual intuition*, an *intuitus originarius* [...] – Derrida is a Kantian all the way down." (PT 90) Freilich: dieser Derridasche Kantianismus ist zugleich, wie könnte es anders sein, auf radikale, post-kantianische Weise gebrochen. „The post-Kantian point [Derrida] makes", so Caputo, „is that all along we must also be vigilant about the Enlightenment vigilantes, and watch where these demystifying pedagogues are leading us." Zugleich mit der Aufrechterhaltung der Grundintentionen der Aufklärung geht es also darum, deren abstrakt-dogmatischen Impuls zu konterkarieren – oder, wie Habermas dies ausdrückt, „Aufklärung über sich selbst aufzuklären". Kant, der *klassische* Aufklärungsphilosoph par excellence, ist den abstrakten Rationalisten und „demystifying pedagogues" seiner Zeit freilich genau darin schon weit voraus. Durch seine Eindämmung des zerstörerischen Fanatismus der religions*kritischen* „Vigilantes" des 18. und 19. Jahrhunderts ebenso wie durch seine Eindämmung der überschwenglichen „Wissenschaftsgläubigkeit" der jüngsten (logisch/empiristisch/sprach-analytisch geprägten) Moderne ist Kant – als *konsequenter* (Selbst-) Aufklärer – den „sogenannten Aufklärungsphilosophen" (von denen Derrida spricht) weit überlegen. Die Denkkonfigurationen der Kantischen Religionsphilosophie passen (zumindest als Ganze) nirgendwo ins abstrakte Programm einer – in Unaufgeklärtheit über sich selbst verharrenden – Aufklärung. Denn obgleich sich die Kantische Religionsphilosophie vor dem Hintergrund der folgenreichsten Argumente der neuzeitlichen Religionskritik konstituiert

– vor Kants Devalidierung aller *theoretischen* Gottesbeweise in der *Kritik der reinen Vernunft* –, ist sie weder abstrakt-aufklärerische Verwerfung von Religion (was ihr ihre theologischen Verächter nur allzugern unterstellen) noch philosophieflüchtige Affirmation „ritualistischer" Stabilisierungspraktiken (Praktiken, die als „spirituelle" Substitutformen die freie Denkbewegung am Ort der Religionstheorie stillzustellen suchen und Religion so zum bloßen Vehikel einer – existenziell vermittelten und institutionell kontrollierbaren – Identitätstechnik herunterbestimmen). Religion hat für Kant einen anderen Ort: Sie ist weder deistisch noch fideistisch begründbar, sondern wird – im Gefüge von Praxis und Handlungshorizont – loziert in einer Logik des „Hoffens". Jede Konzeption verantwortlichen Handelns, so Kant, führt – wird sie denkend nur weit genug vorangetrieben – „*unumgänglich* zur Religion" [...] d.h. „zur Idee eines machthabenden moralischen Gesetzes außer dem Menschen"[10]; auf diesem Denkweg dissoziieren sich viele der regressiven Bilder des „Religiösen" – Bilder, in denen Religion z. B. *bloß* als Umkippbewegung am Ort unserer Handlungs- und Denkohnmacht bestimmt wird: „In der Religion überhaupt", so heißt es im Kapitel „Vom dynamisch Erhabenen" der *Kritik der Urteilskraft*, „scheint Niederwerfen, Anbetung mit niederhängendem Haupte, mit zerknirschten angstvollen Gebärden und Stimmen, das einzig schickliche Benehmen in Gegenwart der Gottheit zu sein [...] Allein diese Gemütsstimmung ist [...] bei weitem nicht mit der Idee der Erhabenheit einer Religion und ihres Gegenstandes an sich und notwendig verbunden."[11] Hoffnungslogik, so Kant, ist zwar am Rande unserer Handlungsmöglichkeiten angesiedelt. Deshalb ist sie freilich keineswegs primär Submission.

2. Derridas dekonstruktiver „turn to religion": ein „Durcharbeiten" des Kantischen Projekts?

Kants Religionsphilosophie läßt sich – in ihren Grundzügen – nirgendwo jenen postmodern devalidierten (metaphysisch-„ontotheologischen" oder gar: „fanatischen") Diskursen am Ort der Religion subsumieren, von denen sich Derrida, in komplexen Assoziationsketten, abgrenzt. Ganz im Gegenteil: Nicht nur ist Kant ein expli-

---

10 Immanuel Kant, *Die Religion innerhalb der Grenzen der blossen Vernunft*, BA X.

11 Immanuel Kant, *Kritik der Urteilskraft*, B 108.

ziter Kritiker von „Fanatismus und Schwärmerei"; seine Kritik aller theoretischen Gottesbeweise ist der erste und wohl gewichtigste Schritt in die Richtung einer dekonstruktiven Auflösung ontotheologisch verfaßter kognitiver Geltungsansprüche im Felde der Religion. (Kants Leistung überragt darin – wie mir scheint, bei weitem – Heideggers vergleichsweise derivative Theologie-Kritik.) Somit bleibt – selbst wenn Kants Projekt im Sinn einer „Transzendentalphilosophie proper" nicht aufrecht erhalten werden kann – das, was in seinen Denk„gesten" erkundet wird, für jede Neusondierung des Themenraums „Religion" von größtem Belang. Derrida weiß darum und stellt deshalb jene Frage, die der Titel meines Vortrags zitiert: „Wie würde ein Buch aussehen, das heute – wie jenes von Kant – den Titel ‚Religion innerhalb der Grenzen der bloßen Vernunft' tragen könnte?" (FK 8)

An welche der Denkfiguren Kants schließt Derrida nun aber genauerhin an und welche übergeht er? Eines ist klar: In Derridas *re-reading* des „Religiösen" wird nicht, wie bei Kant, „*die* Religion" durch „*die* Vernunft" gedacht – ist doch die Hauptpointe der Dekonstruktion die Verwerfung jeder „starken" Version des „Logos". *Beide* Unifikationen (jene am Ort der Vernunft und jene am Ort der Religion) werden zum Problem. Nicht nur ist „die Vernunft" – wie schon Hegel (obgleich mit falscher, „absolut-dialektischer" Pointe) zeigte – allemal historisch verfaßt. Auch der genauere Blick auf die „Semantik des Worts ‚Religion' zeigt – gegen alle Identitätspostulate und gegen jede Prätention eines transhistorisch gültigen „Wesens" – die *Geschichtlichkeit* dieses Konzepts. Genaugenommen – so Derrida – zeigt sich hier freilich noch mehr: daß nämlich im Denkumfeld religiöser Weltinterpretationen Historizität zugleich *eröffnet und begrenzt* wird. Absolutheitsanspruch und Geschichtlichkeit interpenetrieren einander in den – so absoluten wie endlichen – „Wahrheitsansprüchen" der Religionen; jede „Offenbarung" ist historisch tingiert. (Von diesem „double bind" spricht schon Kant, wenn er sagt, daß der empirische Glaube uns „ein Ungefähr in die Hände gespielt" hat, d. h.: daß die Heilige Schrift „ein den Menschen zu Händen gekommenes Buch" ist, R VI 107, 18).[12] Nicht unähnlich, jedoch quasi innertheologisch re-akzentuiert, Derrida: „Die Offenbarungen der Bibel und des Koran sind

---

12 Zu dieser zentralen Pointe einer philosophierenden „Hermeneutik ohne Autorität" vgl. Onora O´Neill, „Innerhalb der Grenzen der bloßen Vernunft", in: Friedo Ricken/François Marty (Hgg): *Kant über Religion*, Stuttgart/Berlin/Köln 1992, S. 106-111.

von der Historizität von Offenbarung selbst unabtrennbar. Der messianische respektive eschatologische Horizont begrenzt zwar, soviel ist sicher, ihre Historizität, dies aber nur deshalb, weil er sie zuvor inauguriert hat." (FK 9) Dieser Geschichtlichkeitsmodus affiziert – so Derridas These – nicht nur die (prätendierte) Ewigkeit der „Offenbarung", sondern darüber hinaus die „transhistorisch" auftretenden Begriffe insgesamt: Am Abgrund ihrer Geschichtlichkeit erfahren sie ihre (in ihnen selbst unthematisiert bleibende) Grenze. Das aber heißt zunächst: Religionen können, wo ihr unmittelbarer Motivraum eingebrochen ist, nirgenwo identisch reaffirmiert werden. Und es heißt auch, daß komplexe Argumentationsmuster – z. B. diejenigen Kants – denkend wiederholen nicht heißen kann: sie identisch wiederholen. Derrida transformiert und spezifiziert daher – in seiner Re-lektüre der kantischen Religionsphilosophie – zwei der Fragen Kants.

Er fragt *erstens*, wie sich Philosophie und Religion im Verhältnis zur technisch entfalteten (oder besser: zur technisch verkürzten) globalisierten „Rationalität" re-positionieren lassen (eine Frage, die seit Adorno/Horkheimers *Dialektik der Aufklärung* – kulturkritisch gebündelt – im Raum steht und die sich nun bei Derrida zum eindringlichen Blick auf das Verhältnis Religion und Medien wandelt): zur Analyse von „Religion und *mechané*" (FK 47) im Zeitalter von „technoscience" und „globalatinization". Und *zweitens* fragt Derrida, ob bzw. wie ein dekonstruktives „re-reading" von Religion es möglich macht, den (sich stets aufs neue re-konfigurierenden) *Abgrund der Vernunft* (d. h. den Hang zu ihrem extremen „Außersich-sein") post-kantianisch zu erkunden – also jenes „radikal Böse", von dem Kants Religionsschrift (in einer philosophierenden Interpretation der „Erbsündenlehre") so eindringlich spricht: die „Perversion des Herzens", die die verschiedenen empirischen Religionen zu bändigen suchen (die zugleich aber, in gefährlicher Ambivalenz, auch „im Namen der Religion" stets aufs neue angefacht wird). Derrida nähert sich diesen beiden Themenkreisen wie folgt: „Wie kann diese Geschichte der Geschichtlichkeit", so fragt er, „so Berücksichtigung finden, daß sie heute eine Untersuchung der *Religion innerhalb der Grenzen der bloßen Vernunft* ermöglicht? Wie kann hier eine Geschichte der politischen und technowissenschaftlichen Rationalität eingeschrieben und aktualisiert werden; auch aber eine Geschichte des radikalen Bösen, seiner Figurationen, die nie bloß Figurationen sind und die – erst das ist das ganze Böse – immer neues Böses erfinden. Die radikale ‚Verkehrtheit des Herzens', von der Kant spricht – das wissen wir heute – ist nicht eine einzige, nicht ein für allemal gegeben, so als wenn sie nur in der Lage wäre, Figurationen und Tropen ihrer selbst zu inaugurieren. Vielleicht könnten wir uns fragen, ob das mit Kants Intention übereinstimmt, wenn er uns ins Gedächtnis ruft, daß die Bibel in der Tat den historischen und temporalen Charakter des radikal Bösen ‚repräsentiert', auch wenn sie – angesichts der menschlichen Gebrechlichkeit – nur eine ‚Vorstellungsart' davon gibt (Kant, Religion, Buch 1/Abschnitt 4)." (FK 14)

3. Religion und Digitalität

Wir wenden uns zunächst dem *ersten* Fragekreis zu, der ambivalenten, ja abgründigen Interpenetration von *Technoscience* und Religion. Derrida beschreibt hier „double binds", die der genauen Analyse bedürfen. „Die heutige Religion", so heißt es in der Capri-Vorlesung, „verbündet sich mit der Tele-Technoscience, auf die sie zugleich mit aller Kraft reagiert". (FK 46) Die weltweit diffundierte Rationalitätsstruktur der neuen Medien wird zum Verbündeten der „wiederkehrenden" Religionen, ja – in gewisser Hinsicht – sogar zu deren Motor: zu einem Verbündeten freilich, dessen formale Implikate die Religionen – zugleich – mit allen Mitteln bekämpfen. Diese Ambivalenz analysiert Derrida näherhin so: „(Religion heute) ist, *einerseits*, Globalisierung; sie verbindet sich eng mit Kapital und Know-how der Telemediatisierung, die sie mitproduziert und ausbeutet: Weder die Reisen und die globale Sichtbarkeit des Papstes noch die zwischenstaatlichen Dimensionen der ‚Rushdie-Affäre', noch der planetare Terrorismus wären in diesem Rhythmus möglich – und wir könnten Indikatoren dieser Art unendlich vervielfachen. *Andererseits* jedoch reagiert Religion unmittelbar und simultan mit einer Kriegserklärung an das, was ihr ihre neue Macht gibt: freilich nur um den Preis der Delogierung von ihrer eigenen Stätte, vom Stattfinden der Wahrheit." (FK 46) Religionen – und das „in ihrem Namen", so gefährlich wie falsch, „politisch" von ihnen Hergeleitete: Terrorismus, Diskriminierung und Intoleranz – leben nicht nur von (sondern heute: in) der Präsentationsform der Medien. Diese *Form* ist nirgendwo harmlos: denn sie affiziert, verändert, vereindeutigt (und devalidiert) den Inhalt selbst. Die Beispiele dieser (abgründigen) Verflechtung sind zahllos: Auffällig ist (um über denjenigen Diskursraum zu reden, der mir, L.N., am bekanntesten ist), daß z. B. die katholische Weltkirche sich im (falschen) Licht medialer Selbstpräsentation – auf verdrängerische Art – über das Schwinden ihrer institutionellen Bindekraft hinwegtäuscht: Wenn beispielsweise ein marginaler Bruchteil der dieser Konfession Angehörenden, aus welch unanalysierten Motiven immer, sich – selbst medieninszeniert – in Rom versammelt, dann erzeugt diese televisionär konstituierte, unmittelbar präsentierbare „Fülle" den trügerischen („vermittelt unmittelbaren") Schein, daß die Botschaft der katholischen Kirche der Säkularisierung trotze (ein falscher Schein, der – selbstzufrieden konsumiert – im nächsten Moment die theologisch regressive Selbstaffirmation: die Insistenz auf der Unrevidierbarkeit ekklesiastischer Autorität, ermöglicht; d. h. eine dogmatische Verhärtung, deren mediale Verbreitung – im übernächsten Schritt – die reale Entfremdung und Distanznahme innerhalb und außerhalb dieser Kirche auf massive Art beschleunigt, etc.).

Die „Wiederkehr des Religiösen" – eine vielfach medial vermittelte Wiederkehr – affiziert dessen (traditional verfaßten) Raum. Dieser Prozeß ist weitreichend: sind es doch die Medien (und keineswegs die Religion selbst), die sich in ihm, latent, als das strukturell dominante, das *eigentliche* Absolute affirmieren: als eine prädominante Macht, die zweierlei semantische Felder jederzeit mitorganisiert. Erstens den eigenen, *pseudoreligiös dimensionierten* Charakter des Medialen; und zweitens die Verfügbarkeit, ja Verflüssigbarkeit jedes *traditional* verfaßten Geltensanspruchs in der Universal-Volatilität beliebiger Absolutheits-„re-placements". Dieser zweite Aspekt, der das Zentrum von Religion – ihren *fundierenden* Geltungsanspruch – tangiert, ist der Einsatzpunkt für die – simultan zur medialen Verflechtung im Umfeld des telematisch vermittelten Religiösen sich formierende – Medien*feindschaft* der Religionen. Da die technologische Präsentationsform des Religiösen gefährliche Kosten impliziert – „die Kosten, (Religion) von ihrer eigenen Stätte zu delogieren", genaugenommen „vom Stattfinden ihrer Wahrheit" (FK 46) –, ist die nächste Konsequenz, daß Religion „einen schrecklichen Krieg gegen das führt, was es auf eine Weise beschützt, die sie bedroht". Dieser „double bind" wird dadurch verschärft, daß die Medien jederzeit an der Unrelativierbarkeit zwar nicht ihres materialen, aber ihres (formalen) Status arbeiten: Wir leben – so Hent de Vries – in einer Zeit der „fetishization and elevation to a virtually absolute status of the televisual and the multimedial as such."[13] Ist die globale Diffusion des Reli-

---

[13] Hent de Vries, *Philosophy and the Turn to Religion*, Baltimore/London 1999, S. 7.

giösen (im *Televangelism* der USA ebenso wie z. B. in den medialen Selbstpräsentationen des politischen Islamismus [PTR 7] – der freilich, so Derrida, nicht verwechselt werden soll mit den primären Gehalten der islamischen Religion) zugleich der Motor, ja die unaufhaltsame Dauerbeschleunigung seiner endgültigen Erosion? Gibt es ein – der technischen Rationalisierung sich entziehendes (zugleich aber medial rekonfigurierbares) – Zentrum des Religiösen? Kants Denkgeste läßt sich – angesichts dieser Situation – auf doppelte Weise (nichtidentisch) wiederholen.

Erstens als kritische Untersuchung rezenter Phänomene einer „Religion innerhalb der Grenzen der *(technomedial) verfaßten ‚ratio*'": d. h. als Analyse jener Phänomene, deren abgründige Doppelcodierung sich im abstrakten Akzelerationsraum der (bei Kant noch komplexer, als Vernunft, bestimmten) Aufklärungs-„ratio" ausbildet. Derrida geht auf interessante Weise – kurz – in diese erste Richtung, die kantische „Geste" aufzugreifen (und beerbt dabei Analyseimpulse der mittleren Kritischen Theorie). Religion und Medien, so Derrida in Capri, interpenetrieren einander auf eine Weise, deren (potentiell) explosiver Gehalt sich am klarsten mittels der Kategorie der „Auto-Immunität" umreißen läßt. John Caputo faßt die einschlägigen Erwägungen Derridas so zusammen: „Religion today has received an artificial organ: it has been given a transplant of teletechnology into its mystical body. Hence its immune system, which naturally rejects technoscience, must be suppressed (repressed), so that it can tolerate this foreign substance. Religion must embrace the ‚terrifying but fatal logic' of ‚autoimmunity'."[14] Diese Autoimmunität schützt den Körper vor seinen eigenen Resistenzen – eine gefährliche Situation, die, so Derrida, in vielfache Pathologien zu desintegrieren beginnt. Sie produziert „explosive, pathological, spasmodic side effects, the return of the repressed, of which we today are the horrified witness" (ebd.). Was Kant in seiner Religionsschrift als Fanatismus und Schwärmerei anprangert, beginnt sich, telemedial gestützt, neu zu konfigurieren. „Der Fanatismus, Terrorismus und die Unterdrückung der Frauen im heutigen Fundamentalismus, die Verweigerung der elementarsten Bürgerrechte, das alles repräsentiert eine ‚brutale immunisierend-sicherstellende Reaktivität' [so Derrida in *Foi*, 60n29]." (Ebd.) Die Religion kehrt somit (auch so!) zurück: nicht nur als Thema philosophischer Reflexion, sondern, in realer politischer Brisanz,

---

[14] John Caputo, *PT*, S. 153.

als ein Modus von Gewalt. „Religion returns – with a vengeance; it rages in its most violent virulent forms."

Zweitens aber – tiefer noch und den Abgründen der Medienanalyse vorgelagert – ließe sich Kants Denkgeste heute aktualisieren im Versuch, die Frage wiederaufzunehmen, wie sich hypothetisch-technologische Instrumentallogiken insgesamt zum handlungstheoretisch und hoffnungslogisch voll entfalteten „praktischen" Vernunftmodus verhalten (und was diese volle – zugleich aber nachapriorisch verfaßte – Entfaltung für den Zusammenhang von „Verantwortung" und „Religion" bedeutet). Derrida nähert sich diesem Projekt nirgendwo mit Kant selbst, sondern immer in Brechungen, die über Heidegger und Levinas vermittelt sind. Wir werden im Schlußteil, der Derridas „provisorischer Begriffsbestimmung" von Religion gewidmet ist, kurz auf diese Denkbewegung – eine Ausweichbewegung? – eingehen.

4. Das „radikal Böse"

Die „Kantische Geste" – deren nichtidentische Wiederholung Derridas Fragen leitet – ist im *medienanalytischen* Kontext nur selten direkt mit genauen Kant-Bezügen bestückt. Explizitere Anbindungen finden sich freilich dort, wo Derrida das Einstiegsthema der Kantischen Religionsschrift aufgreift, die Frage nach dem „radikal Bösen". Derrida nimmt Kants Thema sogleich mit einer Einschränkung auf: „Die radikale ‚Verkehrtheit des Herzens', von der Kant spricht, *so wissen wir heute* (Sperrung L.N.) ist nicht eine einzige, nicht ein für allemal gegeben", so Derrida, „so als ob sie nur in der Lage wäre, Figurationen und Tropen ihrer selbst zu inaugurieren." (FK 9) Derridas Einstieg bei Kant ist klar. Religion zu denken heißt zweierlei: die Frage nach der *Theodizee* (angesichts der radikalen Manifestationen des Bösen in unserem Jahrhundert) wiederaufzunehmen und sie zuzuspitzen zur Frage, wie Religionen und Philosophien (die beide versuchen, das radikal Böse einzudämmen) selbst, indirekt, zu Beförderungsinstanzen genau dessen werden können, was sie zu überwinden suchen. Kant hat beide Fragen gestellt: Gegen die Leibnizsche Theodizee, die er als theoretizistisch-metaphysische Pazifizierungsspekulation deutet, hat er mit seiner – handlungsphilosophisch einsetzenden – Thematisierung jenes „Lügner(s) von Anfang" – dem „Urheber des Bösen" (der, so Kant, freilich nicht „außen", sondern „in uns selber" liegt) – die Analyse der Abgründigkeit unserer praktischen Intentionen zum Einstiegsthema seiner

Religionsphilosophie gemacht; und in seiner Kritik der „unlauteren Religionsideen" – die den partikularen Kult einer einzelnen Religion als die (exklusive) Instanz göttlicher „Gunsterwerbung"[15] deuten wollen – Analyseelemente für den zweiten Fragebereich beigebracht: für denjenigen nach dem dogmatischen (Fanatismus und Indolenz generierenden) Abgrund religiöser „Institutionen". Derrida setzt in seiner Anknüpfung an diese Gedanken Kants – wie schon erwähnt – sogleich mit einem Vorbehalt ein. Kant hätte etwas, *was wir heute sehen*, noch nicht gesehen: nämlich, daß die „radikale Verkehrtheit des Herzens" nicht *eine einzige* ist; sei sie doch, so Derrida, „nicht eine, nicht ein für allemal gegeben". (FK 9) In seiner naheliegendsten Auslegung hat dieser Einspruch große Plausibilität. Denn wer hätte – zu Zeiten Kants – die *konkreten* Manifestationsformen der Unmenschlichkeit des zwanzigsten Jahrhunderts auch nur annähernd ausphantasieren können: den fabriksmäßig organisierten Massenmord (in dessen – sich aller Ausdrucksform verschließendem – Dunkel sich z. B. Adornos Verwerfung jeder „Theodizee" als ruchlos nahelegt)? Freilich: Betrachtet man Kants Text genauer, so zeigt sich, daß es Kant gar nicht darum geht, die „Verkehrtheit des Herzens" *materialiter* – d. h. in ihren konkreten, ungeheuren Manifestationsmodi – „once and for all" zu erkunden. Auch für Kant gibt es, wie für Derrida, überphantasierbar viele Bekundungsmöglichkeiten des Bösen. Dennoch hat das „radikale Böse" (unser „*Hang*" zum Bösen), so Kant, eine Haupt*form*, die stabil bleibt: Sie besteht in einer (habituell fixierten) *allgemeinheitslosen Selbstbezüglichkeit*, die nicht zögert, alle anderen (und zuletzt: auch sich selbst) zu „instrumentalisieren" (d. h. zum bloßen Mittel für beliebige Zwecke zu machen). Der Wille, andere bedenkenlos zu „instrumentalisieren", „Selbstliebe" (in Kants Terminologie) „als Prinzip aller unserer Maximen angenommen" ist „die Quelle alles Bösen".[16] Freilich: auch dieses Formalprinzip – die „Selbstliebe" – ist, so Kant (obwohl *formaliter* – ihrer Innenstruktur nach – stabil) kein *fixes* Charakteristikum von irgend jemand (d. h. sie ist – als Realzustand – nirgendwo „ein für allemal gegeben"): Denn es steht jederzeit (und bei jedermann) in der Gegenbindung zu anderen Motivstrukturen. Jeder Mensch, so Kant, lebt ja (jederzeit: d. h. solange er lebt) unter der „*Zumutung* der Selbstbesserung": d. h. er lebt in der *conditio ethica* einer offenen, unabschließbaren Auseinandersetzung mit seinem eigenen Hang

[15] Kant, *Religion*, B 62.
[16] Kant, *Religion*, B 51.

zum Bösen. In diesem Ringen werden „Figurationen und Tropen" nicht nur verwerflicher, sondern auch guter Gesinnung jederzeit neu erfunden; die Struktur dieses Ringens ist elliptisch – eine offene Struktur mit zwei Brennpunkten: dem egozentrischen Hang einerseits und dem heterologisch-„autonom" dimensionierten Widerstand dagegen andererseits. D. h. aber: Diese Struktur ist *dynamisch* verfaßt – und nirgendwo („ein für allemal") unitär-identische Replikation.

Da Derrida die Kantischen Erwägungen zum „radikal Bösen" wohl nicht nur als Aufhänger für – wenig plausible – Abstoßbewegungen verwenden will, muß sein – so scheint es – eher schlecht sitzender Einspruch anderes betreffen. Was aber ist dieses Andere? Für Kant ist das „radikal Böse"– in religiöser Metaphorik vorgestellt – „peccatum originale"; philosophisch betrachtet ist die „Erbsünde" freilich nichts „Gegebenes", sondern (als *conditio ethica*) dem „Vernunftursprung nach" selbstgewirkt. Diese Doppelstruktur: daß das Böse, als „Erbsünde", eine („theologische") Herleitung in der Zeit erfährt, daß wir zugleich jedoch „von einer moralischen Beschaffenheit, die uns soll zugerechnet werden, keinen Zeitursprung suchen müssen"[17], führt in große Schwierigkeiten. Die Bibel, so Kant, gibt vom „peccatum originale" eine „unserer Schwäche gemäße" bloße „Vorstellung": die Herleitung des „radikalen Bösen" aus einer „Geschichtserzählung". Diese *theologisch-historische* Herleitung bleibt freilich defizitär, weil das Grundproblem des „radikalen Bösen" sich, *philosophisch betrachtet*, anders stellt: „Der Vernunftursprung [...] des Hanges zum Bösen", so Kant, „bleibt uns unerforschlich, weil er selbst uns zugerechnet werden muß [...] Das Böse hat nur aus dem Moralisch-Bösen (nicht den bloßen Schranken unserer Natur) entspringen können; und doch ist die ursprüngliche Anlage (die auch kein anderer als der Mensch selbst verderben konnte, wenn diese Korruption ihm soll zugerechnet werden) eine Anlage zum Guten; für uns ist also kein begreiflicher Grund da, woher das moralische Böse in uns zuerst gekommen sein könne."[18] Die „Tücke des Herzens" ist gemein menschlich (sie hat eine *allgemeine* Form; darauf verweist – z. B. – jener Vers von Horaz, den Kant seinen Erwägungen voranstellt: „Vitiis *nemo* sine nascitur"[19]). Freilich: Die Phänomenologie des „radikal Bösen" ist seit den Zeiten Kants grauenvoll erweitert worden. So

---

[17] Kant, *Religion*, B 47.
[18] Ebd.
[19] Kant, *Religion*, B 27.

erschreckend dies ist, tangiert das freilich – per se – nicht die Grundstruktur der Analyse. Das Böse, so Kant, bleibt – in unseren endlichen Lebenskontexten – zum einen omnipräsent; zugleich wird es niemals – perfekt und eindeutig – „personell" distribuierbar: d.h. zuordenbar nach den neosubstantialistischen Konstrukten „der Bösen" und „der Guten". Denn allgemein (so Kant im Blick auf eine Passage des Neuen Testaments) bleibt, wohlbegründet, der Verdacht im Raum: „es ist Keiner, der Gutes tu[t] (nach dem Geiste des Gesetzes), *auch nicht einer*."[20]

Freilich: Kants Reflexionen über das „radikal Böse" *nichtidentisch* wiederholen heißt, auf jene Ungelöstheiten, die Kant selbst schon anspricht (daß uns „der Vernunftursprung des Bösen [...] unergründlich" bleibt), mit Insistenz hinzuweisen. Derrida tut vor allem dies in „Faith and Knowledge". Daß das „radikal Böse" sich jeder schlüssig werdenden Analyse entzieht; daß es sich nicht nur empirisch in unimaginierbarer Schrecklichkeit re-konfiguriert, sondern, als abgründige „Tücke des Herzens", seiner Geneseform nach – selbst unter Einbeziehung der Erkundungsfiguren der Psychoanalyse – nirgends vollständig durchsichtig machen läßt: dieses Ergebnis läßt sich aus der Re-lektüre Kants gewinnen. (Wie bei Kant, so steht ja bei Freud „die Reaktion auf das radikal Böse im Zentrum seines Denkens". (FK 54) Freilich: Auch in der Psychoanalyse wird die „Tücke des Herzens" nicht vollständig erhellt. Das hängt damit zusammen, daß die Erklärungslogiken Freuds selbst zwischen „naturalistischer" Reduktion und [sozio] moralischer Attribuierung des Bösen hin- und herschwanken.)

Wer mit Kant beginnt, die Schwierigkeiten am Denkort des „radikal Bösen" zu erkunden, der – so Derrida – wird alsbald über Kant hinausgetrieben. Denn was Kant dem „radikal Bösen" entgegensetzt: den ethico-„politisch" (im Blick auf ein „Reich der Zwekke") aufgeladenen Hoffnungshorizont eines kritisch durchdachten, „reflektierenden" Glaubens (des Gegenpols zu jeder bloß dogmatisch-statutarisch verfaßten Religion) – eines Glaubens also, der Selbstverantwortung ins Zentrum rückt (und der so dem „radikal Bösen" unter der „Zumutung der Selbstbesserung" begegnet) –, das sei selbst, zuletzt, tief in einen prekären „double bind" verstrickt. Freilich, die Sachlage ist komplex.

Einerseits ist das Projekt, einen „reflektierenden Glauben" zu befördern – nach der letalen Binnenkrise einer auf „Überwindung" angelegten Religionskritik (für die die Religion jederzeit und ins-

---

[20] Kant, *Religion*, B 39.

gesamt „bloß Selbstentfremdung" war) –, *philosophisch unverzichtbar* (sollen nicht Gefühl und existentielle Geste in „neuer Unmittelbarkeit" regressiv Platz greifen). Derrida rekonstruiert Kants Kategorisierung jenes Diskursraums, in dem – aus heutiger Optik – alle nach-religionskritische Erkundung des „Religiösen" stattfindet, zunächst (obzwar nur über Strecken) affirmativ: „Für Kant gibt es praktisch", so Derrida, „nur zwei Arten von Religion [...]. Die *Religion des blossen Cultus* sucht ‚Vergünstigungen von Gott', aber – ihrem Grund und Wesen nach handelt sie nicht, sondern lehrt bloß Gebet und Sehnsucht. Der Mensch ist nicht gehalten, besser zu werden, auch durch die Vergebung der Sünden." Dieser ersten, depravierten Gestalt von Religion kontrastiert Kant die „moralische Religion". Sie ist, so Derrida, „im Gegenteil [...] an einem guten *Lebenswandel* interessiert; sie macht es zur Pflicht zu handeln, unterwirft sich das Wissen und dissoziiert es von sich selbst, indem sie vorschreibt, daß der Mensch gemäß dem folgenden Prinzip durch sein Handeln besser werde: ‚Es ist nicht wesentlich, und also nicht jedermann notwendig zu wissen, was Gott zu seiner Seligkeit tue, aber wohl, was er selbst zu tun habe, um dieses Beistands würdig zu werden.' So definiert Kant den ‚reflektierenden' Glauben, d. h. einen Begriff, dessen Möglichkeit sehr wohl Raum für unsere Diskussionen eröffnen kann." (FK 10) Der Gewinn, den diese Distinktion für die philosophische Erkundung erbringt, liegt auf der Hand. Derrida umreißt ihn (vorbehaltlich) so: „Weil [der reflektierende Glaube] nicht – seinem Wesen nach – von irgendeiner partikularen historischen Offenbarung abhängt und so mit der Rationalität einer reinen praktischen Vernunft übereinstimmt, bevorzugt der ‚reflektierende Glaube' den guten Willen vor jedem Wissen. Er ist somit dem dogmatischen Glauben entgegengesetzt. Sein Bruch mit dem dogmatischen Glauben resultiert daher darin, daß dieser beansprucht *zu wissen* und somit die Differenz von Glauben und Wissen ignoriert." (FK 10) Derrida ist sich darüber im klaren, daß diese Kantische Distinktion nur um einen – allzu hohen – Preis über Bord geworfen werden kann: um den einer *neometaphysischen Rehabilitierung der spekulativ-kognitiv verfaßten Onto-theologie*, bzw. um den einer (öffentlich-allgemein *unausweisbar* bleibenden) theologisch-institutionellen Befrachtung *fideistisch re-situierter existenzieller Gesten*. Kants Unterscheidung zwischen reflektierendem und dogmatischem Glauben, so Derrida, ist nicht bloß definitorisch, nicht äußere, historische (und historisch verabschiedbare) Taxonomie. Sie eröffnet ein Feld realer Differenz und Auseinandersetzung. „Das Prinzip solch einer Gegenüberstellung", so Derrida, „könnte [...] auch für uns heute einen Ort des Konflikts [...] im Kantischen Sinn definieren. Auch heute könnte sie – obzwar provisorisch – dazu beitragen, die Probleme zu strukturieren." (FK 10)

Warum äußert Derrida, zugleich mit der partiellen Affirmation, den stärksten Vorbehalt? Wir erreichen hier, an diesem Punkt, Derridas *zweite* (die *problematisierend-negative) Einschätzung Kants*. Bei aller problemlozierenden Kraft habe Kants Begriff der praktischen Vernunft, religionsphilosophisch re-dimensioniert (d.h. verortet im Rahmen einer Handlungstheorie, die sich – heilsgeschichtlich – vor der Gegenfolie des „radikalen Bösen" positioniert), eine doppelte Grenze: im engeren Sinn – theologisch – gesprochen, *erstens* daran, daß, so Kant, die Heilige(n) Schrift(en) (die Orte der primären religiösen Identifikation) der rationalen Rekonstruktion nur unvollständig zugänglich werden; *zweitens* aber, religionshistorisch betrachtet, an der – illegitim partikularisierenden – Zuordnung des „moralisch-aufgeklärten" Status einer „reflektierenden" Religion *allein und exklusiv ans Christentum*. Derrida bezieht sich, fragend und dekonstruktiv, auf beides: „Kant", so schreibt er, „ringt darum, den rationalen Ursprung eines Bösen zu finden, das der Vernunft unversöhnlich gegenübersteht, indem er, in einem, behauptet, daß die Interpretation der Bibel das Vermögen der Vernunft übersteigt."[21] (= Grenzthema eins) Überdies aber, so Derrida, stellt Kant die „befremdliche These" auf, „daß von all den ‚öffentlichen Religionen', die es jemals gab, nur die christliche Religion eine ‚moralische' Religion sei ... Ein befremdlicher Vorschlag", so Derrida, „ der jedoch – hinsichtlich seiner Prämissen – so ernst wie möglich genommen werden" müsse. (FK 9) (= Grenzthema zwei)

Wir sondieren zunächst die *zweite* der von Derrida genannten Grenzen. Der Anspruch, daß das Christentum die einzige „moralische Religion" sei, ist für Derrida nicht nur (theoretisch) prekär (ihm widersprechen, innerkantisch, auch viele Passagen der *Religionsschrift*), er ist vor allem „befremdlich": Denn, historisch betrachtet, hat das Christentum, so scheint es, alles Recht verloren, diesen Anspruch stimmig zu erheben. Derrida widmet sich – am Ende seines *Kommentars* zum Capri-Text – Aspekten dieser Frage im Rückbezug auf eine – wie er nebenher anmerkt – erstaunlich Kant-nah argumentierende Passage aus Voltaires *Philosophischem Wörterbuch*: „Dort, wo Voltaires *Philosophisches Wörterbuch* die Toleranz behandelt, räumt es der christlichen Religion – vor allen

---

[21] Vgl. Kant, *Religion*, B 47.

anderen Religionen – ein doppeltes Privileg ein. Einerseits ist sie auf exemplarische Weise tolerant, denn sicherlich lehrt sie die Toleranz besser als jede andere Religion [...] Kurzum, Voltaire scheint – erstaunlicherweise – ein wenig in der Art von Kant zu glauben, daß das Christentum die einzige ‚moralische' Religion ist [...] Andererseits aber nennt Voltaire in seiner Erwägung die Christen ‚die intolerantesten unter allen Menschen'. Dort, wo Voltaire die christliche Religion und die Kirche anklagt, beruft er sich auf das Beispiel des Urchristentums [...], auf Jesus und die Apostel, die von der ‚katholischen, apostolischen und römischen Religion' verraten worden seien. Letztere sei ‚in all ihren Zeremonien und Dogmen das genaue Gegenteil der Religion Jesu'." (FK 22) Das ist die doppelt codierte, abgründige Geschichte der „christlichen" Toleranz, der Voltaire – im Zentrum seines kritischen Arguments – verpflichtet bleibt, deren partikularisierend-privilegistische Logik Derrida jedoch – anders als Voltaire – überwinden möchte. Dem pathologischen „double bind" eines – dogmatisch sich selbst konterkarierenden – „christlichen" Toleranzverständnisses soll das Gegenbild einer „anderen Toleranz" entgegentreten: Dieses ist aus Motiven der Heideggerschen Metaphysikkritik und des Levinasschen Alteritätstheorems locker gewoben. Derrida artikuliert sein Gegenmotiv (das freilich ein Motiv bleibt, das Toleranz – eine der zentralen Hoffnungen *der Aufklärung!* – re-positioniert) so: „Eine andere ‚Toleranz' würde der Erfahrung der ‚Wüste in der Wüste' entsprechen, sie würde die Distanz der unendlichen Alterität als Singularität respektieren [...] vor und nach dem Logos, der am Anfang war, vor und nach dem Heiligen Sakrament, vor und nach den Heiligen Schriften." (FK 22)

Denn auch Kants Aufklärungsimpuls, so scheint es Derrida, bleibt – was den Zusammenhang von Heiligkeit und Gewalt betrifft – in prekärer Weise limitiert: Kant sei zwar über *einige* der Aufklärungsabstraktionen, nicht aber *in toto* über die Rigiditätspotentiale des Aufklärens selbst aufgeklärt. (Er ist somit in nur begrenztem Sinn ein „Vorläufer" jenes „new Enlightenment", das Derrida umkreist.) Denn am Grunde der Kantischen Moral lauert, so Derrida, die Auto- (und Hetero-)Aggression (FK 52): „Wenn Kant von der ‚Heiligkeit' des moralischen Gesetzes spricht, geschieht dies innerhalb eines expliziten Diskurses über das ‚Opfer'". Freilich: Derrida vergißt bei diesem Angriff auf Kant, a) daß ein „heiliger Wille", in Kants Terminologie, „Sollen", „Nötigung" und Opfer gerade *nicht* impliziert; und er vermeidet es b) die – alles entscheidende – Frage explizit zu stellen, ob „Verantwortung" (dies ist ja auch Derridas und nicht nur Kants ethischer Leitbegriff) unter den Endlichkeitskonditionen unseres Handelns *jemals* aller „Einschränkung" (allem „sacrificium") entrinnen *könne*. (Überdies sagt die Strukturform verpflichtenden Sollens selbst noch nicht allzuviel darüber, ob es, in der Tat, jederzeit ein gefährliches Kontinuum von „Opfer" und Gewalt gibt).

Auch der alternative Zielbegriff Derridas: „Messianizität" – als u.a. Überwindung/Aufhebung einer lateinisch gebändigten „religio" – findet sich freilich, *for better or worse*, positioniert im globalen Horizont von „Gewalt" und „radikalem Bösen": in einer doppelt codierten Struktur, die im zeitgenössischen Tableau zweifach – „digital" –, d. h. „in Übereinstimmung mit der *hypersophistication* der militärischen Tele-Technologie" und zugleich (in den politisierten Religionen) als „neue archaische Gewalt", ja „Rache" sich auslegt (FK 52). Derridas post-kantisch verfaßter Gegenbegriff bleibt somit (in vieler Hinsicht) enigmatisch. In ihn gehen – in grandioser rhetorischer Überbietung – Elemente einer Ursprungsreflexion (d. h. der Vor-und Rückblick auf die „Ur-spur"/„Ur-schrift") ebenso ein wie – in subversiv-dekonstruktiver Geste – Elemente von deren Kritik. Soll die Wiederkehr des Religiösen nicht den Aporien der lateinisch tingierten „religio" (und den Autoimmunisierungsprozessen der „globalatinization", in die sie vielfach verstrickt ist) verfallen, dann muß sie, so Derrida, „eine Messianizität, älter als alle Religion und ursprünglicher als aller Messianismus" implementieren.

Freilich: *Diese* Beerbung (und Überbietung) Kants (die zugleich der radikale Ausweg aus Kant sein will) bleibt – im Denkspektrum postmodern verfaßter Religionsphilosophie – nicht die einzige. Es gibt viele Arten, „the religious after religion" – mit dauerndem, *kritischem* Blick auf religions-*metaphysische* Ansprüche – postkantisch zu erkunden. Z. B. jene von Gianni Vattimo, der – bei aller Sympathie für Derridas Analysen – in seinem Projekt zuletzt nicht auf Derridas Re-lektüre von „Messianizität" setzt, sondern auf eine „schwache" Lesart der trinitarischen Grundstruktur des Christentums. Wir müssen diese Differenzen hier dahingestellt sein lassen.

Wie wir hörten, beschäftigt sich Derrida freilich nicht nur mit diesem *zweiten* Grenzthema: dem Zusammenhang von Religion, Moral und Toleranz. *Das erste Grenzthema*, das Derrida im Blick auf Kants Religionsschrift loziert, betrifft – wie schon erwähnt – Kants Programm einer Interpretation der Bibel. Derrida argumentiert, daß hier, am Ort des Kantischen Versuchs einer Schriftinterpretation, der (stark verfaßte) Vernunftbegriff sich genötigt sieht, so etwas wie eine „Leistungsgrenze“ einzugesteht. Daran ist, offenkundig, einiges richtig – freilich nicht die Konklusion, daß, folgen wir Kant, diese Limiterfahrung einem theologisch „beliebig“ besetzbaren, ja bedeutungsoffenen „Jenseits“ der Vernunft Platz machen könnte. Neue Studien zu Kants Religionsphilosophie, wie diejenigen von Onora O‘Neill, haben die argumentative Mikrostruktur am Ort von Kants „philosophierender Hermeneutik ohne Autorität“ deutlich werden lassen. Kant tut – mit Bezug auf die Bibel – zweierlei: Er verschafft erstens der – im funktionierenden Sprachspiel des partikularen Glaubens einsetzenden – Auslegungstradition ihr (freilich *begrenztes*, d.h. *nur „intern“* plausibles) Recht; zweitens aber versucht er sich darüber hinaus in einer „authentischen“ Schriftauslegung, die die partikulare, christliche Tradition an die allgemeinen Impulse der Moral (an den – so könnte man mit Derrida sagen – nicht mehr historisch de-limitierten Charakter einer *allgemeinen „Messianizität ohne Messianismus“*) anpaßt. Zunächst zum ersten Motiv. Onora O’Neill beschreibt es so: „Im Gegensatz zu jenen aufgeklärten Religionskritikern, die die Vernunftreligion von Wundern und Aberglauben zu trennen versuchten, läßt Kant dem doktrinalen Glauben seine Stelle. Er argumentiert nur, daß die Prinzipien der doktrinalen Auslegung keinen *universalen* Anspruch erheben können. Da doktrinale Interpreten die Autorität oder Tradition ihrer Kirche voraussetzen, sind ihre Interpretationen von jenen, die sich dieser Autorität unterwerfen, zu billigen. Die doktrinalen Interpreten sind nicht in der Lage, diese Beschränkung zu beseitigen, indem sie sich auf eine göttliche Offenbarung berufen. Selbst der Anspruch, daß diese oder jene heilige Schrift Wort Gottes sei, ist geschichtlich vermittelt und doktrinal interpretiert und setzt insofern schon die ‚fremde‘ Autorität dieser Überlieferung voraus. Heilige Schriften erheben Anspruch auf Achtung, können aber nicht beweisen, daß sie göttliche Offenbarung sind (Rel., IV 107).“[22] Dem würde – soviel ich sehe – Derrida (vor dem Hintergrund dessen, was er über die Historizität *aller* Offenbarung sagt) nicht (oder zumindest nicht *in toto*) widersprechen.

Neben der – solchermaßen de-limitierten – „doktrinalen“ Auslegung religiöser Traditionen versucht Kant zweitens anderes: jeden Bezug auf heilige Schriften, allgemein, unter den Prämissen

---

[22] Onora O’Neill, „Innerhalb der Grenzen der bloßen Vernunft“, in: Ricken/Marty, *Kant über Religion*, S. 109.

einer ethischen Reflexion (mit Levinas und Derrida ließe sich – vielleicht – sagen: unter den Prämissen einer Reflexion, die am Ort von *Verantwortung* und *Heterologie* anhebt) „authentisch" auszulegen. Die *radikale Implikation* dieses zweiten Versuchs lautet, daß nicht die Moral nach der Bibel, sondern die Bibel nach der Moral ausgelegt werden müsse.[23] Auch das findet einen Nachhall bei Derrida: in der Rede von einem – bei der „Verantwortung" einsetzenden – „*Jenseits* des Messianismus", das sich – in der *allgemeinen* Sprachstruktur *jedes* Versprechens (zwar singulär, jedoch nirgendwo partikularistisch restringiert) – „messianisch" bekunde. Denn „messianicity" hat hier (als philosophisch-dekonstruktiver Leitbegriff) Vorrang vor jedem (konkret historisch verfaßten) „messianism" – so wie bei Kant die „reflektierte" Hoffnungslogik (das, was ich, philosophisch explorierbar, „hoffen *muß*") strikten Vorrang hat vor der Partikularität *bestimmter* Religionen, z. B. des Christentums, die allemal dem Bereich dessen zugehört, was wir die Freiheit haben, „hoffen zu *können*" (oder auch nicht).

5. Derridas „provisorische Begriffsbestimmung von Religion": manifester Anti-Kantianismus, latent kantianisch gebrochen?

Freilich: die nichtidentische Wiederholung kantischer Motive scheint bei Derrida jederzeit gleich auch wieder ihre Grenze zu erreichen. In „Faith and Knowledge" findet sich z. B. ein Vorbegriff von „Religion", in schärfstem Widerspruch zu Kants Denkprojekt am Ort der Religionsphilosophie steht. Wir werden, zum Abschluß, den Versuch unternehmen, Aspekte dieses Derridaschen Antikantianismus darzustellen (und zugleich zu re-situieren): d. h. aufzuzeigen, inwiefern Derrida die *manifeste* Gestalt seiner Kantdistanz *latent kantianisch* bricht. Diese gedoppelte Bewegung macht deutlich: Wie immer man die Dinge dreht, Kants Argumente konstituieren jenen Raum, in dem auch die „vernunftkritische" Dekonstruktion – nolens volens – ihre „Gesten" organisieren muß.

Das „Religiöse", so Derrida, ist kein „intaktes", invariantes Begriffsfeld, das identisch mit sich selbst wäre (FK 9). „Weder gab es immer [...], noch gibt es immer und überall, noch wird es im-

---

[23] A. a. O., S. 109 f.

mer und überall (unter den Menschen oder auch sonst) etwas, eine Sache, geben – die eine einzige, identifizierbare Sache ist, identisch mit sich selbst –, welche alle – ob religiös oder irreligiös – übereinstimmend ‚Religion' nennen." (FK 36) In diesem volatilen – historisch vielfältig restrukturierten – Begriffsfeld von „religio", das (und dies ist für unser weiteres, exploratives Argument zentral) auf seine transpositive Verwandlung hin (d. h. auf eine Verwandlung über eine lateinisch tingierte „religio" hinaus) offen bleibt, riskiert Derrida dennoch eine „vorläufige Definition"dessen, was „Religion" (bisher) heißt. D. h.: Derrida umreißt einen „Vorbegriff" von Religion, der sich genau auf das bezieht, was im *limitierten* Gehäuse bisheriger „Religiosität" die Grundkondition von „Zugehörigkeit" definierte. Dieser Vorbegriff hat ein ganz und gar antikantisches Format. Derrida schreibt: „Wie wenig immer von der Religion im Singular gewußt werden mag, wir wissen, daß sie immer eine Antwort und Verantwortung ist, die vorgeschrieben ist, nicht aber frei gewählt wird im Akte eines reinen und abstrakt autonomen Willens. Zweifellos impliziert sie Freiheit, Wille und Verantwortung, aber versuchen wir doch dies zu denken: Wille und Freiheit ohne Autonomie. Ob es um die Frage des Heiligen, der Sakrifizialität, oder des Glaubens geht: ein Anderes macht das Gesetz, das Gesetz ist anders – sich selbst zurückgeben, und aufgeben, an das Andere." (FK 34)

Diese „vorläufige Definition" impliziert tiefe, ja – wie es scheinen mag, unlösbare – Spannungen. (Derrida selbst deutet darauf hin, wenn er sagt: „Versuchen wir doch dies zu denken ...") Diese Spannungen werden bereits im argumentativen Raum der *klassischen* Theologie manifest, z. B. in den Reflexionen von Augustinus – vor allem in seiner komplexen und zuletzt ins Abgründige führenden Konzeption der Gnade (als dem Fluchtpunkt – und zugleich dem „point of no return" – des freien Willens). Die Idee einer „vorgeschriebenen" Verantwortung – *frei, aber ohne jede Autonomie* – organisiert *ein Paradox.* Droht doch jede bloße „Internalisierung" einer „prescribed responsibility where the other makes the law" unser Handeln – in Kantischen Begriffen gesprochen – zu reiner „Heteronomie" herunterzubestimmen. Kant sucht den „double bind" dieses Paradoxons, das Derrida so deutlich exponiert, freilich (auf spannende Art) zur Auflösung zu bringen. Er bewerkstelligt dies, indem er „Verantwortung" – für Kant wie für Derrida das Zentrum der Religion, sofern sie nicht „Fetischdienst" ist – als eine Haltung interpretiert, die durch eine radikal anti-egologische „Kehre" bewirkt wird. Gut ist für Kant – wie wir schon hörten – die handelnde Bearbeitung unserer verengten, zu allen anderen elitistisch-„instrumentalisierend" Distanz beziehenden praktischen „Identität": die „Zumutung", dieser „Verkehrtheit des Herzens" Abbruch zu tun. Die moralisch gebotene, anti-egologische Umkehr dieser Verkehrtheit nennt Kant „Revolution in der Gesinnung". Diese „Revolution", so Kant, ist – anders als aller Gehorsam, der ein „Vorgeschriebenes" nur pflichtgemäß internalisiert, ohne es kritisch befragt zu haben – die Frucht der *vollen* Entfaltung unseres Potentials zur „praktischen Vernunft" (diese inkludiert beides: Reflexion und Willen). Wir sind demnach einerseits die „Autoren" dieser „Revolution", *stellen darin aber andererseits die „Strenge des Gebotenen" nirgendwo in Frage.* (Denn „Religion ist [subjektiv betrachtet] das Erkenntnis aller unserer Pflichten *als göttliche Gebote*", so Kant.) Die „vorläufige" (und traditionale) Definition, die Derrida von „Religion" gibt, wird somit – in Kants *philosophisch re-situiertem* Religionsbegriff – einerseits affirmiert, zum anderen jedoch über sich hinausgetrieben.

Kant ist – aufgrund dieser Doppelbewegung – schon für die zeitgenössischen Apologeten der *institutionell* fixierten Bedeutungsfelder von „religio" ein gefährlicher Innovator.[24] Seine Doppelbewegung am Ort des Religiösen leistet zweierlei: 1) das göttliche (allgemeine) Gesetz als ein unverfügbares (metaphorisch: ein „externes", d. h. uns „zwingendes") zu deuten; als etwas, das – mit Derrida gesprochen – als ein Anderes unserer Willkür nicht zur Verfügung steht („das Andere macht das Gesetz, das Gesetz ist anders"); 2) aber dieses Gesetz (auch dort, wo es, in „substantialistischer Ontologie", externalistisch-ahistorisch einem „Anderen, das das Gesetz macht", zugeschrieben wird) als ein bloß „fremdes" *so* zu bearbeiten, daß *das* gesetzgebende *Andere* als *ein (dem antwortenden/verantwortenden Verständnishorizont nicht totaliter entrückter) Anderer* gedeutet werden kann. Erst diese zweite, allen abstrakten Externalismus am Ort des Sakralen konterkarierende (Kritik) Bewegung ermöglicht nämlich für Kant das, was in Derridas Vorbegriff von Religion „sich selbst dem Anderen zurückgeben" ge-

---

24 Onora O'Neill faßt in ihrer zweiten *Tanner Lecture*, „Interpretation within the limits of reason" (Harvard 1996), diese innovative Denkrichtung der Kantischen Religionsphilosophie, die Kants Zensoren sogleich gefährlich erschien, wie folgt zusammen: „... Kant's own hope is that both popular and ecclesiastical faith will be interim measures, and serve as vehicles to a purer faith and more abstract hopes that need no institutions and lack all specificity." (78)

nannt wird: eine Rückgabe, die jederzeit implizieren muß, daß „der/das Andere" – sei's als Mitglied, sei's als „Oberhaupt" – dem relationalen Schema von Antwort/Verantwortung (also: einem *Kommunikationsschema zwischen Redefähigen*) entsprechen kann. Kant arbeitet, kritisch, all die externalistischen Implikate eines – noch ontotheologisch verfaßten – Konzepts des Göttlichen um in die Richtung einer religiös dimensionierten Hoffnungslogik, die – ohne den *theoretizistischen Schein* eines *sicheren* Wissens um ein externes, gebietendes Wesen – jederzeit indirekt einsetzt bei den Implikationen unserer ethischen (Verantwortungs)rede. Sein Begriff der *Autonomie* ist nicht – wie Derridas Charakterisierung indiziert – „abstrakt"; er ist *nicht autarker Selbstbezug*, sondern, ganz im Gegenteil, die (heterologische) Bedachtnahme auf Jede und Jeden. Nirgendwo ist das, was im Sinn der praktischen Vernunft geboten ist, bloßes Resultat unserer „egologisch" motivierten Wünsche. Freilich: Ein jedes Gebot (und das ist die „gefährliche", posttraditionale Innovation bei Kant) bezieht seine Verbindlichkeit erst daraus, daß wir in der Lage sind, es zu *verstehen* (d. h. in Interaktion mit ihm zu antworten; unser Handeln zu „verantworten", weil wir die Validität des Gebotenen „einsehen"). Diese Konstruktion/Rekonstruktion des Gebotenen (die denjenigen, dem es geboten ist, *gleichsam zum „Autor"* des verstandenen/verständlichen Gebots werden läßt) ist nirgendwo eine Manifestation von Autarkie (d. h. von abstrakter, jeden Anderen prinzipiell distanzierender, „monologischer" Selbstgenügsamkeit); und sie ist auch nicht – wie traditionalistische Metaphysiker und Theologen gern behaupten – das Resultat „gottloser" Hybris.

Derrida geht freilich – am Ort der Analyse dieses Vorbegriffs von Religion – (zumindest offiziell) sogleich einen *ganz anderen* Weg als Kant. Für ihn resultiert jede nichtreduktive Erkundung von Religion disseminativ nicht aus Lektüren des Begriffs der „praktischen Vernunft", sondern aus Erkundungen des semantischen Felds von „Verantwortung". Diesen Begriff „Antwort"/„Verantwortung" durchdenkt Derrida an keinem Ort mit Blick auf Kants Ethik (oder gar: Hoffnungslogik – denn Kant liest Derrida ja zumeist, verkürzt, durch Husserls Brille), sondern jederzeit sogleich mit Bezug auf – erstens – Heideggers Erwägungen zu „Bezeugung"/„Anruf"/„Ruf" in *Sein und Zeit*, Par. 54 ff., und – zweitens – auf Levinas' kritische Überbietung des Heideggerschen Ansatzes. Die Frage der Religion, so Derrida, „ist zuallererst eine Frage [...] nach Ursprung und Grenze dieser Frage – und nach der Antwort." (FK 39)

Freilich: Dieser, so scheint's, so anders verfaßte, kantdistante, ja extrem kantkritische Einsatz wird im weiteren – im Fluchtpunkt jener Projektionslogik, die Derrida vom „Religiösen" (nach der Überwindung jener Engführungen, die durch dessen „Latinisierung" sich ergeben) entwirft – von *latenten* Kantianismen durchkreuzt. Das Messianische, (als, in nuce, schon jetzt in „jeder Rede" Enthaltenes) ist für Derrida (so wie für Kant die religiös dimensionierte Hoffnungslogik) tendenziell nach- (ja über-)traditional verfaßt. Wenn die Erkundung des Sprechaktes des „Versprechens" Beglaubigung, Vertrauen, ja das Unmöglich-„Messianische" thematisiert, dann geschieht dies – durchaus kantianisch – bei Derrida so, daß in dieser Thematisierung basaler Sprechhandlungen nicht die historische Partikularität eines bestimmten Glaubens/Versprechens affirmiert wird, sondern, ganz im Gegenteil, (potentiell) Universales. Derrida, so scheint es, greift – in nichtidentischer Wiederholung – Kantische Argumentationsfiguren dort auf, wo es um das (religionsphilosophische) Zentrum seiner Sprachphilosophie geht, um die Rede vom messianischen Tiefencharakter „jeder Rede." „Es gibt keine Sprache", so Derrida, „ohne die performative Dimension des Versprechens: in dem Augenblick, in dem ich meinen Mund öffne, bin ich im Versprechen. Selbst wenn ich sage ‚Ich glaube nicht an die Wahrheit' oder was auch immer, selbst dann ist in dem Moment, in dem ich meinen Mund öffne, schon ein ‚Glaube mir' am Werk. Selbst wenn ich lüge, und vielleicht gerade wenn ich lüge, ist ein ‚Glaube mir' im Spiel. Und dieses ‚Ich verspreche dir, die Wahrheit zu sagen' ist ein messianisches Apriori, ein Versprechen, das, auch wenn es nicht gehalten wird, auch wenn man weiß, daß es nicht gehalten werden kann, statthat und *qua* Versprechen messianisch ist."[25] Dieses *religiös oder genauer gesagt: post-religiös aufgeladene* Konzept des Performativen impliziert – latent – zwei (unsuspendierbare) Kantianismen. Es hat *erstens* eine *universelle* Form: Die messianische Grundstruktur des Sprechens/Versprechens wohnt, so Derrida, *jedem* Sprechen inne; und *zweiten*s ist Derridas – aus der dekonstruktiven Analyse des Performativen gewonnenes – „Messianisches" so wie Kants hoffnungslogische Explikation dessen, was wir (jederzeit, solange wir handeln) hoffen „müssen", zwar immer individualisiert, niemals aber partikularistisch. Es ist angesiedelt „jenseits" aller bestimmten Religionen (als die „transzendentale" Bedingung ihrer Möglichkeit *und* Unmöglichkeit). Hören wir – vor diesem Hintergrund – nochmals, wie Derrida selbst den Zusammen-

---

[25] Derrida, „Bemerkungen zu Dekonstruktion und Pragmatismus", in: Mouffe, *Dekonstruktion und Pragmatismus*, S. 182.

hang von Sprache und Messianismus erläutert: „Es ist notwendig, hier ein wenig zu erklären", so Derrida, „was ich unter Messianismus verstehe. Es geht um keinen Messianismus, den man leicht in judeo-christliche oder islamische Begriffe übersetzen könnte, sondern eher um eine Art messianischer Struktur, die *jeder* Sprache innewohnt."[26] Kants universalistischer Denkimpuls, so scheint's, überlebt (sekundär internalisiert) die Attacken einer – manifest antiuniversalistisch einsetzenden Dekonstruktion. Am Ort der Religionsphilosophie markieren „Kants Denkgesten" – nach wie vor – den Denkraum aller nichtregressiv argumentierenden zeitgenössischen Diskurse.[27]

---

[26] A. a. O., S. 182 f.

[27] Siehe dazu auch: Ludwig Nagl, „This phenomenon, so hastily called the ‚return of religions'." Derrida über „Faith and Knowledge: The Two Sources of ‚Religion' at the Limits of Reason Alone", in: Ludwig Nagl (Hrsg.), *Essays zu Jacques Derrida and Gianni Vattimo, Religion*, Lang: Frankfurt a. M. et al., 2001, S. 9-29

Coda

Peter Widmer

Planeten ohne Spiegel Ekstasen zwischen Hysterie und Psychose

Einleitende Bemerkungen

In meinem Vortrag werde ich versuchen, etwas von dem darzustellen, was mich in den letzten Jahren in zunehmendem Maße beschäftigt hat, nämlich das Studium der *Schizophrenie*. Man kann ohne jegliche Übertreibung sagen, daß die Schizophrenie ein *Stiefkind der Psychoanalyse* geblieben ist, ja, nicht nur das, darüber hinaus ist sie seit jeher ein *ungeliebtes Stiefkind*. Dies im Gegensatz zur *Paranoia*. Freud wie auch Lacan haben zur Paranoia ungleich mehr beigetragen als zur Schizophrenie; hier ist vor allem an das Paradebeispiel des Senatspräsidenten *Schreber* zu denken, dessen Buch *Denkwürdigkeiten eines Nervenkranken* Gegenstand einer umfangreichen Untersuchung Freuds geworden ist, was wiederum Lacan dazu veranlaßte, einen Großteil seines Seminars über die Psychosen wie auch seiner Arbeit „D'une question préliminaire à tout traitement possible de la psychose"(dt. „Von einer Frage, die jeder möglichen Behandlung der Psychose vorausgeht") Freud und Schreber zu widmen.[1]

In der Psychiatrie ist es dagegen eher umgekehrt; ein so renommierter Psychiater wie Eugen *Bleuler* hat der Schizophrenie auf dem Feld der Psychosen einen vorrangigen Platz eingeräumt und sogar *die Paranoia seinem Konzept der Schizophrenie subsumiert*.[2]

---

1 D. P. Schreber, *Denkwürdigkeiten eines Nervenkranken*, München 1973; S. Freud, „Psychoanalytische Bemerkungen über einen autobiographisch beschriebenen Fall von Paranoia (Dementia paranoides)", in: GW VIII, S. 240-320; J. Lacan, *Le Séminaire III. Les psychoses*, Paris 1981, S. 12, 153, 282 (dt. *Das Seminar Buch III. Die Psychosen*, übers. v. Michael Turnheim, Weinheim-Berlin 1997, S. 9 f., 161, 294); ders., „D'une question préliminaire à tout traitement possible de la psychose", in: *Ecrits*, Paris 1966, S. 531-583 (dt. „Über eine Frage, die jeder möglichen Behandlung der Psychose vorausgeht"; übers. v. Chantal Creusot u. Norbert Haas, in: *Schriften II*, Olten 1975, S. 63-117.

2 E. Bleuler, *Lehrbuch der Psychiatrie*, Berlin-Heidelberg-New York [14]1979.

Die Untersuchungen über Schizophrenie sind auch in der zeitgenössischen Psychiatrie zahlreich geblieben.

Wie kommt es, daß sich die Psychoanalyse seit jeher kaum für die Schizophrenie interessiert? Ich glaube, daß dies etwas mit der Bedeutung des Vaters zu tun hat, dessen Funktionen für Neurosen wie auch für Paranoia entscheidend sind, sowohl für Freud wie für Lacan; bei der Schizophrenie scheint dagegen die Tragweite des Vaters zumindest weniger offensichtlich zu sein. Bekanntlich hat Lacan eine bei Freud vorgefundene, psychosenspezifische Abwehrform, die Verwerfung, postuliert und sie auf den Namen-des-Vaters bezogen, womit er den ruinösen Zerfall der Paranoia kennzeichnete. Für die Schizophrenie fehlen vergleichbare Aussagen oder der Nachweis von spezifischen Abwehrformen.

Nun steht das Quantitative nicht immer in direkter Relation zur Qualität der Aussagen, und zum Glück trifft dies auch im Falle der Schizophrenie zu. Freud hat sich im Kontext seiner Analyse des Schreberschen Wahns erstmals zur Schizophrenie geäußert.[3] Dies in einem psychiatrie-kritischen Sinn; er hat nämlich diesen Bleulerschen Term abgelehnt, ebenso wie die Kraepelinsche Bezeichnung „Dementia praecox". Und Freud ist nicht bei der Kritik geblieben: Er hat stattdessen ein psychoanalytisches Konzept vorgeschlagen, dem er den Namen *Paraphrenie*[4] geben wollte. Die Psychosen wären seiner Idee zufolge somit in *zwei Gruppen* aufgeteilt, in die *Paranoia* und in die *Paraphrenie*. Aus Gründen, die ich anderswo dargestellt habe, hat Freud dann seinen eigenen Vorschlag fallen gelassen und erneut den Ausdruck „Schizophrenie" verwendet.[5] Sein zweifellos fragmentarisch gebliebenes Konzept möchte ich aufgreifen und in einen Zusammenhang stellen mit Lacans entsprechenden Aussagen, die, wie gesagt, spärlich, gleichwohl von großer Relevanz sind.

Methode

Da die Darstellung einer Herleitung der Gedanken Freuds und Lacans zu Schizophrenie und Paraphrenie viel mehr Raum erfor-

---

3 S. dazu Freud, „Psychoanalytische Bemerkungen über einen autobiographisch ...", S. 313.

4 Ebd.

5 S. dazu P. Widmer, „Paraphrenie – ein vergessenes Konzept Freuds", unveröffentl.

dern würde, als mir zur Verfügung steht, wähle ich ein anderes Vorgehen, gewissermaßen ein strukturales, abgekürztes. Ich werde versuchen, zuerst grundlegende Konzepte, *Bausteine* zu skizzieren, die schon den Weg von Freud zu Lacan voraussetzen, also aus dem Rückblick verfaßt sind. Da die Konzepte Lacans weniger bekannt sind als diejenigen Freuds, werde ich vor allem von solchen Lacans sprechen. Aus heuristischen und didaktischen Gründen werde ich etwas Unlacanianisches tun, nämlich vereinfachen, um die Sicht auf grundlegende Strukturen zu ermöglichen. Nachteile der Art, daß ich nicht jedem Ansatz Freuds und Lacans gerecht werde, nehme ich in Kauf. Ich halte dies nicht nur aus den angegebenen Gründen für legitim, sondern auch darum, weil sowohl Freuds wie auch Lacans Werke unabgeschlossen sind, „works in progress". Bemüht man sich, einzelne Gedankengänge aufzugreifen, wird das schon eine Arbeit für sich, die nicht mehr erlaubt, ein größeres Thema zu fokussieren, man verliert sich leicht in der Immanenz und bleibt dann unter Spezialisten, was natürlich auch seinen Sinn hat, für unseren Kontext aber unangemessen wäre. Mein Vorgehen ist andererseits in dem Sinn lacanianisch, als ich mich der Konzepte und Ideen bediene, die mir eben als besonders brauchbar erscheinen. In diese Methodik fließen klinische Erfahrungen mit ein, die teilweise aus der Arbeit in einer Studiengruppe entstammen, die sich mit Psychosen beschäftigt und in welcher Gelegenheit geboten wird, mit Patienten der psychiatrischen Universitätsklinik Zürich, besser bekannt unter dem Namen „Burghölzli", zu sprechen und von ihnen zu lernen.

Welches sind nun diese grundlegenden Konzepte, die ich skizzieren möchte? Es ist vor allem der *Dualismus von symbolischer und signifikanter Ordnung*, der sich durch Lacans ganzes Werk hindurchzieht und dessen Unterscheidung immer wieder anders gefaßt wird; dazu gehört das, was Lacan „Name-des-Vaters" und „Phallus" nennt. Sodann werde ich auf das *Spiegelstadium*, insbesondere auf seine strategische Bedeutung in der Konstitution des Subjekts, zu sprechen kommen.

Daran anschließend werde ich *vom ödipalen Konflikt* sprechen, ebenfalls in seiner Bedeutung für das Subjekt und seine Frage nach dem Zugang zum Geschlecht.

Da für meinen Diskurs *Anleihen bei der Philosophie* erforderlich sind, werde ich auch nicht darum herumkommen, von der *Unterscheidung von Vernunft und Verstand* zu sprechen – ich möchte nämlich nichts anderes tun, als den Ausdrücken „Paranoia" und

„Paraphrenie" einen Sinn zu geben, der dieser Namensgebung entspricht.

Bausteine

a) Das Symbolische und das Signifikante

Lacans verwendet in seinen Arbeiten die Ausdrücke „Symbolisches" oder auch „symbolische Ordnung" wie auch „Signifikant", „Signifikantes" oder „signifikante Ordnung", ohne sich um eine Abgrenzung zu bemühen. Das eröffnet die Möglichkeit, eine Art des Gebrauchs zu wagen, die sich an folgender Idee orientiert: „Le signifiant", „der Signifikant" oder auch „das Signifikante" werde ich *zunächst* in einem sehr elementaren Sinne verwenden; das heißt, die Ordnung der Signifikanten besteht dieser Auffassung zufolge aus Zeichen – nicht im Saussureschen Sinne gemeint –, die zunächst *Phoneme*, später Buchstaben sind, Elemente vor jedem Sinn für das Subjekt, das ihnen von Anfang an, d.h. schon vor seiner Geburt, unterworfen, ausgesetzt ist.

In der Tat kann man davon ausgehen, daß schon das Embryo nach drei Monaten Stimmen empfängt, ihren Rhythmen, ihren Lautstärken, ihren Höhen und Tiefen ausgesetzt ist, lange bevor sie Sinn und Bedeutung annehmen.[6]

Diese Beschreibung der Signifikanten gibt natürlich nicht das Empfinden oder gar das Wissen des Subjekts infans wieder, sondern beschreibt *Strukturen*, die dem Subjekt vorausliegen, *an sich* schon da sind, und die das Subjekt allererst konstituieren, jedoch noch *keinem für sich* entsprechen.

Was es hört, kreist um seinen *Namen*; d.h. im Spiel von Anwesenheit und Abwesenheit, die erst dann als solche empfunden werden können, wenn sich das Gedächtnis gebildet hat, bilden sich erste Orientierungspunkte, Schwerpunkte, Kerne. Man kann annehmen, daß der Rufname einen Kern bildet. Er ist es, der dazu führt, daß das Subjekt den Signifikanten, die es hört, eine Zentrierung gibt. Der Rufname kann als Bildner für das Gedächtnis aufgefaßt werden, als *erste Inschrift*, die überhaupt erst das Subjekt als solches konstituiert und *für es* vor aller Zeit liegen wird. In diesem elementarsten Sinne ist der Rufname keine Metapher für das Sub-

---

[6] S. dazu Alfred A. Tomatis, *La nuit utérine*, Paris 1981 (dt. *Der Klang des Lebens*, übers. v. Hainer Kober, Reinbek 1990).

jekt; er wird erst dazu, wenn es sich in andere Positionen hineindenken, seinen Namen wechseln kann. Anfänglich bezeichnet der Rufname *das Sein* des Subjekts.

Zur signifikanten Ordnung ließe sich natürlich noch viel mehr sagen, jedoch ist es sinnvoll, vorerst zur *symbolischen Ordnung* überzugehen, um nachher wieder auf die Signifikanten zurückzukommen. Denn mit dem Eintritt in die symbolische Ordnung, mit ihrer Interiorisierung, verändert sich wiederum das Verhältnis zu den Signifikanten, vergleichbar der Veränderung, die wir erfahren, wenn wir als Bewohner einer Region erstmals in eine andere Region fahren und dadurch ein anderes Verhältnis zur Heimat bekommen, oder wenn wir eine fremde Sprache lernen und dadurch ein anderes Verhältnis zur Muttersprache bekommen; die Signifikanten treten in eine *reflexive Beziehung zum Subjekt*, verlieren ihre Unmittelbarkeit, die sie zunächst hatten.

Mit der symbolischen Ordnung ist das *Feld der Metaphorik und der Metonymie* gemeint. Der Zugang dazu erfolgt über das *Spiegelstadium*, von dem bald die Rede sein wird. Vorerst aber noch einige Hinweise zur symbolischen Ordnung: Sie ist das, was die *Realität strukturiert*; intrapsychisch besteht sie aus dem *Lust- und dem Realitätsprinzip*. In ihr trifft die Libido auf Objekte, die Sexualität konstituiert sich. Mittels der Metaphorik innerhalb des Bewohnens der symbolischen Ordnung versucht das Subjekt, dem, was sich ihm vor jeder Reflexion eingeschrieben hat, Ausdruck zu geben, wobei die Ausdrücke vom Andern, vom Nebenmenschen her kommen und es zunächst deren Empfänger ist; das Kind ist ein Vögelchen, Nesthäkchen, Mäuschen, ein Stück Käse oder was auch immer. *Aus diesem Objektsein für den Andern taucht es auf*, metaphorisiert mittels Objekten, zunächst mittels des Spiegelbildes, sein eigenes Sein. Dabei erfährt es die Unabschließbarkeit der Metaphern, die stets noch Platz für andere Bestimmungen offen lassen – eine Folge der Metonymie, ohne daß damit der Mangel schon als solcher erfahren würde.

Zweifellos müßte man aufgrund dieser Namensgebungen sagen, daß das Kind zu Beginn seines Lebens nicht Signifikanten hört, sondern schon Elemente der symbolischen Ordnung, Ausdrücke von elterlichen Phantasmen. So unbestreitbar das so ist, so gewiß ist es auch, daß das Kind diese Phantasmen erst nachträglich als solche zu erkennen vermag, vielleicht sogar erst in einer Analyse; zunächst sind diese Ausdrücke für es bloß Laute, Reize, vor jeglicher Unterscheidung von Sinn und Nicht-Sinn, Bedeutung und Bedeutungslosigkeit.

An der Grenze dieses Eingetauchtseins in das Spiel von Metaphorik und Metonymie beginnt das Subjekt die symbolische Ordnung zu befragen, zu reflektieren; es stößt dabei neuerdings auf die Signifikanten, die sich als nicht-sinnhaft erweisen und das Subjekt mit einem Mangel an Sein konfrontieren – das Subjekt wird sich selber fraglich. Rückwirkend, d.h. von der Reflexion der symbolischen Ordnung her gesehen, stellt sich diese als Schließung des Mangels, des Nicht-Sinns dar, die Signifikanten dagegen als Ausdruck der Frage nach sich selbst. Für diese Passage vom Objektsein zum Subjektsein und zur Reflexion seines Subjektseins erweist sich der *Phallus* als ent-scheidend. Er wird hier wörtlich verstanden, als *„faille"*, als etwas, das falliert, das – als Folge des Nicht-Sinns – bewirkt, daß es eine Ganzheit nur als Phantasma geben kann.

Wie ersichtlich, schließen sich die signifikante und die symbolische Ordnung nicht aus, bedingen sich vielmehr; *die Signifikanten bilden die Elemente der symbolischen Ordnung*; diese gibt das Material für die signifikante Reflexion. Als Ort der Metaphernbildungen ist die symbolische Ordnung auch der Bereich der *Phantasmen*. Der zuvor diffus gespürte Kern des eigenen Seins erhält dadurch eine Bestimmung, zuerst vom Andern, vom Nebenmenschen, später vom *Subjekt selber, das sich – zunächst vorreflexiv – als dieses oder jenes entwirft, de-finiert*. Die *Objektbeziehungen* stehen dabei in einer *dialektischen Beziehung zum eigenen Sein*; dieses wird ebenso von jenen definiert, wie auch jene das eigene Sein repräsentieren. Objekte bilden auch die Grundlage für *Identifizierungen*, für den Übergang einer Habensbeziehung zum Phantasma des Seins.

Diese Dialektik führt uns geradewegs zum Spiegelstadium, dem nächsten Baustein, der mit der symbolischen Ordnung eine innige Beziehung unterhält, denn es zeichnet sich aus durch eine Identifizierung, die ebenso illusionär wie für die Genese des Subjekts notwendig ist.

b) Das Spiegelstadium

Das kleine Kind hat nicht von Anfang an eine Vorstellung von sich, es ist zunächst eingetaucht in einem Bad von Signifikanten, die es durch seine Sinnesorgane aufnimmt. Dem *Ohr* gebührt höchste Priorität, auch wenn das Kind vor der Geburt ebenfalls mit der Haut, ja, mit seinem ganzen Organismus auf die akustischen und affektiven Reize antwortet. Auch nach der Geburt kommt den *akustischen Einflüssen*, allen voran der Sprache, eine kaum zu überschätzende Bedeutung zu. Sie strukturiert – im Zusammenspiel mit der Zuwendung der anderen – auch die Motorik und das Wahrnehmungsvermögen des Kindes mit. Ist es etwa halbjährig, so vermag es seinen *Körper als Einheit*, nicht mehr als einzelne Körperteile, wahrzunehmen. Dies zeigt sich in der *Entdeckung des eigenen Spiegelbildes*; der Weg führt allerdings über viele Illusionen: Zunächst glaubt es, es sehe ein anderes Kind, zudem kann es das Bild noch nicht von einem wirklichen Menschen unterscheiden; erst mit Hilfe eines Dritten entdeckt es, daß es sein eigenes Bild im Spiegel sieht; es wendet sich ihm auf eine intensive und libidinös geprägte Art zu. Es gibt andererseits Kinder, die nicht wagen, sich im Spiegel zu sehen, die keine Freude an ihrem eigenen Bild empfinden, oder die sich niemals erkennen lernen.

Das Spiegelstadium wird von der *Illusion* getragen, daß das Sichtbare auch das Wesen ist, daß das Kind das sieht, was es ist. Es gibt eine *Verkennung der Dimension des Unsichtbaren*; die Faszination des Sichtbaren, des Bildes, läßt das Unsichtbare, die Signifikanten, vergessen. So wird aus dem Archaischen, das noch vor der erkannten Unterscheidung von Sichtbarem und Unsichtbarem erfahren wird, das das Allerelementarste ist, dem die Menschen ausgesetzt sind, dasjenige, was den Anschein eines Theoretischen bekommt und mit dem sich später nur noch solche beschäftigen, die professionell mit der Sprache beschäftigt sind oder denen ihr eigenes Bild nicht gefällt.

Das Spiegelstadium ist gewissermaßen in einer *Mittlerfunktion zwischen den unmittelbaren Signifikanten und dem Symbolischen*. Durch die Wahrnehmung des Spiegelbildes verkörpern sich die Signifikanten, entfremden sich im Imaginären, das Subjekt sieht sich als Ich, das zum Objekt wird. Dieses Objekt ist so prävalent, daß es eine erste Vergessenheit des Unsichtbaren und des Mangels gibt. Mittels des Spiegelbildes glaubt das Subjekt zunächst, seiner habhaft werden zu können, wie *Narziß* im großartigen Mythos Ovids,[7] ehe es wieder mit dem Mangel konfrontiert wird, der von den Signifikanten herrührt und der durch Phantasmen zu schließen versucht wird.

c) Der ödipale Konflikt

Die aus dem Spiegelstadium stammenden Idealisierungen setzen sich *im ödipalen Konflikt*, dem nächsten Baustein, fort. Der ödipale Konflikt hat eine regulierende Funktion; er weist dem kindli-

---

[7] S. dazu Ovid, „Narcissus und Echo", in: *Metamorphosen*, München 1981, S. 68-72.

chen Subjekt einen Platz in der Familie und in dem Gefüge der Generationen zu, er konstituiert es als geschlechtliches Wesen und antizipiert eine Zukunft außerhalb der Herkunftsfamilie; dies ist gleichbedeutend mit der Anerkennung des Inzestverbots und des Andern. Mit Lacan läßt sich sagen, daß der Ausgang des ödipalen Konflikts das Subjekt mit der *symbolischen Kastration* konfrontiert: Der zuerst durch die Einwirkung der Signifikanten erlittene Mangel, der zu Metaphorisierungen innerhalb der symbolischen Ordnung Anlaß gibt, differenziert sich weiter: Nicht nur das Sein des Subjekts entzieht sich, sondern auch das Haben wird als Mangel erfahren; kein Objekt wird jemals dem Anspruch des Subjekts genügen können. Diese Erfahrung ist der Ausgangspunkt für die Regression zur dualen Mutter-Kind-Beziehung, in der verleugnet wird, daß es keine Zweiheit ohne Dreiheit geben kann. Der Ausgang des ödipalen Konflikts ist diese zweifellos nicht explizit begriffene, sondern eher erlittene Erfahrung, daß das Subjekt einen Weg vor sich hat, den es selber zu begehen und zu verantworten hat, auch wenn es hoffen darf, daß ihm Nebenmenschen beistehen – es ist der Weg, den man mit Lacan als denjenigen des Begehrens bezeichnen könnte.

Freud hat *zwei Modelle* dargestellt, wie der Ödipuskomplex seinen Ausgang nimmt; im einen Fall verharrt das Subjekt im *Glauben an die väterliche Allmacht und an die mütterliche Vollkommenheit*; wenn es sich von diesen idealen Figuren abwendet, dann nicht, weil es das Illusionäre dieser Idealisierungen erkannt hat, sondern weil es sich dem väterlichen Begehren fügt. Das kindliche Subjekt hofft dann, in der Zukunft das, was es aufgeben muß, wiederzufinden, die alten Zustände wiederherzustellen. Das andere Modell beinhaltet eine wirkliche *Trauerarbeit um diese Idealisierungen der Elternimagos*. Die Erkenntnis, daß auch der Vater einem Gesetz untersteht, das er nicht selber erfunden hat, und daß die Mutter weniger ein ideales Objekt als vielmehr ein anderes Subjekt ist, mag zwar enttäuschend sein, auf die Dauer aber wegbereitend für eine eigene Geschichte, die mehr sein wird als bloße Wiederholung dessen, wovon man glaubte, daß es einmal gewesen ist.

d) Der Unterschied von Verstand und Vernunft

Dies ist der Baustein, den ich der Philosophie des deutschen Idealismus, insbesondere der *Philosophie Kants* entnehme. Der *Unterschied von Verstand und Vernunft* ist so grundlegend und so elementar für die Philosophie Kants, daß ich mich damit begnügen kann, auf die wesentlichsten Kennzeichen hinzuweisen.[8] Das vorrangige Anliegen des Königsberger Philosophen war, den Geltungsbereich der Erkenntnisse und ihre Funktionsweise zu ergründen und das, was sich diesen Bedingungen nicht fügt, dem Glauben zuzuweisen.

Was erkennbar ist, ist Kant zufolge angewiesen auf Daten aus der empirischen Welt und ihrer begrifflichen Verarbeitung. *Rezeptivität und Spontaneität* nennt er die beiden Dimensionen, die für die wissenschaftliche Erkenntnis nötig sind. Die Rezeption liefert die Daten der empirischen Welt, die vom Verstand zu Begriffen geordnet, gedacht werden. Hierbei kommt den *Schematismen* eine vermittelnde Funktion zu; sie ordnen das Mannigfaltige des sinnlichen Materials nach vorgegebenen Kriterien; ein Gegenstand wird z.B. nach Substanz, Größe, Farbe, Gewicht usf. wahrgenommen, wobei sich die Kategorien des Verstandes der Schematismen bedienen und der einzelne empirische Gegenstand von einem Netz von Kriterien gesichtet wird. Jede Erkenntnis geschieht dabei innerhalb von Raum und Zeit; dies sind die transzendentalen Bedingungen der Erkenntnis. Was außerhalb ihrer liegt oder was nicht auf diesen beiden Voraussetzungen beruht, läßt sich Kant zufolge nicht wissenschaftlich erkennen, gehört zum Glauben oder, je nachdem, zum Aberglauben oder zur Schwärmerei. In diesem Zusammenhang spricht er vom *phänomenalen* und vom *noumenalen Ding*. Das Phänomen, die Erscheinung, zeigt sich innerhalb der angegebenen Grenzen des Verstandes; was jenseits liegt, nennt Kant das noumenale Ding.

Wir begegnen hier einem Term, der uns interessieren muß: dem griechischen Wort für *Vernunft*, νους. Der *Verstand* läßt sich dementsprechend mit einem Ausdruck bezeichnen, der die an die Sinnesorgane gebundene Erkenntnis meint: φρεν.

Nun kann die Erkenntnis auch auf sich selber reflektieren. Das Erkenntnisvermögen des Verstandes wird dabei zum Objekt, es ist aber der Verstand, der die Begriffe hervorbringt. Die Vernunft gehorcht dagegen nicht der Empirie mit ihren Bedingungen der Raumzeitlichkeit. Die Vernunft hat es mit dem Unbedingten, daher nicht Beweisbaren zu tun. Sie hat keinen raumzeitlichen Ort. Der kategorische Imperativ, die Ethik überhaupt gehören Kant zufolge zum Bereich der Vernunft. Es ist schließlich die Vernunft, die dem Verstand Gesetze des Handelns gibt, und der Mensch sieht sich in

---

[8] S. dazu I. Kant, *Kritik der reinen Vernunft*, Hamburg 1956.

einer Zweiweltentheorie beiden Dimensionen unterworfen, der raumzeitlichen wie der absoluten, der Kausalität wie der Freiheit.

Warum interessiert das in unserem Zusammenhang? Ich möchte hier die These wagen, daß insbesondere Freud mit seiner Unterscheidung von Wortvorstellung und Sachvorstellung[9] an etwas gerührt hat, was in der Psychoanalyse bis heute meines Wissens nicht ausreichend thematisiert worden ist und was vom Lacanschen Begriff des Signifikanten eher wieder zugedeckt worden ist. Die *Sachvorstellung* hat einen offensichtlichen Bezug zu dem, was bei Kant innerhalb des *Verstandes* geschieht. Sachvorstellung, da sind wir in der Empirie, im raumzeitlichen Geschehen. Natürlich kann die Sachvorstellung benannt werden; in diesem Fall steht das Wort im Dienste des erkennenden Verstandes. Sinnestheoretisch gehört das Primat dabei dem Auge; was es weiterleitet, wird vom Vermögen des Verstandes mittels der Schematismen benannt.

Was aber, wenn sich die Erkenntnis nicht auf das Auge beruft? Wenn die Wörter ohne visualisierbaren Referenten bleiben? Solches geschieht, wenn sich das Subjekt sich selber zuwendet, genauer: wenn es sich seinen unsichtbaren Dimensionen zuwendet, dem, was sich dem Spiegelbild entzieht. Sobald es sich selber thematisiert, seinen Weg, sein Wohin und sein Warum, kommt es in Bezirke, in denen Sachvorstellungen fehlen, es kann sich nicht objektivieren, gerät in die Leere; dieser Strudel droht das Subjekt in Abgründe zu stürzen.

Man kann von dieser Position *einer drohenden Verselbständigung der Wörter* her ermessen, welche Bedeutung das Spiegelstadium, andererseits auch der Eigenname hat. Beide geben den Wortvorstellungen Konsistenz, geben dem Subjekt eine empirische Verankerung, verkörperlichen es. Und man kann ebenso die Bedeutung des Gesetzes ermessen, das dem Subjekt eine Orientierung für seinen Lebensweg gibt. Fehlt diese Instanz der Vernunft, so droht eine Regression zum Spiegelstadium und zum Eigennamen.

Ich glaube, es wird auch deutlich, warum ich behauptet habe, Lacans Term der Signifikanten verschleiere diese Nähe zur Vernunft im kantianischen Sinn eher als Freuds Ausdruck „Wortvorstellung". Die Wortvorstellung hat mehr Bezug zur Akustik als die Signifikanten, auch wenn es zutrifft, daß man sich auch ein Wort als geschriebenes visuell vorstellen kann. Freud hat übrigens die

---

[9] S. Freud, „Das Unbewußte",in: GW X, S. 300.

Bedeutung des Akustischen schon in seiner sehr frühen Arbeit über Aphasie erkannt.[10]

Im Ausgang des Spiegelstadiums erfährt das Subjekt, daß die visuelle Darstellung seiner selbst und sein Wesen nicht dasselbe sind, daß es etwas gibt, das sich *der Sichtbarkeit entzieht*. Eben diese Erfahrung gibt nachträglich den Signifikanten, denen es schon vor der Geburt ausgesetzt war, einen neuen Sinn: Als akustische umkreisen sie eine andere Dimension, die durch den Eigennamen nicht gedeckt wird. Dieser erweist sich selber als artifiziell, das Kind spielt damit, anders zu heißen, seinen Namen auszutauschen. Auch wenn damit sein Rufname nicht verlorengeht, sondern eben nur zum Schein, im Spiel, ausgetauscht wird, spürt es etwas von der *Abgründigkeit seines Seins* – ein Ausdruck dafür, daß das Subjekt seine Position in der symbolischen Ordnung zu reflektieren vermag. Sein Wesen ist etwas Unsagbares und doch nicht nichts, ein Kern von Identität, der sich der Empirie entzieht; ich möchte es das *Selbst* nennen, das bevorzugte Ding für die Vernunft, für die Frage nach dem eigenen Sein. Wobei ich gleich hinzufügen muß, daß dieses Selbst nicht das Imaginäre der Selbstpsychologie ist; es ist auch nicht mit dem Ich (*moi*) des Spiegelbildes zu verwechseln. Vielmehr entzieht es sich den raum-zeitlichen Kategorien; es ist nichts anderes als das, was Lacan das *Objekt a* nennt, nicht in seiner phantasmatischen Dimension, die er oft vorbringt, sondern in seiner realen, uneinholbaren.[11] Dieser *Entzug der Erkenntnis*, dieses ebenso Unsichtbare wie Unsagbare ist es, was für die Vernunft, also für die Frage des Subjekts nach sich selbst, nach seinem Wohin und Woher, nach seinem Wie, Wieso und Wozu Gegenstand seiner Beschäftigung ist.

Kurze Zusammenfassung

Fassen wir das bisher Gesagte kurz zusammen: Die Bausteine, mit denen ich etwas zur Schizophrenie und Paraphrenie sagen möchte, sind „le signifiant"/das Signifikante oder auch der Signifikant, das Symbolische, das Spiegelstadium, der ödipale Konflikt und die Unterscheidung von Verstand und Vernunft.

---

10 S. dazu S. Freud, *Zur Auffassung der Aphasien. Eine kritische Studie*, Frankfurt am Main 1992.

11 S. dazu J. Lacan, *Le Séminaire X. L'angoisse*, Sitzung vom 28. 11. 1962, unveröffentlicht.

Die Wirkung der Signifikanten, die das kleine Kind schon vor seiner Geburt hört, führt zu einem diffusen Gefühl einer Identität, einer Fokussierung des Gehörten, wobei dem Eigennamen ein bevorzugter Platz zukommt. Das Spiegelstadium gibt dann diesen akustischen Einwirkungen eine visuelle Ausrichtung, in der sich notwendigerweise die Illusion herstellt, die Frage nach dem eigenen Sein sei mit der Erkenntnis des eigenen Bildes beantwortet. Die Erfahrung der Unsichtbarkeit des eigenen Wesens wird sich jedoch wieder durchsetzen und Anlaß geben zu Metaphorisierungen des eigenen Seins. Im Grunde genommen ist das Spiegelstadium schon eine Metaphorisierung des eigenen Seins, es finden Substitutionen statt: Das Unsichtbare wird zum Sichtbaren, das Transzendente zum Empirischen, das Eigene zum Anderen. Der ödipale Konflikt konfrontiert das Subjekt mit der Anerkennung des Andern und dem Mangel des Objekts; er führt es in die symbolische Kastration, die ihm die Perspektive eines eigenen Weges eröffnet, um den Preis einer Trauer um die vermeintlichen Vollkommenheiten in der frühen Kindheit. Eben diese Erfahrungen des Mangels führen das Subjekt zur expliziten Frage nach sich selbst. Die kantianische Unterscheidung von Verstand und Vernunft führt dazu, daß die Frage nach sich selbst für das Subjekt offen bleibt. Das ist die Bedingung seiner Geschichtlichkeit. An ihrem Grunde ruht das, was Lacan das Objekt a genannt hat, das, was außerhalb der kantianischen Raumzeitlichkeit situiert ist und Anlaß zu Phantasmenbildungen gibt, die das unsagbare und unsichtbare Selbst metaphorisieren, was nicht ohne Rest geschehen kann.

Der erlöste Planet

Vor diesem Hintergrund möchte ich nun auf die Schizophrenie zu sprechen kommen, auch in ihrer Abgrenzung zur Paranoia und zur Hysterie. Dazu vorerst ein Beispiel: Ein junger Mann, etwa 25jährig, der wegen Wahnvorstellungen hospitalisiert ist, antwortet auf die Frage, in welcher Situation sein damaliger Zustand begonnen habe, er habe ein Fernsehprogramm angeschaut. Da habe er plötzlich gewußt, daß er dazu berufen sei, die Menschen auf einem andern Planeten zu erlösen, ihnen das Glück zu bringen; sie ständen nämlich unter der Herrschaft des Bösen. Seine Gesichtszüge nahmen dabei einen verklärten Ausdruck an.

Dieses Gespräch mit dem Patienten wies auf etwas hin, das ich auch schon in anderen Zusammenhängen beobachtet hatte und das eigentlich die Medienspezialisten interessieren müßte: die Rolle des Fernsehens in der Auslösung des Wahns. Zweifellos fällt einem auch das Imaginäre Lacans ein, das sich im Falle dieses Schizophrenen vom vorgegebenen Programm gelöst hatte und eigene Wege gegangen war. Des weitern fällt auf, daß sich der Ort des Patienten verschob; er sah nicht nur einen andern Planeten vor sich, wobei er auf seinem Sessel blieb, sondern er stellte sich als Besucher dieses Unglücksplaneten vor. Er übersprang also alle zeitlichen und räumlichen Beschränkungen; hielt aber andererseits an einer Vorstellung seiner selbst als eines Subjekts fest.

Diese kurze Episode scheint mir paradigmatisch für die Schizophrenie zu sein. Wenn ich genau sein wollte, würde ich von *Paraphrenie* sprechen – eine Idee Freuds aufgreifend, die er dann leider fallen ließ – und sie als Form der Schizophrenie auffassen wollen, die dem Zerfallsprozeß der Schizophrenie mit einem *Restitutionsversuch* entgegenwirkt, eben mit einem Wahn. Das ist aber ein Detail, das ich hier vernachlässigen muß.

Für entscheidend an der Schizophrenie halte ich den *Verlust der Dimension des Habens*, der Objektbeziehungen, also all dessen, was mit der äußeren Realität zu tun hat. Darin weiß ich mich einig mit so vielen Untersuchungen über die Schizophrenie, die alle den *Rückzug dieser Kranken von der Realität* betonen, den Verlust der sozialen Kontakte, oder auch die Libidoverarmung bis hin zu erstarrten, katatonen Zuständen oder zu einem völligen Desinteresse an der Welt, das in der Paraphrenie wahnhaft kompensiert wird. Ebenfalls typisch ist die *Vernachlässigung des Körpers*, was auf das Spiegelstadium verweist. In diesem Zusammenhang ist es erwähnenswert, daß der besagte Patient schon in der frühesten Kindheit schwerste Operationen über sich ergehen lassen mußte, die schließlich gravierende Beeinträchtigungen zur Folge hatten, die ich hier – mit Rücksicht auf die gebotene Diskretion – nicht näher präzisieren kann.

Der Verlust der Dimension des Habens bleibt nicht auf das Feld der Objekte beschränkt; wäre dies so, so würde daraus eine Trauerarbeit, eine Suche nach neuen Objekten, resultieren. Vielmehr zieht sich das Subjekt von der enttäuschenden Realität zurück, was so weit gehen kann, sich selber aufzugeben. Es ist, als würde es sagen, die Welt sei nicht für es gemacht, es möchte sich davon verabschieden, gar nicht mehr oder in einer anderen Welt leben.

Im hier skizzierten Fall war dieser Rückzug kein totaler; bei all diesen Einschränkungen und wahnhaften Überhöhungen war ein Subjekt, ein Ansprechspartner spürbar; eine bald darauf beginnende Therapie brachte denn auch bedeutende Erfolge, jedenfalls ein *Überwinden der Schizophrenie, eine Zuwendung zu der leidvollen Realität*. Die Beeinträchtigung betraf nicht den Verlust des Subjektseins schlechthin, sondern den Verlust der Objektbeziehungen, den Verlust des vom Symbolischen strukturierten imaginären Bereichs.

Gewiß gibt es viele Krankheitsverläufe bei Schizophrenen, die nicht so günstig ausgehen, vielmehr mit völligem Rückzug von der Realität, mit Zerfall oder sogar mit Suizid enden. Wie kommt es denn, daß solche Zerfallsprozesse in Gang kommen? Wenn man davon ausgeht, daß restitutive Versuche auch ausbleiben können, führt der Verlust der Realität, der symbolische Ordnung zur Auflösung des Subjekts selber, zum Verschwinden der Instanz, die „ich" sagt und sich im Spiegelbild erkennt. Stattdessen bleiben Wortvorstellungen, denen nun die *phantasmatische Dimension fehlt*. In der eigentlichen Schizophrenie gibt es lediglich die Signifikanten, Wortvorstellungen und den Körper, ohne das phantasmatische Imaginäre, ohne die Entstellung, Idealisierung, ohne den andern, letztlich ohne das Spiegelbild. Damit verlieren die Signifikanten ihre Orientierung, und es tritt das ein, was Freud hellsichtig *„Organsprache"*[12] nannte und was man mit Lacan eine kurzschlüssige Konjunktion von Realem und Signifikanten nennen könnte, die zu delirieren beginnen, sich an Organen festhalten, wie schon Jung festgestellt hatte, und in Neologismen eine Konsistenz zu bewahren versuchen.

Trotz dieser großen Schwierigkeiten ist eine therapeutische Arbeit mit Schizophrenen nicht ausgeschlossen. Es gibt eindrucksvolle Beispiele in der Literatur, die zeigen, was möglich ist, wenn es gelingt, wieder ein Interesse des Kranken an der Welt, an den andern, an sich selbst, zu wecken. Zweifellos kommt der Übertragung, in erster Linie dem Begehren des Analytikers, eine vorrangige Bedeutung zu. Er muß bereit sein, dem Patienten bis in seine entlegensten Orte, in die er sich zurückgezogen hat, zu folgen; er muß Pate stehen für die Rephantasmatisierung seines Körpers und der Restrukturierung seines Ichs.

Wie läßt sich diese Auffassung der *Schizophrenie von Paranoia und Hysterie abgrenzen*? Freuds Aussagen scheinen mir dabei wegweisend zu sein. In seiner Arbeit „Psychoanalytische Bemerkungen über einen autobiographisch beschriebenen Fall von Paranoia (Dementia paranoides)"[13] wollte er, wie bereits gesagt, die Psychosen

---

[12] Freud, „Das Unbewußte", S. 297.

[13] Vgl. Anm. 1.

generell in zwei Bereiche einteilen, in die Schizophrenie (bzw. Paraphrenie) und die Paranoia. Folgt man Freuds Vorschlag einer Zweiteilung des Feldes der Psychosen, so läßt sich *die Paranoia als Verlust der Reflexion der symbolischen Ordnung*, des Gesetzes, das dem Subjekt eine ethische Orientierung geben würde, die *Schizophrenie als Verlust der symbolischen Ordnung selbst (einschließlich des Spiegelbildes)* auffassen. Bei der Paranoia ist die reflexiv-signifikante Ordnung verworfen, jenes grundlegende Gesetz, das um den Namens-des-Vaters zentriert ist. Bei der Schizophrenie hat sich das Ich aus dem Feld der Erscheinung zurückgezogen – Freud spricht von einer Regression zum Autoerotismus.

Als Folge davon entsteht bei der Paranoia ein überwertiger, pathologischer Narzißmus, der im Wahn nach einem Gesetz sucht, auch um den Preis, daß das Subjekt zum angeklagten wird. In der Schizophrenie entsteht eine Überwertigkeit des Signifikanten, ohne Ich und ohne Sexualität, daher die Neologismen und Rückzüge auf sich selbst; die restitutiven Wahnbildungen (Paraphrenie) versuchen, Objektbeziehungen wiederherzustellen, die paradiesisch sind, ohne Gewalt.

Strukturell gesehen ist also die Paranoia das genaue Gegenteil von Schizophrenie, auch wenn einzelne Erscheinungen schwer unterscheidbar sein mögen. Bei dieser handelt es sich um die Kurzschlüssigkeit des Signifikanten und des Realen, die ohne Phantasmatik nicht realitätskonstituierend sein können; bei der Paranoia sind das Symbolische und das Reale kurzgeschlossen, es fehlt die Reflexion der symbolischen Ordnung, das Gesetz, das dem Subjekt eine ethische Ausrichtung, einen Sinn gibt.

Wenn man weniger strukturell denkt und sich vor allem an die Schicksale der Beziehungen hält, die die Schizophrenen und die Paranoischen betreffen, so läßt sich mit Vorsicht folgendes sagen: *Die Subjektivierung der Schizophrenen scheitert in den Objektbeziehungen, d.h. sie wird vom Andern nicht gestützt, oder der Andere ist enttäuschend. Diese Enttäuschung nimmt das Subjekt auf sich, es beantwortet die Versagungen mit Rückzug.* Gewiß kann man darin einen Mangel an Narzißmus erkennen; das Körperbild oder die Imago des Repräsentanten des Andern erweisen sich als unannehmbar, abstoßend, fluchtauslösend, wobei der adäquate Ausdruck für diese Abwendung noch gefunden werden muß. Es ist nicht sicher, daß hierbei von Verwerfung gesprochen werden kann. Aus dem Konflikt im Bereich des Habens erfolgt ein Rückzug von der Welt der symbolischen Ordnung mit ihrer Sexualität, Körperlichkeit, ein Rückzug zum Nicht-Empirischen oder eine Restitution einer signifikanten Ordnung, in der es kein Geschlecht gibt und in der reine Vernunft herrscht.

In diesem Zusammenhang sei daran erinnert, daß Freud die Philosophie mit der Schizophrenie in einen Zusammenhang gebracht hat, und zwar wegen dieser fortschreitenden Distanzierung von der Realität.[14] Andererseits macht es natürlich einen entscheidenden Unterschied, ob aus der Distanz die Realität erfaßt wird oder ob die Distanz einer Abwendung, einem Verlust gleichkommt. Ist letzteres der Fall, so erfolgt ein Zusammenbruch der Strukturen, falls nicht ein Wahn vor dem Zerfall bewahrt.

Die Schicksale der Paranoischen betreffen dagegen nicht den Aufenthalt in der symbolischen Ordnung, sondern seine Sinngebung, die mit dem Namen-des-Vaters verknüpft ist. Ohne Identifizierung mit dieser dritten Instanz, die von Mutter und Vater eingeführt werden kann, resultiert nicht eine Dyade, wie in den entwicklungspsychologischen Schulen behauptet wird, sondern eine wahnhafte Trinität. Das Subjekt benötigt eine Ausrichtung, in deren Namen es sein Leben gestaltet, ihm einen Sinn gibt, der vom Andern kommt. Sowohl die Beziehung zur Mutter wie die zum Vater können im Keime erstickt werden, so daß das Subjekt im familiären Szenario gefangen bleibt. Lacan weist in diesem Zusammenhang nicht nur auf die besondere Beziehung zum Gesetz seitens Schrebers hin sowie auf das Begehren von Schrebers Vater, neue Menschen hervorzubringen, sondern auch auf die unerträgliche, abstoßende Situation, der Kinder dann ausgesetzt sind, wenn die Eltern um ihre Gunst buhlen und dem Kind die Frage stellen, wen es denn lieber habe, den Papa oder die Mama. Dieser Hinweis impliziert, daß der Verwerfung sehr wohl ein Subjekt vorausgehen kann, denn sonst könnte es ja die Infantilität der Eltern nicht bemerken; die Verwerfung wäre dann ein Rückzug des Subjekts vor jeglichem Anspruch einer Lebensordnung, mit dem Effekt, daß es von der Libido überschwemmt wird und im Wahn ein Gesetz sucht.

Die *Unterscheidung von Schizophrenie und Hysterie* ist leichter zu treffen. Bei allen Neurosenformen kann man davon ausgehen, daß keines der drei Register ausfällt; sowohl das Symbolische als auch das Imaginäre und das Reale sind miteinander verknotet, samt dem Symptom. Dagegen zerfällt in den Psychoseformen die trinitarische Struktur, sofern sie nicht wahnhaft wiederhergestellt wird. Im Falle der Hysterie kann also weder von einem Ausfall der Refle-

[14] Freud, „Das Unbewußte", S. 303.

xion noch von einem Rückzug von der Realität gesprochen werden. Aber, so muß man fragen, ist nicht der Rückzug von der Realität oder auch die endlose Suche nach einem Gesetz in sich typisch für Neurosen? So unbestreitbar dieser Sachverhalt ist, so gibt es doch ein Unterscheidungskriterium, das Freud eingeführt hat: *Der Rückzug ist in der Hysterie kein totaler, im Unbewußten sind Spuren der Objektbeziehung vorhanden.*[15] Auch die Zweifel sind für Freud kein Zeichen eines fehlenden Gesetzes des Subjekts, sondern eher ein Hinweis für eine nicht-bejahte Gewißheit.

Wenn Lacan im Seminar XX (*Encore*) von der Mystikerin Therese von Avila spricht bzw. von der Statue Berninis in Rom,[16] die sie als genießend, verzückt zeigt, so ist eine Form der Weiblichkeit, nicht eine Schizophrenie gemeint. Mit dem *Genießen* weist Lacan zudem auf eine Dimension hin, die bei Neurosen und Psychosen unterschiedliche Formen und Ausmaße annimmt. Wenn mit Genießen die Unmittelbarkeit, das abstandslose Einssein, Drinsein gemeint ist, so muß man sagen, daß die Psychotiker mehr genießen als die Neurotiker, weil deren Genießen ein begrenzteres, aufgeteilteres ist. Wäre es möglich, ohne Wahn abstandslos im Sein zu sein, wäre das der Inbegriff des vollendeten Genießens, aber das Subjekt wüßte ja nichts davon, es wäre nur noch Genießen. Das Genießen der Hysterie ist dagegen ein begrenztes, das sich dadurch erweitern will, daß es den Andern vereinnahmt, ihn auf ein Objekt reduziert. Der Ausdruck „genießen" meint dabei nicht eine Wonne, sondern eher den Zustand einer *Annäherung an die Unmittelbarkeit*, was im Falle der Paranoia Hypochondrie, Überschwemmung des Körperbildes mit Libido, im Falle der Schizophrenie Katatonie, völliger Rückzug auf sich selbst, und im Falle der Hysterie Verschmelzung mit dem andern heißt. Rätselhaft bleibt dabei, warum das Genießen eine solche Attraktion ausübt, wo es doch eine unübersehbare Nähe zur Katastrophe aufweist. Offenbar ist es leichter, die Katastrophe zu suchen als die Begrenzung zu ertragen.

---

15 A. a. O., S. 298.

16 J. Lacan, *Le Séminaire XX. Encore*, Paris 1975, S. 61 ff. (Sitzung vom 20. 2. 1973; dt. *Das Seminar XX. Encore*, übers. v. Norbert Haas, Vreni Haas u. Hans-Joachim Metzger, Weinheim-Berlin 1986, S. 71 ff.)

Kants Erkenntniskritik und ihre Relevanz für Schizophrenie

Die bisherigen Ausführungen legen nahe, daß die *Schizophrenie mit dem Verstand im Sinne Kants in einen Zusammenhang gebracht* werden kann. Es ist der Bereich der sinnlichen Erkenntnis, die Zuwendung zur empirischen, raum-zeitlichen Welt, in der die Endlichkeit und die Kausalität herrschen, die gestört ist oder die gar ausfällt. Damit bleibt das Subjekt in der Dualität gefangen, die schließlich den Term der Schizophrenie rechtfertigt: in der *Dualität von Realem (Körper) und den Signifikanten*. Ohne Imaginäres kann aber das Subjekt nicht bestehen, die beiden Bereiche des Realen und des Signifikanten fallen auseinander. An dieser Stelle nimmt *die Freudsche Unterscheidung von Wort- und Sachvorstellung*[17] einen besonderen Wert an, denn die Wortvorstellungen verlieren ohne Imaginäres, ohne Objektbeziehungen, die mit dem Spiegelbild beginnen, ihre Orientierung. *Worte werden zu Körpern, Körper zu Worten*, weil es keine Bezüge, keine Vorstellungen mehr zwischen beiden gibt; das ist es wohl, was Freud mit „Organsprache" gemeint hat. Kantianisch gedacht wäre das auf sich selbst zurückgeworfene Subjekt eines der Vernunft. Aber nach Kants Einsicht kann es keine Vernunft ohne Verstand geben. *Ohne sinnliche Erkenntnisse hat die Vernunft keine Grundlage, bleibt leer.*

Wenn Schizophrenie als Verlust der Sinnlichkeit aufgefaßt wird und *a fortiori* als Hinwendung zur Vernunft, so muß dieser Rückzug allerdings präzisiert werden. Betrifft er das Vermögen der Sinnesorgane, der Rezeptoren, oder des kategorialen Apparates, der Synthesis? Zweifellos manifestiert sich die Störung bei den Sinnesorganen, wird ihr Vermögen beeinträchtigt, aber eine allfällige Behauptung, darin läge auch die Ursache der Störung, wäre verfehlt, schließlich lassen sich eine organische Blindheit oder Taubheit sehr wohl unterscheiden von einer Beeinträchtigung des Auffassungsvermögens. Kantianisch gesprochen ist es der *Schematismus*, also jene intermediäre Instanz zwischen den sinnlichen Daten und ihrer begrifflichen Erfassung, die ihre Dienste versagt. Hier müßte genauer untersucht werden, welche Funktionen, welche Schemata z.B. in der Wahrnehmung des Spiegelbildes eine Erkenntnis des eigenen Spiegelbildes verunmöglichen bzw. dem Erkenntnisapparat andere Daten zukommen lassen. Auch müßte geklärt werden, ob

---

[17] S. dazu Freud, „Das Unbewußte", insbes. S. 300.

das vom schizophrenen Subjekt Wahrgenomene im Feld des Perceptums situiert ist oder nicht. Zweifellos gibt es dazu Untersuchungen, die man beiziehen müßte. Und schließlich wäre zu untersuchen, welche Rolle der Andere, *das Begehren des Andern* für das schizophrene Subjekt spielt. Gehen die blockierenden Einflüsse so weit, daß das Erkenntnisvermögen des Kranken bis in seine Wurzeln gestört ist, oder ist es eher ein Verlust des Lebensmutes, der sich den therapeutischen Bemühungen entgegensetzt?

Man kann die Zuordnung der Schizophrenie zu einer leeren Ethik, diejenige der Paranoia zum Verstand ohne Distanz auch von der Seite des *sozialen Aspekts* stützen. Der Schizophrene verliert die Kontakte zu den anderen Menschen, er zieht sich auf sich selbst zurück, flieht das Getriebe der Welt. Vernunft kommt aber von vernehmen, d.h. die Vernunft ist diskursiv, konstituiert sich intersubjektiv im Gespräch. Vernehmen setzt Sprechen und Hören voraus – das, was vom Subjekt nicht raumzeitlich ist, bedarf der Interpretationen, des Gesprächs, der Sinnvermittlung. *Zieht sich das Subjekt davon zurück, muß auch die Vernunft verlorengehen, schließlich droht das Verschwinden des Subjekts aus der Welt.*

Anders der Paranoiker, der in der Sinnlichkeit gefangen ist und mittels eines Gesetzes eine vernünftige Orientierung sucht. Er flieht die Welt keineswegs, sondern ist so in ihr verstrickt, daß er sich als ihr Mittelpunkt wähnt. Aufgrund dieser Sachlage muß man wohl Freud zustimmen, wenn er feststellt, daß die Heilungschancen der Schizophrenen geringer sind als diejenigen der Paranoiker, es sei denn, der Rückzug sei nur partiell.

Catherine Clément

Le coup de foudre
Blitzschlag – Liebe auf den ersten Blick

Im Deutschen und Englischen, angelsächsischen Sprachen mithin, trägt die unmittelbare Leidenschaft der Liebe einen realistischen Namen: *Liebe auf den ersten Blick*. Im Französischen beruft sich dasselbe Phänomen auf eine meteorologische Metapher: den *Blitzschlag*. Bevor ich weitere Reflexionen darüber anstelle, will ich rasch dessen Umrisse beschreiben.

Diese Art von Liebe ergreift oder trifft die Liebenden: die Augenblicklichkeit ist ihr erstes Merkmal. Sie scheint offenbar mit Notwendigkeit gegenseitig zu sein: weniger als um einen Austausch von Blicken handelt es sich um eine verschmelzende Umarmung, die über das Medium des Auges erfolgt. Der Aspekt der Plötzlichkeit, ja der Brutalität des Von-Liebe-Ergriffenseins erklärt die Metapher vom Blitzschlag, vom elektromagnetischen Zerstörer. Dem Augenschein nach gehört zu dieser Liebe im Werden das Erleiden einer vollständigen Verbrennung. Das bezeugen die göttlichen Bogenschützen der Liebe, der Gott Eros in Griechenland, der Gott Kama in Indien, deren Pfeile jeweils tiefe Narben hinterlassen. Bei ihren Opfern – denn die Vokabel vom Blitzschlag beschreibt tatsächliche Wunden – ruft diese Liebe ein heftiges Trauma hervor, dem eine Art hypnotischer Unbeweglichkeit folgt, die Verzückung, und diese Verzückung isoliert die Liebenden, indem sie sie von der Welt abschneidet.

Wenn ich von Hypnose oder Verzückung spreche, so muß man dies im physiologischen Sinn des jeweiligen Ausdrucks verstehen. Wir wissen beinahe gar nichts über die Mechanismen der Hypnose oder den Zustand der Besessenheit: Die elektro-enzephalographischen Spuren führen zu keinem Ergebnis, und man kann zudem während der Krise ein Tief der Immunabwehrmechanismen feststellen. Denn diese Liebe ist eine Krise im Lebensvollzug, dem sie eine Kerbe schlägt oder den sie aus Bahn wirft, indem sie die erreichten Gegebenheiten durcheinanderbringt. Welche Erfahrung machen die vom Blitzschlag getroffenen Liebenden? Sie sprechen von Verschmelzung, Eindringen, von Obsession, schmerzhaftem Glück, von Intensität; sie sprechen auch und vor allem von unerklärlichen Empfindungen. Bescheiden wir uns: Obwohl der Liebeswahn in seinen Anfängen eines der Stereotypen des Abendlandes ist, läßt sich der innere Zustand der Liebe auf den ersten Blick nur mittels der Dichtung und der Musik beschreiben, zweier Künste, die sich der philosophischen Analyse radikal entziehen.

Man kann sie jedoch von außen betrachten und versuchen, sie auf der langen Liste ekstatischer Tätigkeiten zu verorten. So weist diese Liebe zum Beispiel frappante Ähnlichkeit mit der Einnahme von Drogen, mit der manisch-depressiven Psychose oder dem Spiel auf. In ihrer Isolation verlieren die Liebenden das Zeitgefühl, sie haben auch kein Gefühl mehr für den Arbeitsrhythmus, lassen sich zu irrsinnigen finanziellen Ausgaben hinreißen, fühlen sich voller Leben, leicht, übermenschlich und leben in einer Trunkenheit, die keine andere Ursache hat als die Liebe selbst. Diese seltsame innere Trunkenheit, die gleich zweimal ohne den Einfluß einer äußeren Substanz besteht, erinnert an eine vom sozialen Körper pfleglich behandelte Sucht, der die Regeln der Moral überhaupt nichts verbieten können: In dieser Hinsicht steht die Liebe auf den ersten Blick für eine Form der Freiheit. Die finanzielle Verausgabung, die mit ihr einhergeht – ein entscheidendes Merkmal –, fällt in den Bereich der Neurose des Spielers ebenso sehr wie in den der manischen Phase der manisch-depressiven Psychose: Es ist die Freiheit, nicht mehr an den Arbeiten der Gemeinschaft teilzunehmen, die Freiheit [das Geld] zu „verheizen" („*flamber*"), wie die Spieler auf französisch sagen. Hier ist die jubilatorische, regressive, infantile Erregung vorherrschend, und darin entledigt sich diese Liebe der Verbote. Um aber wie die Kinder zu jubeln, verlangt diese Liebe die Zweiheit: Sobald die Liebenden voneinander getrennt sind, dämmern sie in einer depressiven Phase dahin, besessen vom Begehren, ihren Partner wiederzufinden. Kurz, diese Liebe, auf die Spitze getrieben in den abendländischen Industriegesellschaften, weist alle Züge eines libertären Wahns auf.

Heutzutage jedoch gibt es diese Liebe auf den ersten Blick *nur* im Abendland. Die Scheidung zwischen der Zivilisation, die den Liebeswahn toleriert, und denen, die ihn ignorieren und nicht einmal verbieten, ist eine totale. Nehmen wir die Allgemeine Erklärung der Menschenrechte, die 1948 von der UNO in Paris proklamiert wurde: Artikel 16 dieser Erklärung hält fest, daß jedes Individuum das Recht auf eine Ehe auf der Grundlage „freien und völligen Einverständnisses" hat. Dieser Artikel der Allgemeinen Erklärung der Menschenrechte wird in einer Hälfte der Welt systematisch verletzt, ohne daß sich irgendjemand darüber aufregte. In dieser Minute ist die Heirat durch freie Zustimmung in Indien,

Afrika, Südostasien, im ländlichen China und ganz allgemein in den unter Armut leidenden Ländern, mit Ausnahme Rußlands, verschwindend gering.

Beinahe die Hälfte der Welt praktiziert nach wie vor die Heirat vom ökonomischen Typus: Die Eltern wählen die Verbindung des Kindes aus, ohne daß der oder die Zukünftige gefragt würde. Die meiste Zeit sehen sich die zukünftigen Eheleute vor der Hochzeitnacht überhaupt nicht; in Indien etwa besteht die sogenannte „fortschrittliche" Heirat darin, den zukünftigen Eheleuten zu erlauben, einige Tage vor der Zeremonie gemeinsam spazierenzugehen. Beinahe die Hälfte der Welt hält sich nach wie vor an die traditionelle Regel, Verbindungen einzugehen: Der Austausch materieller Güter erfolgt über einen Austausch der Frauen, ein Phänomen, das Claude Lévi-Strauss in den *Elementaren Strukturen der Verwandtschaft* analysiert hat. Ob es sich um Gesellschaften mit mündlicher Tradition handelt oder um Gesellschaften, die zum Stadium der Schriftlichkeit fortgeschritten sind, der Mechanismus bleibt derselbe: Die Männer nehmen sich vor ihrer Gruppe eine Frau, um sich einen materiellen Vorteil zu verschaffen, wobei das einzige Probleme darin besteht, wie Lévi-Strauss mit seltsamer Ironie sagt, daß die Frauen im Unterschied zu den materiellen Gütern über Sprache verfügen.

Diese ökonomische Allianz gehorcht strengen Regeln – die beispielsweise in den seitenweisen kleingedruckten Heiratsannoncen in der indischen Presse augenfällig werden: gleiches gesellschaftliches Niveau, stimmiges Horoskop, aber unterschiedliches Bildungsniveau – das Mädchen ist weniger gebildet als der Bursche –, sowie vor allem, Wohlstandsgarantie, im allgemeinen auf seiten der Familie des Mädchens. Da die Mitgift in Indien gesetzlich verboten ist, besteht sie in modernen technologischen, materiellen Gütern – Fernsehgerät, Radio, Kühlschrank, Computer, Auto – was so vorzüglich funktioniert, daß ein Gesetz mit fortschrittlicher Intention zu einem sehr archaischen Heiratstypus führt, den man vor allem bei frühen Gesellschaften findet. Die ökonomische Heirat ist dabei mit einem solchen metaphysischen und religiösen Wert behaftet, daß man in Indien eine Person im heiratsfähigen Alter, die unverheiratet stirbt, vor der Verbrennungszeremonie mit einer Pflanze verheiratet. Im Gegenzug zu dieser sozialen und religiösen Verpflichtung erfordern die drei Tage andauernden Hochzeitszeremonien jedoch eine beträchtliche Geldausgabe: im allgemeinen – und ich spreche von heute – mindestens ein Jahresgehalt von jedem Elternpaar.

In diesen Regionen trifft der Blitzschlag nicht zwei Individuen, die sich unverhofft sehen und von Leidenschaft erfaßt werden, sondern nur eines, den Mystiker oder die Mystikerin, der oder die in Liebe entflammt ist mit dem Gott, der sich ihn oder sie erwählt hat. Wenn er auch nichtsdestoweniger sehr brutal bleibt, so geht dem amourösen Blitzschlag für die Gottheit doch eine lange Vorbereitung auf die Ekstase voraus. Nehmen wir das spektakuläre Beispiel Ramakrishnas, eines zu Anfang des 19. Jahrhunderts in Bengalen geborenen Mystikers; und wenn ich sage, daß dieses Beispiel spektakulär ist, dann deshalb, weil wir über Fotografien verfügen, die Ramakrishna in Ekstase zeigen, aufrecht, ein Arm ausgestreckt, mit einem auf seinen Lippen erstarrten übermäßigen Lächeln. Als des Schreibens und Lesens unkundiges Kind hatte er eine spontane Ekstase gehabt, ich würde sagen, eine „wilde"; jenseits aller Normen der kultivierten Mystik. In der Folge durchlief die Vorbereitung Ramakrishnas alle Etappen geltender Regeln; er hatte mehrere Gurus, darunter eine Frau zur Unterweisung in Tantra. Der mystische Schüler brachte jedoch keine Übung zustande; nachdem die Dame ihn einlud, mit ihr in der Lotus-Stellung zu kopulieren, fiel er auf die Knie und schlief ein wie ein Säugling. Die Göttin, die er kennenzulernen suchte – im mystischen Sinn des Wortes –, war die große Mutter Bengalens, die Göttin Kali mit dem losen Mundwerk. Wie gelangte Ramakrishna zur Ekstase? Durch die Wut. Als er darüber wütend war, nach sovielen Übungen keinen Zugang zu finden, bemächtigte sich Ramakrishna eines Degens und hieb auf die Statue der Kali ein. In genau diesem Moment der Angst und der Wut erlebte er eine Ekstase, deren Beschreibung der eines Orgasmus vergleichbar ist. Von diesem Moment an vermochte Ramakrishna häufig in Ekstase zu verfallen, für lange Zeiträume – 48 Stunden –, und fand seinen Tod endlich im *samadhi*, das heißt an den Grenzen von Ekstase und Agonie.

Ich werde ein anderes Beispiel anführen, das ich in Afrika häufig während kollektiver therapeutischer Zeremonien der Lebu in der Region um Dakar erlebt habe. Diese langen Riten, die sich über 11 Tage hinziehen, werden von Schwesternschaften initiierter Frauen geleitet, die den Geist des Körpers Kranker auf den Körper eines Tieres übertragen und von diesem Tier wiederum auf ein anderes derselben Art, dem die Kranke, wenn sie einmal genesen ist, in einem ständigen Kult verbunden sein wird. Die zwei Tage Tieropfer nicht gerechnet, umfaßt der tägliche Zeitaufwand zweimal zwei Stunden, die in Trancezuständen zugebracht werden. Hier aber handelt es sich um Frauen, die in Trance verfallen und ihr amouröses Äquivalent der Ekstase in der exakten Nachahmung der Gesten ihrer Genien wie Chamäleon, Schlange, Hirte, Löwe etc. finden. Während, was Ramakrishna betrifft, die Erfahrung des Blitzschlags sich in Aussagen niederschlägt, die von zahlreiche Adepten gesammelt wurden, erfahren wir vom Erlebnis des Blitzschlags bei Lebu-Frauen, die Analphabeten sind, aus Beschreibungen, die sie tags darauf in glücklicher Erschöpfung deutlich und eindringlich davon geben, die Trance mit dem Orgasmus vergleichend. Ihren Genius wiedergefunden zu haben heißt ihren wahren Geliebten wiedergefunden zu haben. Die Rhythmen der Trommel geben die unterschiedlichen Signale, die es im gewünschten Augenblick gestatten, Zutritt zu erlangen – *accéder*.

Ich gebrauche das Wort „accéder" wohlüberlegt in isoliertem Sinn, da es ja im Französischen einer Ergänzung bedarf – nach der Grammatik hat man zu etwas Zugang, *on accède à quelque chose*. Worauf bezieht sich dieser Zugang? Es handelt sich um eine Lücke in der sozialen Zeit, im Innersten selbst einer sehr organisierten Zeremonie oder einer wohlvorbereiteten Ekstase. Es geht um einen Zugang zu einer fluiden und chaotischen Dimension, die Bergson die Dauer nennt. Wenn ich unterstreiche, daß Ramakrishna und die Lebu-Frauen Analphabeten sind, so deshalb, weil der Zugang zur Dauer einen brutalen und vorübergehenden sozialen Aufstieg gestattet, eine „wilde" Beherrschung des Heiligen, die nicht von der Bildung abhängt. Indem sich der Amouröse, der Ekstatiker, die Frau oder der Mann in Trance der Sozialität und der Bildung entzieht, entzieht er oder sie sich auch den Grundregeln der Gesellschaft.

Die Autoren der griechischen Tragödie haben sehr gut verstanden, daß ihre beispielhaften Helden zu Monstern wurden, zwischen Übermensch und Unmensch, deren Modell sicherlich Ödipus in Kolonnos war. So gibt es in diesem Hin und Her zwischen Unmensch und Übermensch notwendig Umgang, Verkehr (*trafic*) mit dem Animalischen. Ich gebrauche das Wort „trafic" im Sinne von Drogenhandel und Schmuggel. Sie werden bemerkt haben, daß die Genien der Lebu-Priesterinnen in der Mehrzahl Tiere sind; aber unser Ramakrishna ging lange mit einem hinten befestigten Affenschwanz aus Stoff umher; der hypnotische Charakter des Blitzschlags existiert bei einigen tierischen Verhaltensweisen, und das amouröse Vokabular des Blitzschlags zu zweit weist auch einige Tier- und Pflanzennamen auf – im französischen „mon chou", „mon petit chat", „mon petit rat", „mon agneau", und im Deutschen –

scheint es – z.B. „mein Mäuschen“. Offensichtlich besteht eines der Hauptinteressen der amourösen oder mystischen Krisen darin, in die Gesellschaft, die es untersagt, etwas Animalisches zu schmuggeln.

Niemand wird sich nun mehr darüber wundern, ein Äquivalent des Blitzschlags bei gewissen kriminellen Handlungen vorzufinden, die im Gefolge unbewußter Phänomene vollzogen werden, die die Psychiatrie „Raptus“ nennt, was ja Raub, Entführung, Verzückung bedeutet. Als Beispiel wären die Schwestern Papin zu nennen, die im Frankreich der 30er Jahre ihre Dienstgeberinnen massakrierten, deren Augen aus den Augenhöhlen traten, als man ihnen die Schenkel und die Geschlechtsorganc aufschlitzte. Ein Doppelmord, begangen von zwei Schwestern bescheidener Herkunft, in inzestuöser Liebe miteinander verbunden, in Ausübung eines Ritus, den sie, gänzlich im Raptus, erfunden hatten – das Verbrechen der Schwestern Papin hatte kein Motiv. Die unmittelbare Ursache war ein Blitzschlag, ein natürlicher in diesem Fall, der den elektrischen Strom an einem Gewittertag ausfallen ließ. Der Blitz schlägt ein, die Dienstgeberinnen geraten in Wut, die Dienstmädchen opfern, schlachten. In ähnlicher Weise erwürgte Louis Althusser seine Frau Hélène in einem quasi-amourösen Raptus, den er in seiner Autobiographie ausführlich beschreibt. Alle Morde aus Leidenschaft – lange Zeit aus diesem Grunde ohne strafrechtliche Folgen – hängen mit dieser brutal und blitzartig ins Soziale geschlagenen Bresche zusammen. Die beiden Adjektive sind notwendig: blitzartig, weil der Akt der Fusion leuchtet, einschlägt und verbrennt – und brutal, weil er sich dem Zustand der rohen Bestie nähert.

Gleiches gilt für Abraham, der sich mit dem Messer über den Hals seines Sohnes Isaak beugt. Nichts erstaunt an dieser Urszene – die sich leider Gottes bei manchen palästinensischen Vätern heute im Gazastreifen von neuem zuträgt („Ich habe noch vier Söhne zu opfern“, sagt am 10. Oktober 2000 ein Vater eines getöteten jugendlichen Sohnes.) Im Schockzustand war Abraham zu dem von seinem Gott verlangten Kindesmord bereit; daß dieser Kindsmord von den Stammesregeln untersagt war, verstärkt nur die Macht dieser wenn auch nicht vollzogenen kriminellen Handlung. Handelt es sich um Hoffnungslosigkeit? Nein. Abraham handelt in Angst und Furcht, zitternd und gehorsam, aber sicherlich nicht in Hoffnungslosigkeit. Dies sind Verhaltensweisen, die man auch in Sekten wiederfindet, die auch, wie wir wissen, zu kollektiven Tötungen großen Ausmaßes führen.

Das Wort „Sekte“ taucht hier nicht zufällig auf. Wenn man die zahlreichen Regeln näher betrachtet, die André Chapelain Ende des 13. Jahrhunderts in „Art d'aimer" beschreibt, einem veritablen Gesetzbuch der höfischen Liebe, sieht man, wie sich die Lebensbedingungen einer Sekte zu zweit für die vom Blitzschlag getroffenen Liebenden entwickeln. Das ist die wahre Natur des Blitzschlags: Indem ein Kult für zwei Personen ausgearbeitet wird, handelt es sich gut und gern um die Gründung einer Sekte, einer Sekte zu zweit im Abendland, einer Sekte im Alleingang im Falle des Mystikers, der seine eigenen Regeln errichtet, und um die Gründung einer Sekte für eine Gruppe von Frauen im Fall der therapeutischen Zeremonie der Lebu.

In allen Fällen widerspricht der religiöse Kult des Blitzschlags den geltenden sozialen Regeln heftig. Nehmen wir die Regeln der höfischen Liebe. Erstens ist darin die Frau– die nicht immer Analphabetin ist, wie der Fall der sehr gebildeten Aliénor d'Aquitaine bezeugt - die *Domna*, die Beherrschende, während sie in Wirklichkeit die beherrschte ist; sie hat alle Macht über den Geliebten, eingeschlossen die Zusammenhanglosigkeit der Anweisungen, die widersprüchlichen Befehle, die Grausamkeit, die Perversion. So fordert die Königin Ginevra von ihrem Geliebten Lancelot du Lac, sich bei einem Turnier feig aufzuführen, um sodann von ihm zu verlangen, daß er siege, daraufhin wieder feig zu sein etc.

Als es Lancelot – oder einem anderen – nach 1000 Prüfungen schließlich zweitens gelingt, in das Gemach seiner Geliebten einzudringen, gibt sich diese ihm nicht ganz hin, sondern vollführt eine erotische Übung, deren Obszönität sich immer mehr steigert. Das Vokabular des Genießens ist dasjenige, das am häufigsten wiederkehrt. Eine der bekanntesten erotischen Übungen, der *assais* (Versuch), erlaubt es der Geliebten zu verlangen, daß sich der Geliebte nackt ihr zur Seite legt, ohne etwas zu unternehmen; am häufigsten aber bietet die Frau dem Geliebten alle Körperöffnungen dar, mit Ausnahme einer. Die zweite Regel ist diese: niemals in der Vagina der Geliebten zu ejakulieren, um die eheliche Nachkommenschaft nicht zu verhindern.

Aus dieser Regel leitet sich die dritte ab – eine seltsame Verkehrung der Ursachen: Die Geliebte ist fast immer mit einem anderen verheiratet, und aufgrund dessen fordert die amouröse Sekte den „furtif", das heißt das Geheimnis. Unter den weiteren Regeln sind jene, die den Verrat betreffen, gar fürchterlich. Im Fall des Verrats ist es gestattet, daß die Geliebte – nicht der Geliebte, denn dieser dominiert nicht – das Herz ihres Geliebten verzehren darf. Dies ist der Gegenstand des „cœur mangé".

Dieser Liebeskannibalismus stellt eine fürchterliche Kommunion dar. Er ist besonders spektakulär im Falle jenes unglücklichen Liebhabers, der 11 Damen befriedigte, eines schönen Tages jedoch von einer von ihnen entlarvt wurde. Verrat! Die Damen verlangten, daß das Herz und das Geschlecht des Liebhabers unter ihnen aufgeteilt und in Form eines Ragouts verspeist wurde; danach gaben sie sich dem Hungertod hin. Das heißt, nachdem sie das Herz des Geliebten verschlungen hat, erkennt sich die Domna nicht mehr das Recht zu, eine andere Nahrung zu sich zu nehmen. Das heißt aber auch und vor allem, daß die Regeln der höfischen Liebe die mittelalterliche Gesellschaft auf den Kopf stellten, so daß es weder oben noch unten gab, indem sie den Wertekatalog umkehrten. Auf diese Weise verschafften sich die mittelalterlichen Eliten die Mittel des Zugangs. Zugang wozu? Der Historiker Georges Duby hat recht, wenn er unterstreicht, daß die höfische Liebe keiner Evolution und keiner Revolution in der Gesellschaft des 13. Jahrhunderts entspricht. Blockiert durch die Kreuzzüge und das hierarchische Kastensystem fand die gesellschaftliche Elite durch die höfische Liebe Zugang zu einer Art Karneval der Verrückten, der für gewöhnlich dem Volk vorbehalten ist.

Was für die höfische Liebe gilt, gilt auch für alle Arten von Blitzschlag: Sie rufen keine Revolution hervor, es sei denn, kurz gesagt, für jene, die davon betroffen sind. Diese kurze Revolution gereicht ihnen oft zum Vorteil. Die Zeremonie der Trancezustände erlaubt es, mit wiederhergestellter Energie zum alltäglichen Leben zurückzukehren; der Mystiker, mächtiger Reformator religiöser Vorschriften, findet die Bewährung seiner Macht in der Verfolgung, deren Gegenstand er ist; und der Liebeswahn, dieser private Karneval, der mit einer mystischen Ergriffenheit *à deux* beginnt, kann ohne zuviel Zerstörung enden. Damit diese Blitzschläge glücken, müssen sie kurz sein. Denn wenn es geschieht, daß der soziale Körper die Bresche in seinem Innersten autorisiert, wie es in ganz Europa seit dem 13. Jahrhundert weitgehend der Fall war, stellt er die Bresche, so sie andauert, unter strenge Strafen. Der brutale soziale Aufstieg durch die Krise, den Blitz und die Trance dient nicht dazu, die Träger dieser Mächte dauerhaft zu integrieren. Und man stellt fest, daß es immer präzise Riten gibt, um die vom Blitz geschlagene Bresche zu schließen.

Die Zeremonie der Lebu-Trancezustände vollendet sich am 11. Tag mit zwei komplementären Riten: Erstens hat keine Frau das Recht, an diesem Tag in Trance zu sein, und es sind männliche Gaukler, die Trancezustände simulieren; zweitens bringt die Hohepriesterin, die die Zeremonie während der vorangegangenen 10

Tage geleitet hat, allen Teilnehmern kostbare Geschenke dar. Sobald die Männer die Frauen „vergaukelt“ (*bouffonné*) und die Frauen dafür mit Geld bezahlt haben, kehrt alles zur Ordnung zurück, und das Soziale schließt sich wieder.

Nachdem sie ihr Massaker beendet hatten, reinigten die Schwestern Papin die Beile und Messer und sagten: „Uff! Endlich sauber!“[1] Sie wurden wieder zu Dienerinnen; obwohl zum Tode verurteilt, entgingen sie dennoch der Guillotine. Louis Althusser wurde, nachdem er seine Frau getötet hatte, vom Gericht nicht verurteilt, sondern in eine psychiatrische Klinik eingewiesen, aus der er nach wenigen Monaten entlassen wurde. Sein Fall ist eigenartig: Um ihn vorm Gefängnis zu retten, degradierte ihn der Direktor der ENS auf das, was er sein ganzes Leben gewesen war und sorgfältig verheimlicht hatte, nämlich ein wunderbarer Irrer.

Einmal aus dem Alter der höfischen Liebesaffären herausgewachsen, zogen sich Ritter Lancelot und die Königin Ginevra je in ein Kloster zurück. Und es bedarf einiger Dramatisierung, um zwei Blitzschlags-Geschichten ausfindig zu machen, die mit dem Tod endeten – ein Szenario, das seltener ist, als man glaubt: Es handelt sich einerseits um Tristan und Isolde und andererseits um Mejnoun und Leilah, eine in der arabischen Welt ähnlich weit verbreitete Legende. Diese zwei Todesgeschichten widersprechen den sozialen Regeln allzu sehr: Tristan ist der Neffe Isoldes, es gibt also einen Inzest; was Mejnoun betrifft – was soviel heißt wie „der Verrückte“: Indem er öffentlich seine Liebe für Leilah besingt, trotzt er allen beduinischen Gesetzen auf einmal und erniedrigt so seinen Stamm, seine Geliebte, deren Ehemann, seine/ihre Eltern und Gott.

Um sich zu verteidigen, haben der Mystiker, der Verliebte und die Frau in Trance eine Waffe: das magische Denken, das Sigmund Freud so treffend beschrieben hat, jenes Denken, das dem Denken eine Allmacht über die Realität und eine ohne Bildung erreichte Autorität verleiht. Und als ob es einer Bestätigung dieser Allmacht bedürfte, geben der Mystiker, der Verliebte und die Frau in Trance enorm viel Geld aus. Doch nicht zuletzt durch das Geld ruft die Gesellschaft sie wieder zur Ordnung: Ist das Geld einmal ausgegeben, befinden sich der Mystiker, der Verliebte und die Frau in Trance in großer Not.

Die Verzauberung kommt zu ihrem Ende. Der Vergleich des My-

---

[1] „Enfin du propre!“, was auch heißen kann „Was für eine Schweinerei!“ oder „So eine Dummheit!“. (A.d.Ü.; wir danken André Lewin für diesen Hinweis.)

thos vom griechischen Gott Eros mit dem vom hinduistischen Gott Kama sagt das in aller Deutlichkeit. Bevor er ein ungehorsamer Anhänger der Göttin Aphrodite wurde, gehörte der Eros der ersten Theogonien zur ersten Trilogie Griechenlands, an der Seite der Nacht und des Chaos. Sodann, sobald die Genealogie sich wandelt, nach dem Auftauchen Uranos', des Sternenhimmels, und der Gaia, der Erde, verliert der große Gott Eros seine schöpferische Macht und wird ein minderer Gott. Der Hindu-Mythos ist sogar noch deutlicher: Kama, der Gott der Liebe, wagt es, einen seiner Pfeile auf den Gott Shiva zu zielen, während dieser sich mitten in der Meditation befindet. Getroffen, ejakuliert Shiva heftig und trifft den Gott Kama mit einem einzigen Blick wie der Blitz. Vom Gott der Liebe bleibt nur die Asche...

Was bleibt im Abendland vom Szenario des Blitzschlags? Die Antwort fällt mir schwer. Im Hinblick auf die Hochzeitsregeln gibt es beinahe keine Verbote mehr; das eheliche Band wird geknüpft und leicht wieder gelöst, und nicht auf diesem Gebiet wird man Zugang zur Umwertung der Werte finden. Demgegenüber scheint mir, daß man in den heute infolge Blitzschlags getroffenen Liebeswahlen eine entfernte Spur des Wunsches nach unbewußter Bildung wiederfindet, ob beim Mann oder bei der Frau; häufig – so scheint mir – setzt der Blitzschlag einen merklichen Bildungsunterschied zwischen den Liebenden voraus. Im Gegenzug glaube ich, daß der Bedarf nach Sekten sich massiv in den Industriegesellschaften, das heißt den reichen Gesellschaften, ausdrückt. Man hört, daß die Sekten die familiären Bande ersetzen, die unsere Gesellschaften aufgelöst haben: Aber es ist nicht der Wunsch nach einer Familie, den der ausdrückt, der sich einer Sekte anschließt, sondern der Wunsch nach einer radikalen Bresche in der Gesellschaft.

Kehren wir zum magischen Denken zurück: Seitdem es im Abendland kaum mehr möglich ist, die Lebensform der Sekte zu zweit in der Form des Blitzschlags zu wählen, befindet sich diese radikale Bresche, die ihren Ausgang in einer Sekte findet, auf der Suche nach einer Allmacht des Denkens, das fähig wäre, ohne allzu viele Anstrengung in der Welt zu agieren, gewissermaßen „ganz allein", dank der Macht des Meisters. Mehr als eine Familie sucht der Blitzschlag der Sekte sich einen Stamm, eine gemischte und ausgedehnte Gruppe, geleitet von Regeln, die in der Gesellschaft nicht existieren.

Aus dem Französischen von
Gerhard Hammerschmied und Arthur R. Boelderl

Die Autoren und Autorinnen

Catherine Clément, geb. 1939, *Agrégation* in Philosophie, Schülerin von J. Lacan, Mitbegründerin der Zeitschrift *Libération*, war u.a. Professorin für Philosophie an der Universität Paris I (Sorbonne) und im diplomatischen Dienst in Neu-Delhi, Wien und Dakar tätig; Autorin zahlreicher theoretischer wie literarischer Werke, von denen ein Teil in deutscher Übersetzung vorliegt: *Vie et légendes de Jacques Lacan* (1981), *Claude Lévi-Strauss ou La structure du malheur* (1990), *La syncope: Philosophie du ravissement* (1990), (mit S. Kakar) *Der Heilige und die Verrückte* (1994), *Die Frau in der Oper* (1994), *Die Senyora* (1995), *Der unvollendete Walzer* (1996), *Theos Reise* (1998), *Martin und Hannah* (2000), (mit J. Kristeva) *Das Versprechen. Vom Erwachen der Frauen* (2000).

Peter Dinzelbacher, geb. 1948, Dr. phil., Honorarprofessor am Institut für Geschichte der Universität Wien, Member of the *Princeton Institute for Advanced Study*, Professor am Institute of History and Civilization der Syddensk Universitet Esbjerg (Dänemark), Herausgeber der Zeitschrift *Mediaevistik*. Publikationen u.a.: *Vision und Visionsliteratur im Mittelalter* (1981), (Hg.) *Wörterbuch der Mystik* (1989), (Hg.) *Sachwörterbuch der Mediävistik* (1992), (Hg.) *Europäische Mentalitätsgeschichte* (1993), *Christliche Mystik im Abendland* (1994), *Heilige oder Hexen?* (1995), *Angst im Mittelalter* (1996), *Bernhard von Clairvaux. Leben und Werk des berühmten Zisterziensers* (1998), (Hg.) *Mensch und Tier in der Geschichte Europas* (1999), (Hg.) *Handbuch der Religionsgeschichte im deutschsprachigen Raum* (6 Bde., 1999 ff.).

Gerhard Leibold, Dr. phil., Dr. theol., geb. 1945, Professor für Philosophie am Institut für Christliche Philosophie der Universität Innsbruck. Publikationen u.a.: Editionen von Texten Ockhams (1985) und Robert Kilwardbys (1985 und 1992), (Hg. mit V. Richter, H. Kraml u. C. Sedmak) *Unterwegs zum historischen Ockham* (1999), (Hg. mit W. Löffler) *Entwicklungslinien mittelalterlicher Philosophie* (1999).

Manfred Moser, geb. 1943, Dr. phil., Professor für Philosophie am Institut für Philosophie und Gruppendynamik der Universität Klagenfurt. Publikationen u.a.: *Schönheit, Schnitt und Narbe. Das ästhetische Ideal der plastischen Chirurgie* (1988), *Schreiben ohne Ende. Letzte Texte zu Robert Musil* (1991), (mit W. Moser) *Baustellen. Sieben Begehungen* (1993), (Hg. mit T. Hoke) *Alpen* (1994), (Hg. mit H. Moser-Rabenstein) *Fluchten. Vom Verschwinden der sicheren Orte* (1997).

Otto Muck, geb. 1928, SJ, Dr. phil., Univ.-Prof. em. am Institut für Christliche Philosophie der Universität Innsbruck, Mitherausgeber des *International Philosophical Quarterly* (1968-1990). Publikationen u.a.: *Die transzendentale Methode in der scholastischen Philosophie der Gegenwart* (1964, engl. 1968), *Christliche Philosophie* (1964), *Philosophische Gotteslehre* (1983, ital. 1985, span. 1986), *Sinngestalten. Metaphysik in der Vielfalt menschlichen Fragens* (1989), *Rationalität und Weltanschauung. Philosophische Untersuchungen* (1999).

Ludwig Nagl, geb. 1944, Dr. phil., Professor für Philosophie an der Universität Wien. Publikationen u.a.: *Gesellschaft und Autonomie. Historisch-systematische Studien zur Entwicklung der Sozialtheorie von Hegel bis Habermas* (1983), *Charles Sanders Peirce* (1992), (Hg. mit H. Vetter u. H. Leupold-Löwenthal) *Philosophie und Psychoanalyse* (1997), *Pragmatismus* (1998), (Hg.) *Filmästhetik* (1999).

Richard Schaeffler, geb. 1926, Dr. phil., Univ.-Prof. em. am Institut für Philosophie der Ruhr-Universität Bochum; lebt in München. Publikationen u.a.: *Die Struktur der Geschichtszeit* (1963), *Religion und kritisches Bewußtsein* (1973), *Einführung in die Geschichtsphilosophie* (1973, ^{4}1995), *Frömmigkeit des Denkens? Heidegger und die Katholische Theologie* (1978), *Fähigkeit zur Erfahrung* (1982), *Religionsphilosophie* (1983), *Das Gebet und das Argument Zwei Weisen des Sprechens von Gott* (1989), *Erfahrung als Dialog mit der Wirklichkeit. Eine Untersuchung zur Logik der Erfahrng* (1995).

Hans Julius Schneider, geb. 1944, Dr. phil., Professor für Systematische Philosophie an der Universität Potsdam, Mitherausgeber der *Deutschen Zeitschrift für Philosophie*. Publikationen u.a.: *Pragmatik als Basis von Semantik und Syntax* (1975), *Über das Schweigen der Philosophie zu den Lebensproblemen* (1979), *Phantasie und Kalkül. Über die Polarität und Handlung und Struktur in der Sprache* (1992), (Hg. mit R. Inhetveen) *Enteignen uns die Wissenschaften? Über das Verhältnis zwischen Erfahrung und Empirie* (1993), (Hg.) *Metapher, Kognition, Künstliche Intelligenz* (1996), (Hg. mit M. Kroß) *Mit Sprache spielen. Die Ordnungen und das Offene nach Wittgenstein* (1999).

Peter Strasser, geb. 1950, Dr.phil., Professor für Philosophie am Institut für Rechtsphilosophie der Universität Graz. Publikationen u.a.: *Wirklichkeitskonstruktion und Rationalität* (1980), *Die verspielte Aufklärung* (1986), *Philosophie der Wirklichkeitssuche* (1989), *Geborgenheit im Schlechten. Über die Spannung zwischen Kunst und Religion* (1993), *Große Gefühle. Über die Dinge, die sich nicht kaufen lassen* (1993), *Das Menschenmögliche. Späte Gedanken über den Humanismus* (1996), *Journal der letzten Dinge* (1998), *Der Weg nach draußen. Skeptisches, metaphysisches und religiöses Denken* (2000).

Gianni Vattimo, geb. 1936, Dr. phil., Professor für Theoretische Philosophie an der Universität Turin, Leiter des *Dipartimento di ermeneutica filosofica e techniche dell'interpretazione*, Herausgeber der *Rivista di Estetica* und Mitherausgeber von *Res*. Publikationen u.a.: *Il soggetto e la maschera. Nietzsche e il problema della liberazione* (1974), *Estetica moderna* (1977), *Le avventure della differenza* (1980), *Jenseits vom Subjekt* (1986), *Das Ende der Moderne* (1989), *La società trasparente* (1989, dt. 1992), (Hg. mit J. Derrida) *La religion* (1996, dt. 2001).

Peter Widmer, geb. 1941, Dr. phil., Psychoanalytiker in eigener Praxis in Zürich, Initiant und Mitbegründer der Zeitschrift *RISS* (1986, Herausgeber bis 1997), Gründungsmitglied der *Assoziation für die Freudsche Psychoanalyse* und des *Lacan-Seminars Zürich*. Publikationen u.a.: *Subversion des Begehrens* (1990, Neuaufl. 1997), *Die Lust am Verbotenen und die Notwendigkeit Grenzen zu überschreiten* (1991).

Augustinus Karl Wucherer-Huldenfeld, geb. 1929, OPraem, Dr. phil., Dr. theol., Univ.-Prof. em. am Institut für Christliche Philosophie der Universität Wien, Präsident der *Österreichischen Gesellschaft für Daseinsanalyse.* Publikationen u.a.: *Die Gegensatzphilosophie Romano Guardinis in ihren Grundlagen und Folgen* (1968); *Personales Sein und Wort. Einführung in die Grundgedanken Ferdinand Ebners* (1985); *Ursprüngliche Erfahrung und personales Sein. Ausgewählte philosophische Studien I: Anthropologie, Freud, Religionskritik* (1994), *II: Atheismusforschung, Ontologie und philosophische Theologie, Religionsphilosophie* (1997).

Florian Uhl / Artur R. Boelderl (Hrsg.)

Rituale
Zugänge zu einem Phänomen

Schriften der Österreichischen Gesellschaft für Religionsphilosophie Bd. 1

1999, 13 x 21 cm, 263 S., Br.,
ISBN 3-930450-44-5, DM 38.- / öS 277.- / sFr 36,60
ab 1.1.2002 EUR 19,80 [D]

Rituale sind ein fester Bestandteil religiöser Gruppierungen, ob westlicher oder östlicher, ob traditioneller oder auch neuer. Rituale sind es, die einen Grundbestand von Religion überhaupt ausmachen, offenbar noch vor dem Glauben an einen Gott oder mehrere Götter (man denke an den Buddhismus). Rituale sind somit von vornherein ein Thema für die Religionsphilosophie. Sie sind es umso mehr in einer Zeit, da sie einerseits quantitativ rasant zunehmen und andererseits immer weniger übergreifend gemeinschaftsbildend wirken. Dort, wo sie heute noch Gemeinschaft stiften, ist dies vielfach eine Gemeinschaft ohne Gehalt ist – wie etwa bei den stets einheitlicher werdenden Ritualen der globalen Konsum- und Mediengesellschaft.

Der Tatsache, daß man sich diesem Befund zum Trotz bislang kaum mit dem Gegenstand »Rituale« auseinandergesetzt hat, suchen die interdisziplinären Beiträge zu diesem Band Abhilfe zu schaffen. Dabei werden nicht nur religiöse Rituale, sondern auch andere Bereiche der Lebenswelt, in denen Rituale eine Rolle spielen (Kunst, Literatur, Musik, Medien), in die Überlegungen einbezogen werden.